I0709632

BRUTAL WALES

CYMRU FRIWTALAIDD

SIMON PHIPPS

ACKNOWLEDGEMENTS

Many thanks to the people who have made this book possible through their kind and enthusiastic assistance and in particular the following schools, companies, institutions and individuals: Argoed High School, Flintshire; Cynffig Comprehensive School, Kenfig Hill, Bridgend; Magnox Trawsfynydd Site and Angharad Rayner, Gareth Van Heerden and Michelle Humphreys; Nexperia Newport and Lydia Abele; Tata Steel and Joe Gallacher and Tim Rutter; Margam Crematorium and Clive Phillips; Dŵr Cymru Welsh Water and Chris Wilson. Finally I would like to say a heartfelt thank you to Karl Morgan at Swansea Museum who has given huge support in the making of *Brutal Wales*. *Diolch yn fawr iawn!*

Publisher: Hannah MacDonald

Editorial Director: Charlotte Cole

Design: Marc Jennings

Researcher: Caroline Ellerby

Translator and proofreader: Daniel Davies

10 9 8 7 6 5 4 3 2 1

First published in 2024 by September Publishing
Copyright © Simon Phipps 2024

The right of Simon Phipps to be identified as the author of this work has been asserted by him in accordance with the Copyright Designs and Patents Act 1988.

All rights reserved. No part of this publication may be reproduced, stored in a retrieval system, or transmitted in any form or by any means, electronic, mechanical, photocopying, recording or otherwise, without the prior permission of the copyright holder.

Credits for photos not by Simon Phipps:

P176 The Great Hall, University College of Wales, Aberystwyth, seen from the college concourse with the bell tower in the right foreground by Stewart Bale Ltd. RIBA Collections

P177 St Edward's, Brotherton, North Yorkshire, with Ferrybridge B Power Station behind by Eric de Maré. Eric de Maré / RIBA Collections.

Printed in Italy on paper from responsibly managed, sustainable sources by Verona Libri

ISBN 9781914613548

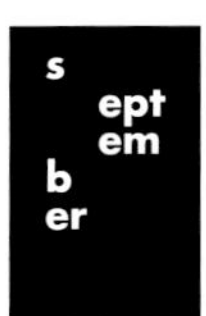

September Publishing
septemberpublishing.org

CONTENTS

CYNNWYS

INTRODUCTION
JOHN GRINDROD

In some landscapes Brutalism might seem out of place, but in a country of rugged contours, magnificent castles and ancient megaliths the rough grey mass and monolithic beauty of post-war concrete often feels entirely appropriate.

Margam Steel Works in Port Talbot, designed by Sir Percy Thomas and Son (1948–52), helps illustrate this connection. Beside the vast industrial structure stands a chunk of 800-year-old farmhouse wall. The wall is protected with sturdy buttresses, built in the 1970s, and a solid steel barrier. Why? Because local legend states the wall was cursed by a Cistercian monk, and should it ever fall so the town will too. These days Indian multinational Tata Steel is the guardian of it, curse, monk's ghost and all. Welsh spirit is sometimes portrayed as a contradictory beast, split between the romantic impulse and the pragmatic, in which rural farming, say, or intense industrial work can both connect us to a remote misty past while simultaneously becoming a hymn to well-honed routines and processes. The buildings and structures in this book encapsulate both of these aspects: bridges, working buildings and domestic landscapes being spiritual and functional places at the same time.

Not all of the structures here are strictly Brutalist: Simon Phipps' work is focused on post-war modernisation in all of its stylistic flavours, and so this book reflects a moment in Welsh history more than it does a single aesthetic. Simon studied fine art in the 1980s at what is now the University of South Wales, firstly in the Edwardian baroque splendour of Charles F Ward's Newport Technical College (1910) and then in the Rathmell Building in Caerleon (1985), studying in Norman Robson Smith's cascading red-framed crystal palace, at a point where high tech and post-modern design met. As with so much twentieth century architecture in Wales the fate of these two very different but equally generous educational buildings has been rather bleak: the former converted into flats, the latter demolished and replaced by some undistinguished developer's housing.

Three events in the mid-1960s could be said to sum up the position of Wales in the post-war period, decades before devolution and the Senedd. In 1965 the Welsh-speaking village of Capel Celyn in Gwynedd was drowned when the valley was turned into a reservoir to supply water to industrial areas in Liverpool. The English city had passed a private bill through parliament, bypassing the need for consent from any of the Welsh authorities or residents. The following year 116 children and 28 adults at Pantglas Junior School in Aberfan were killed when a huge colliery spoil tip slid downhill and engulfed the building, a tragedy stemming from the National Coal Board's neglect and carelessness. A more positive thread emerged in 1967 when the Welsh Language Act was passed in an attempt to stem the slow demise of the nation's language and, by extension, its culture.

While those events were unfolding, other forces were at work in the country, fundamentally transforming it for good or ill. A revolution in healthcare, welfare and education was helping to improve countless lives. Then there was new technology, transfiguring some of Wales' heartland industries. And there were physical transformations too, reimaginings that redrew blitzed city streets and skylines in Cardiff and Swansea, and created whole new districts: housing estates, civic centres and even a new town, at Cwmbran. These were the settings for new dreams, just as Llareggub in Dylan Thomas's dazzling modernist 1954 radio play *Under Milk Wood* hymned the old.

Cwmbran, 'the town where the future is happening now', is a vast piece of early post-war planning, and contains some remarkable modernist treasures. Designated as a new town in 1949, it wasn't until the mid-1960s that its pioneer residents got their long-promised town centre, and on a larger scale than originally forecast. The town's young and ambitious chief architect, Gordon Redfern, was responsible for the shopping centre (1963–67) and for Monmouth House, the monumental slab block beside it, as well as the modernist water gardens that once flowed between them. Monmouth House is most famous for the extraordinary William Mitchell relief on the lift shaft, whose banded, patterned design feels more bronze age than space age. The local centre in one of the later estates at Fairwater (1967), also designed by Redfern, is an extravagant amphitheatre of saw-toothed structures on a sloping site, whose exaggerated angular canopies and expressive concrete stairwells give a theatrical flourish to what could have been some quietly anonymous shops.

This was an era of municipal might. West Glamorgan County Hall, now Swansea Civic Centre (1979–84), is a vast complex of white flint panels and continuous bands of smoked glass windows, a kind of surrealist starfish-shaped ocean liner ready to crawl into Swansea Bay. J Webb was the County Architect for West Glamorgan, and C W Quick was the job architect for what remains a vanishingly rare example of a post-war civic centre remaining anywhere in Wales. From the ceiling gleam slender modernist chandeliers, cascading down through the rough concrete atrium, while beneath the building lies a strongroom with two-and-a-half miles of storage for the city's extensive archive of artefacts, ancient and modern. Let's hope the centre lasts as long as its contents.

The great force for architectural modernism in Wales was the practice of Sir Percy Thomas, who was born in County Durham but whose family moved to Cardiff when he was a child, at the end of the nineteenth century. His early work took in Edwardian baroque (the YMCA in Merthyr Tydfil, 1911) and stripped classicism (Swansea Guildhall, 1930–34). This book focuses on the post-war period, and so dotted throughout it you will find later works by Thomas, who retired in 1963, as well as those by his son Norman, and other key architects at the practice including Ronald Weeks, Fred Jennett and, most notably, Dale Owen.

Thomas was the consummate networker and organiser, and served as the chair of the Welsh Board for Industry immediately after the Second World War. It certainly made work easier to come by. He would twice become the chair of RIBA, where he sought to make the organisation better reflect the nation, decentralising some of the functions from London. These, together with his knack for winning architectural competitions, helps explain why his work is so ubiquitous. Simon Phipps has captured a broad spectrum of Percy Thomas Partnership's post-war legacy, everything from the jaw-droppingly monumental silos for Trostre Steelworks (1952–56) to the Boston City Hall-influenced Brutalism of the Brambell Building at the University of Bangor (1969–71) and the Oscar Niemeyer-inspired Tower for Cardiff University (1967). In doing so he backs up the *South Wales Evening Post*, who on his retirement called Thomas, snr, 'Chief creator of modern Wales.' And let's not forget Aberystwyth University's Physical Sciences Building, curved like a radar dish and designed by Merthyr Tydfil-born Dale Owen, who'd cut his teeth in Cwmbran and worked with Bauhaus founder Walter Gropius in the US. It was represented on a 3p postage stamp in 1971 as part of a groovy set depicting four post-war British university buildings.

Another significant Welsh practice established in the early twentieth century was Colwyn Foulkes, based in Colwyn Bay. It was founded by Sidney Colwyn Foulkes, but as with Percy Thomas, the three buildings in this book date from the era of his son, Ralph, and Ralph's wife Elizabeth Foulkes, one of the first major female architects in Wales. Perhaps her biggest claim to fame was being deputy chair of the RIBA in 1975, and tasked with writing the Sue Gray-style report that aimed to clean-up the architectural profession following the imprisonment of John Poulson. Senior figures including the then Home Secretary had been bribed by Poulson, and Elizabeth Foulkes took the first steps at attempting to repair that damage. In Harlech their Theatr Ardudwy (1970–73) is a powerful ribbed concrete semicircular structure, a kind of protective hand clutching the auditorium, a different take on the 'egg in a box' idea so popular in post-war theatre design. By contrast their tower for nearby Coleg Harlech (1968) is a powerful rectilinear slab of rough aggregate panels with a spectacular link built halfway up for access from the hillside. The tower now stands derelict and vandalised, while the theatre has plans for renovation. In complete contrast, their low-rise County Court in Wrexham (1975–77) is sober and symmetrical in an austere nod to classicism, flexibility rather than stylistic dogma being the watchword of many of the Welsh practices of the era.

Given all of that, is there such a thing as a Welsh architectural modernism? If there is, it is something tempered by practical concerns:

while some English and Scottish cities would redevelop vast areas wholesale, Welsh towns tended to be more strategic, and so the modernist relics tend to be less entire landscapes and often more modest individual projects within an existing streetscape. Vast industrial projects, university expansions, housing estates and the new town of Cwmbran are the notable exceptions. And so while Welsh modernism often does not remake the landscape whole, it sits within it, connecting to the country's long heritage of making and doing, of fortifications and relics, of materials brought from deep in the earth or weathered for millennia.

One of the great themes of the book is ruination: how many of these buildings follow a long history of megaliths and castles to melt into the landscape, often unused and barely understood. There are so many gaps in this story, buildings erased in a constant search for a new identity and shifting fortunes. There is Cardiff's 1967 Broadcasting House; Flintshire's vast County Hall complex; Dunlop's 1951 Rubber Factory in Brynmawr, which despite being listed was demolished in 2001, leaving behind only the pump and boiler houses. And so one of the aims of this book is to help raise the profile of the remaining monuments to that period of post-war optimism, a time when architects attempted to match the technological and political ambitions of the age with buildings that would help inspire a new era of equality and hope in Wales. It joins work by the C20 Cymru, the Swansea Modernist Society and Historic Wales among others.

And so enjoy the libraries and housing estates, the university buildings and hospitals, the factories and schools, the flyovers and bridges that helped modernise Wales in a time of Cold War and coal-fired power stations. They are fragments from another age, but in their modernity contain the stirrings of change that foreshadow devolution, an even grander project that would only come to pass some decades later. In their bold imagination and visionary execution they help connect us to a period in our history that is all too easily overlooked and neglected – the recent past.

RHAGYMADRODD
JOHN GRINDROD

Mewn rhai tirweddau mi all Briwtaliaeth ymddangos allan o'i le, ond mewn gwlad o gyfuchlinau garw, cestyll godidog a meini hynafol mae màs llwyd garw a harddwch monolithig strwythurau concrit a adeiladwyd ar ôl yr Ail Ryfel Byd yn aml yn teimlo'n gwbl briodol.

Mae Gwaith Dur Margam ym Mhort Talbot, a ddyluniwyd gan Syr Percy Thomas a'i Fab (1948–52), yn helpu i ddangos y cysylltiad hwn. Wrth ymyl y strwythur diwydiannol enfawr saif talp o wal ffermdy 800 mlwydd oed. Mae'r wal wedi'i diogelu gan fwtresi cadarn, a adeiladwyd yn yr 1970au, a gwahanfur dur solet. Pam? Oherwydd bod chwedl leol yn dweud bod y wal wedi'i melltithio gan fynach Sistersaidd, a phe bai'n disgyn, dyna hefyd fyddai tynged y dref.

Y dyddiau hyn mae cwmni rhyngwladol o India, Tata Steel, yn gwarchod y wal, y felltith, ac ysbryd y mynach. Mae'r ysbryd Cymreig weithiau'n cael ei bortreadu fel creadur sydd â dwy wedd wrthgyferbyniol, y wedd ramantaidd a'r wedd bragmataidd, lle gall ffermio gwledig, dyweder, neu waith diwydiannol dwys ein cysylltu â gorffennol niwlog pell, gan hwyluso gweithdrefnau a phrosesau cyfarwydd ar yr un pryd. Mae'r adeiladau a'r strwythurau yn y llyfr hwn yn crynhoi'r naill elfen a'r llall, gyda phontydd, adeiladau gweithiol ac ardaloedd domestig sy'n lleoedd ysbrydol ac ymarferol ar yr un pryd.

Nid yw pob un o'r strwythurau a geir yma yn hollol Friwtalaidd: mae gwaith Simon Phipps yn canolbwyntio ar foderneiddio wedi'r rhyfel yn ei holl arddulliau gwahanol, ac felly mae'r llyfr hwn yn adlewyrchu adeg benodol yn hanes Cymru yn hytrach nag un esthetig. Astudiodd Simon gelfyddyd gain yn yr 1980au yn yr hyn sydd bellach yn Brifysgol De Cymru, yn gyntaf yn ysblander baróc Edwardaidd Coleg Technegol Casnewydd Charles F Ward (1910), ac yna yn Adeilad Rathmell yng Nghaerllion (1985), gan astudio ym mhalas grisial ffrâm goch Norman Robson Smith, lle'r oedd dylunio uwch-dechnoleg a dylunio ôl-fodern yn cwrdd. Fel gyda chymaint o bensaernïaeth yr ugeinfed ganrif yng Nghymru, digon diflas fu tynged y ddau adeilad addysgol trawiadol ond cwbl wahanol hyn: y naill wedi'i drawsnewid yn fflatiau, a'r llall wedi'i ddymchwel a'i ddisodli â thai gan ryw ddatblygwr di-nod.

Gellid dweud bod tri digwyddiad yng nghanol yr 1960au yn crynhoi sefyllfa Cymru yn y cyfnod wedi'r rhyfel, degawdau cyn datganoli a'r Senedd. Yn 1965 boddwyd pentref Cymraeg Capel Celyn yng Ngwynedd pan gafodd y dyffryn ei droi'n gronfa ddŵr i gyflenwi dŵr i ardaloedd diwydiannol yn Lerpwl. Roedd y ddinas Seisnig wedi pasio mesur preifat drwy'r senedd yn osgoi'r angen am ganiatâd gan unrhyw un o awdurdodau na thrigolion Cymru. Y flwyddyn ganlynol lladdwyd 116 o blant a 28 o oedolion yn Ysgol Gynradd Pantglas yn Aberfan, pan lithrodd tomen sbwriel glofa enfawr i lawr yr allt a chladdu'r adeilad, trasiedi a ddeilliodd o esgeulustod a diofalwch enbyd y Bwrdd Glo Cenedlaethol. Daeth elfen mwy positif i'r amlwg yn 1967 pan basiwyd

Deddf yr Iaith Gymraeg, mewn ymgais i atal tranc araf iaith y genedl ac o ganlyniad, ei diwylliant.

Tra roedd y digwyddiadau hynny ar droed, roedd grymoedd eraill ar waith yn y wlad, yn ei thrawsnewid yn sylfaenol, er gwell neu er gwaeth. Roedd chwyldro ym maes gofal iechyd, lles ac addysg yn helpu i wella bywydau di-rif. Yna daeth technoleg newydd, gan weddnewid diwydiannau rhai o gadarnleoedd Cymru. A bu trawsnewid ffisegol hefyd, gyda strydoedd a fomiwyd, a nenlinellau dinasoedd Caerdydd ac Abertawe'n cael eu hail-ddychmygu i greu ardaloedd cwbl newydd: ystadau tai, canolfannau dinesig, a hyd yn oed tref newydd, yng Nghwmbrân. Dyma leoliadau breuddwydion newydd, yn union fel yr oedd Llareggub yn nrama radio fodernaidd wych Dylan Thomas yn 1954, *Under Milk Wood*, yn clodfori'r hen drefn.

Mae Cwmbrân, 'y dref lle mae'r dyfodol yn digwydd nawr', yn ddarn enfawr o gynllunio cynnar ar ôl y rhyfel, ac mae'n cynnwys rhai trysorau modernaidd rhyfeddol. Wedi'i dynodi yn dref newydd yn 1949, bu'n rhaid i'r trigolion aros tan yr 1960au i gael y dref arloesol a addawyd iddynt ers tro byd, a hynny ar raddfa fwy nag a broffwydwyd yn wreiddiol. Prif bensaer ifanc ac uchelgeisiol y dref, Gordon Redfern, oedd yn gyfrifol am y ganolfan siopa (1963–67) ac am Monmouth House, y bloc slab anferth gerllaw, yn ogystal â'r gerddi dŵr modernaidd a arferai lifo rhyngddynt. Mae Monmouth House yn fwyaf enwog am gerfwedd ryfeddol William Mitchell ar y siafft lifft, y mae ei ddyluniad bandiog, patrymog i'w weld yn perthyn mwy i'r oes efydd nag oes y gofod. Mae'r ganolfan leol yn un o ystadau diweddarach Fairwater (1967), eto wedi'i dylunio gan Redfern, yn amffitheatr ysblennydd o strwythurau pigog ar safle llethrog, ac mae ei chanopïau onglog eithafol a'i grisiau concrit mynegiannol yn rhoi naws theatrig i'r hyn a fyddai fel arall yn ardal siopa ddi-nod.

Roedd hwn yn gyfnod o rym dinesig. Mae Neuadd Sir Gorllewin Morgannwg, sef Canolfan Ddinesig Abertawe erbyn hyn (1979–84), yn strwythur enfawr o baneli fflint gwyn a bandiau di-dor o ffenestri gwydr du, rhyw fath o long fawr swrealaidd, siâp seren môr, sy'n aros i hwylio'n araf i mewn i Fae Abertawe. J Webb oedd Pensaer Sirol Gorllewin Morgannwg a C W Quick oedd pensaer y gwaith, sy'n parhau i fod yn enghraifft hynod brin o ganolfan ddinesig a godwyd ar ôl y rhyfel sy'n dal i fodoli yng Nghymru. Mae siandelïers modernaidd yn disgleirio o'r nenfwd, gan raeadru trwy'r atriwm concrit garw, ac o dan yr adeilad mae ystafell ddiogel gyda dwy filltir a hanner o le storio ar gyfer archif helaeth y ddinas o arteffactau hynafol a modern. Gellir ond gobeithio y bydd y ganolfan yn para mor hir â'i chynnwys.

Y grym mawr tu ôl i foderniaeth bensaernïol yng Nghymru oedd cwmni Syr Percy Thomas, a anwyd yn Swydd Durham, ond a symudodd gyda'i deulu i Gaerdydd pan oedd yn blentyn, ar ddiwedd y bedwaredd ganrif ar bymtheg. Roedd ei waith cynnar yn cynnwys baróc Edwardaidd (yr YMCA ym Merthyr Tudful, 1911) a chlasuriaeth gynnil (Neuadd y Ddinas Abertawe, 1930–34). Mae'r llyfr hwn yn canolbwyntio ar y cyfnod ar ôl y rhyfel, ac felly fe welwch weithiau diweddarach gan Thomas, a ymddeolodd yn 1963 trwyddi draw, yn ogystal â rhai ei fab Norman, a phenseiri allweddol eraill y cwmni, gan gynnwys Ronald Weeks, Fred Jennett ac, yn fwyaf nodedig, Dale Owen.

Roedd Thomas yn rwydweithiwr a threfnydd penigamp, a bu'n gadeirydd Bwrdd Diwydiant Cymru yn syth ar ôl yr Ail Ryfel Byd. Roedd hynny'n sicr yn gwneud hi'n haws dod o hyd i waith.

Bu'n gadeirydd Sefydliad Penseiri Brenhinol Prydain (RIBA) ddwywaith, a cheisiodd gael y sefydliad i adlewyrchu'r genedl yn well, gan ddatganoli rhai o'r swyddogaethau o Lundain. Mae hyn, ynghyd â'i ddawn i ennill cystadlaethau pensaernïol, yn helpu i egluro pam fod ei waith i'w weld ym mhobman.

Mae Simon Phipps wedi cofnodi sbectrwm eang o waddol Partneriaeth Percy Thomas ar ôl y rhyfel, o seilos anferthol Gwaith Dur Trostre (1952–56) i friwtaliaeth Adeilad Brambell ym Mhrifysgol Bangor, a ddylanwadwyd gan Neuadd y Ddinas Boston (1969–71), a Thŵr Prifysgol Caerdydd, a ysbrydolwyd gan Oscar Niemeyer (1967). Wrth wneud hynny mae'n cadarnhau honiad y *South Wales Evening Post*, a alwodd Percy Thomas, ar ei ymddeoliad, yn 'Brif greawdwr y Gymru fodern.' A pheidied ag anghofio Adeilad y Gwyddorau Ffisegol ym Mhrifysgol Aberystwyth, sy'n grwm fel dysgl radar ac wedi'i ddylunio gan Dale Owen, a anwyd ym Merthyr Tudful, a ddechreuodd ei yrfa yng Nghwmbrân, ac a fu'n gweithio gyda sylfaenydd Bauhaus, Walter Gropius, yn yr Unol Daleithiau. Cafodd ei gynrychioli ar stamp post 3c yn 1971 fel rhan o set wefreiddiol yn darlunio pedwar adeilad prifysgol a godwyd ym Mhrydain ar ôl y rhyfel.

Cwmni pwysig arall o Gymru a sefydlwyd ar ddechrau'r ugeinfed ganrif oedd Colwyn Foulkes, wedi'i leoli ym Mae Colwyn. Fe'i sefydlwyd gan Sidney Colwyn Foulkes, ond fel yn achos Percy Thomas, mae'r tri adeilad yn y llyfr hwn yn dyddio o gyfnod ei fab, Ralph, a gwraig hwnnw, Elizabeth Foulkes, un o benseiri benywaidd blaenllaw cyntaf Cymru. Efallai ei bod yn fwyaf enwog am fod yn ddirprwy gadeirydd yr RIBA yn 1975, a chafodd y dasg o ysgrifennu adroddiad, yn debyg i Sue Gray, gyda'r nod o wneud y proffesiwn pensaernïol yn llai llwgr, yn dilyn carchariad John Poulson. Roedd nifer o bobl amlwg, gan gynnwys yr Ysgrifennydd Cartref ar y pryd, wedi'u llwgrwobrwyo gan Poulson, a chymerodd Elizabeth Foulkes y camau cyntaf i geisio unioni'r niwed hwnnw. Mae Theatr Ardudwy yn Harlech (1970–73) yn strwythur hanner cylch pwerus o goncrit rhesog, gyda rhyw fath o law warcheidiol yn gafael yn yr awditoriwm, gwedd wahanol ar y syniad o 'wy mewn bocs' oedd mor boblogaidd ym maes dylunio theatrau ar ôl y rhyfel. Mewn cyferbyniad, mae tŵr Coleg Harlech gerllaw (1968) yn slab unionlin pwerus o baneli graean garw gyda dolen drawiadol wedi'i hadeiladu hanner ffordd i fyny i gael mynediad o ochr y bryn. Mae'r tŵr erbyn hyn yn adfail ac wedi'i fandaleiddio, tra bod cynlluniau ar y gweill i adnewyddu'r theatr. Mewn cyferbyniad llwyr, mae eu Llys Sirol, sef adeilad isel yn Wrecsam (1975– 77) yn un syber gyda llinellau cymesur, sy'n gydnabyddiaeth ddiaddurn i glasuriaeth. Hyblygrwydd yn hytrach na dogma arddulliadol oedd arwyddair nifer o gwmnïau pensaernïol y cyfnod.

O ystyried hyn i gyd, a oes y fath beth â moderniaeth bensaernïol Gymreig? Os oes, mae'n rhywbeth sy'n cael ei gyfyngu gan ystyriaethau ymarferol: tra roedd rhai dinasoedd yn Lloegr a'r Alban yn ailddatblygu ardaloedd helaeth yn gyfan gwbl, roedd trefi Cymru'n tueddu i fod yn fwy strategol, ac felly mae'r creiriau modernaidd yn tueddu i beidio â bod yn dirweddau cyfan ond yn aml yn brosiectau unigol mwy cymedrol o fewn strydluniau oedd eisoes yn bodoli. Mae prosiectau diwydiannol enfawr, ehangu prifysgolion, ystadau tai a thref newydd Cwmbrân yn eithriadau nodedig. Ac felly, er nad yw moderniaeth Gymreig yn aml yn ailwampio'r dirwedd gyfan, mae'n rhan o'r dirwedd honno, ac yn cysylltu â threftadaeth hir y wlad o greu a gwneud, o amddiffynfeydd a chreiriau, o ddefnyddiau a ddygwyd o grombil y ddaear neu a gafodd eu hindreulio dros filoedd o flynyddoedd.

Un o themâu mawr y gyfrol yw dinistr: faint o'r adeiladau hyn sy'n dilyn hanes hir o fegalithau a chestyll sy'n diflannu i'r dirwedd, yn aml heb eu defnyddio na'u deall yn iawn. Mae cymaint o fylchau yn y stori hon, adeiladau sydd wedi'u dymchwel yn yr ymchwil barhaus am hunaniaeth newydd a newid ffawd. Maent yn cynnwys Canolfan Ddarlledu Caerdydd 1967; adeilad enfawr Neuadd y Sir yn Sir y Fflint; Ffatri Rwber Dunlop ym Mrynmawr 1951, a gafodd ei dymchwel yn 2001 serch bod yn adeilad rhestredig, gan adael y tŷ pympiau a'r tŷ boeler yn unig. Ac felly un o amcanion y llyfr hwn yw helpu i godi proffil yr henebion sydd ar ôl o'r cyfnod o optimistiaeth ar ôl y rhyfel, cyfnod pan geisiodd penseiri baru uchelgeisiau technolegol a gwleidyddol yr oes ag adeiladau a fyddai'n helpu i ysbrydoli cyfnod newydd o gydraddoldeb a gobaith yng Nghymru. Mae'n cyfuno gwaith gan C20 Cymru, Cymdeithas Fodernaidd Abertawe a Cymru Hanesyddol ymhlith eraill.

Felly mwynhewch y llyfrgelloedd a'r ystadau tai, yr adeiladau prifysgol ac ysbytai, y ffatrïoedd a'r ysgolion, y trosffyrdd a'r pontydd a helpodd i foderneiddio Cymru mewn cyfnod o Ryfel Oer a gorsafoedd pŵer glo. Maent yn ddarnau o oes arall, ond yn eu moderniaeth maent yn cynnwys elfennau o'r cyffro a ddaeth cyn datganoli, sef prosiect hyd yn oed yn fwy mawreddog a fyddai'n cymryd degawdau i'w wireddu. Mae'r dychymyg beiddgar a'r weledigaeth a gynrychiolir ganddynt yn ein helpu i gysylltu â chyfnod yn ein hanes sy'n hawdd iawn ei anwybyddu a'i esgeuluso, sef y gorffennol diweddar.

PHOTOGRAPHS
FFOTOGRAFFAU

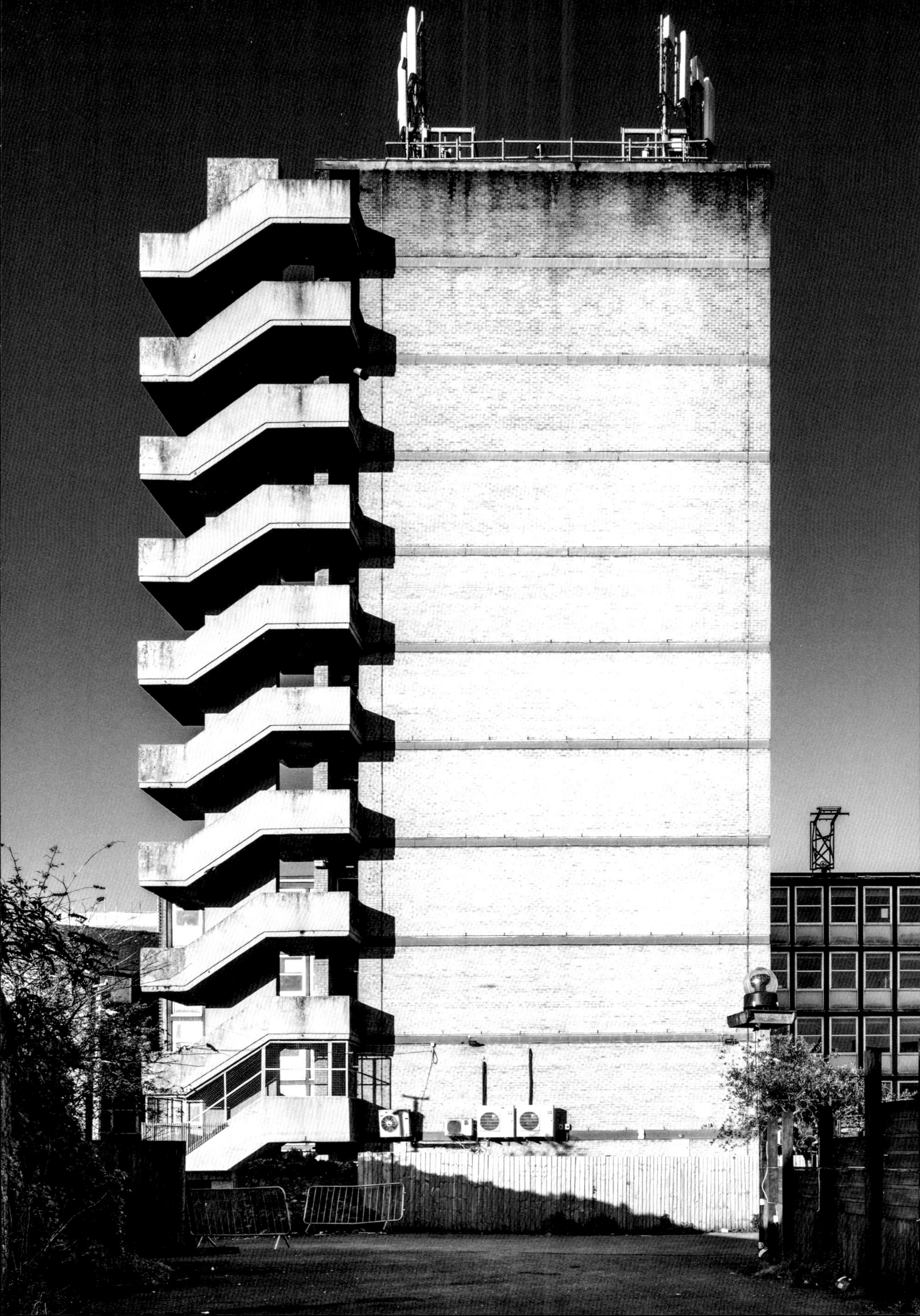

Maes-Y-Garreg Flats,
Merthyr Tydfil

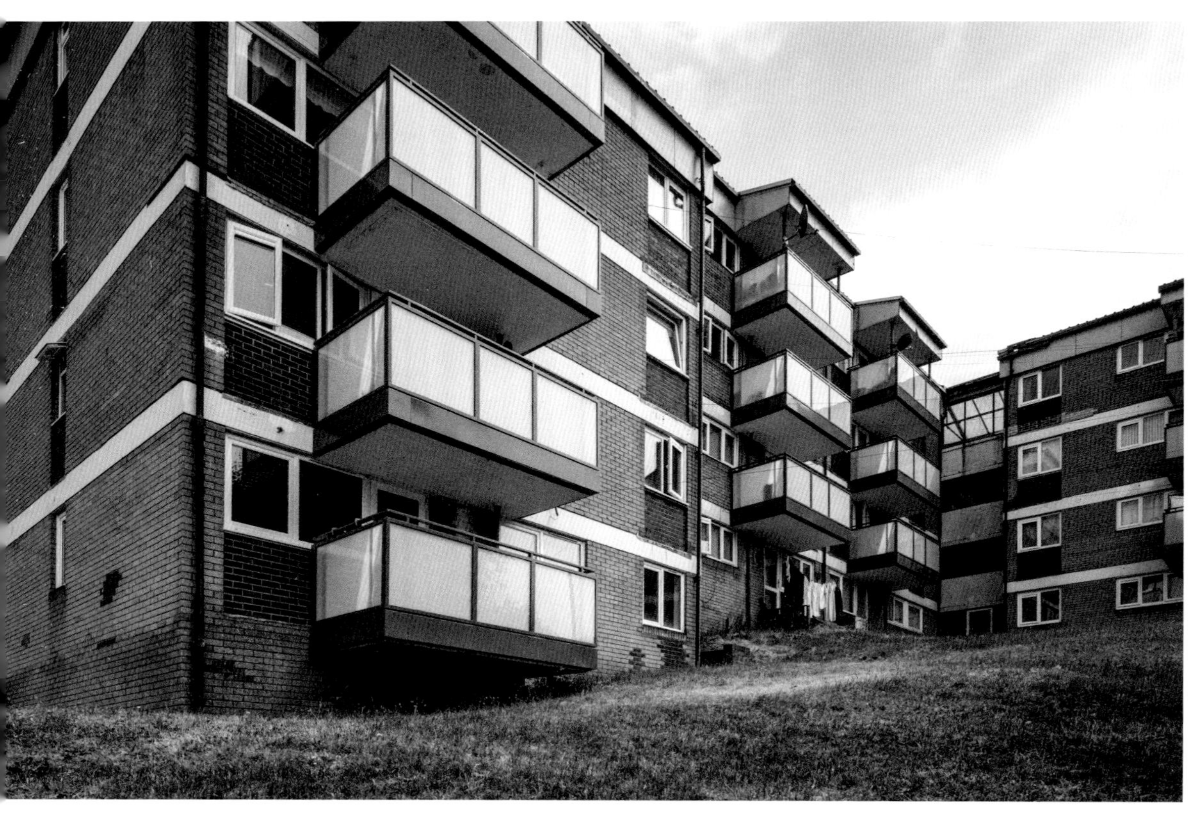

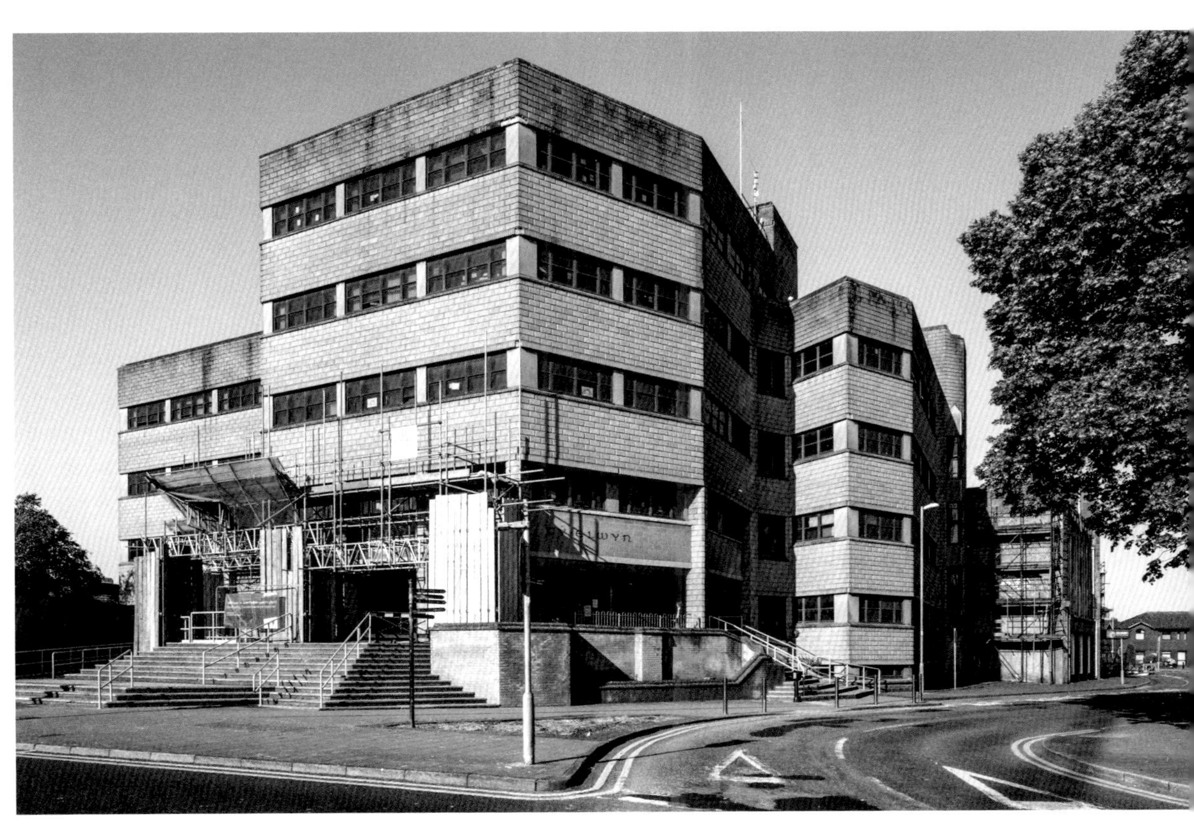

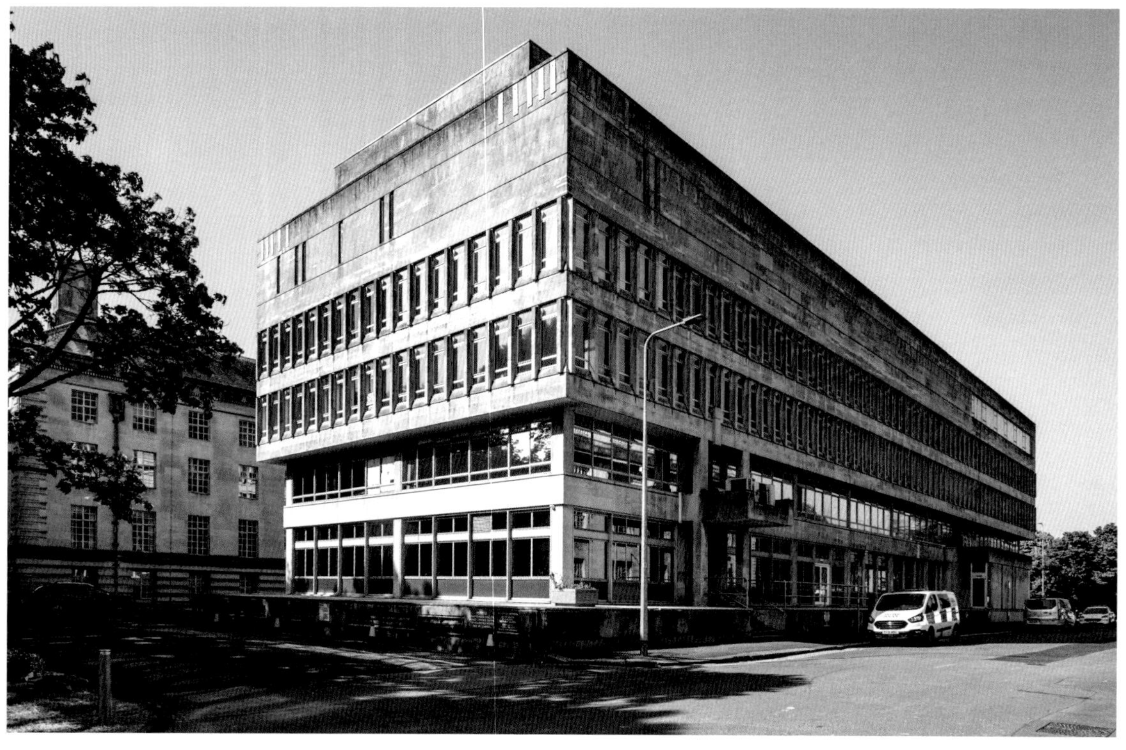

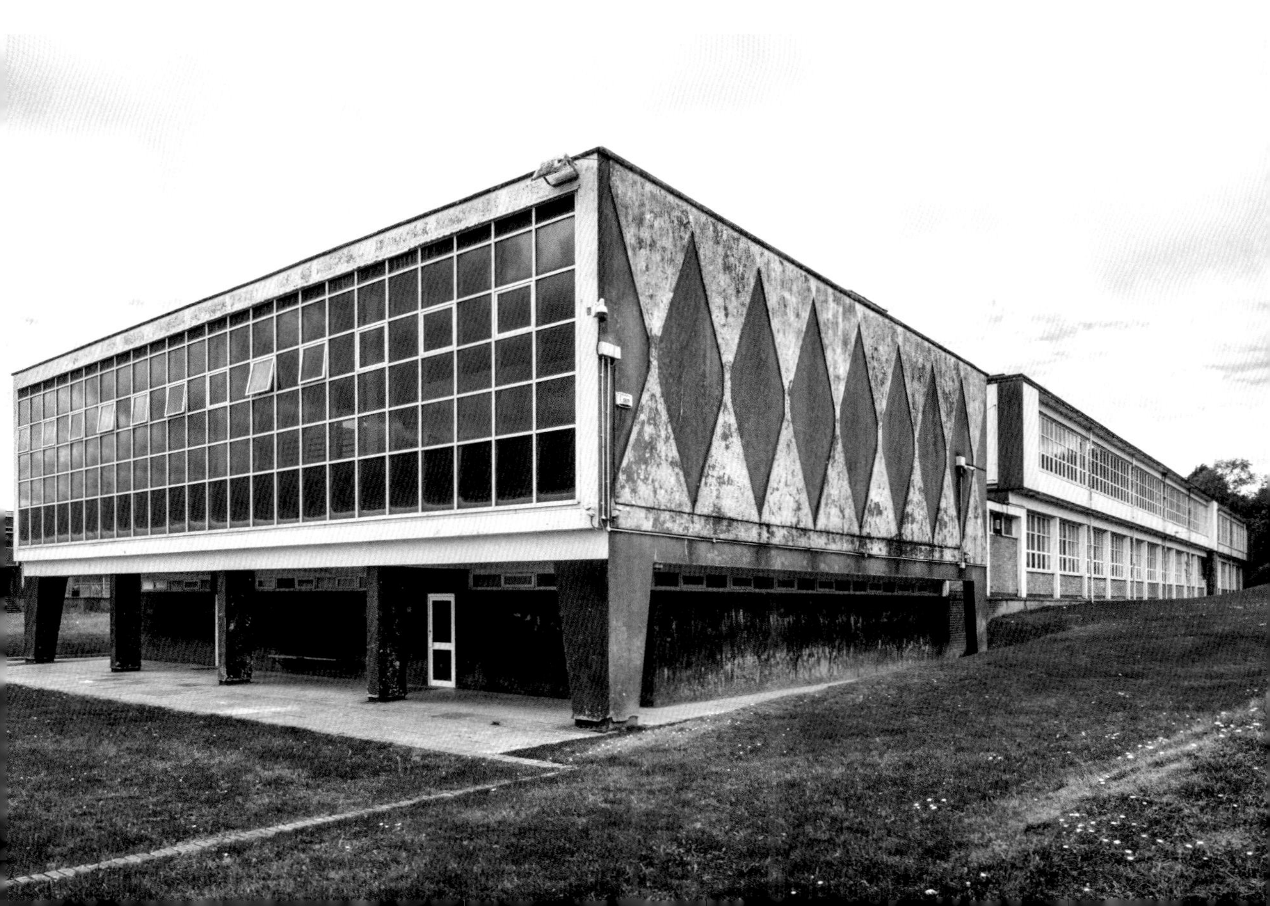

Fairwater Shopping Precinct,
Cwmbran

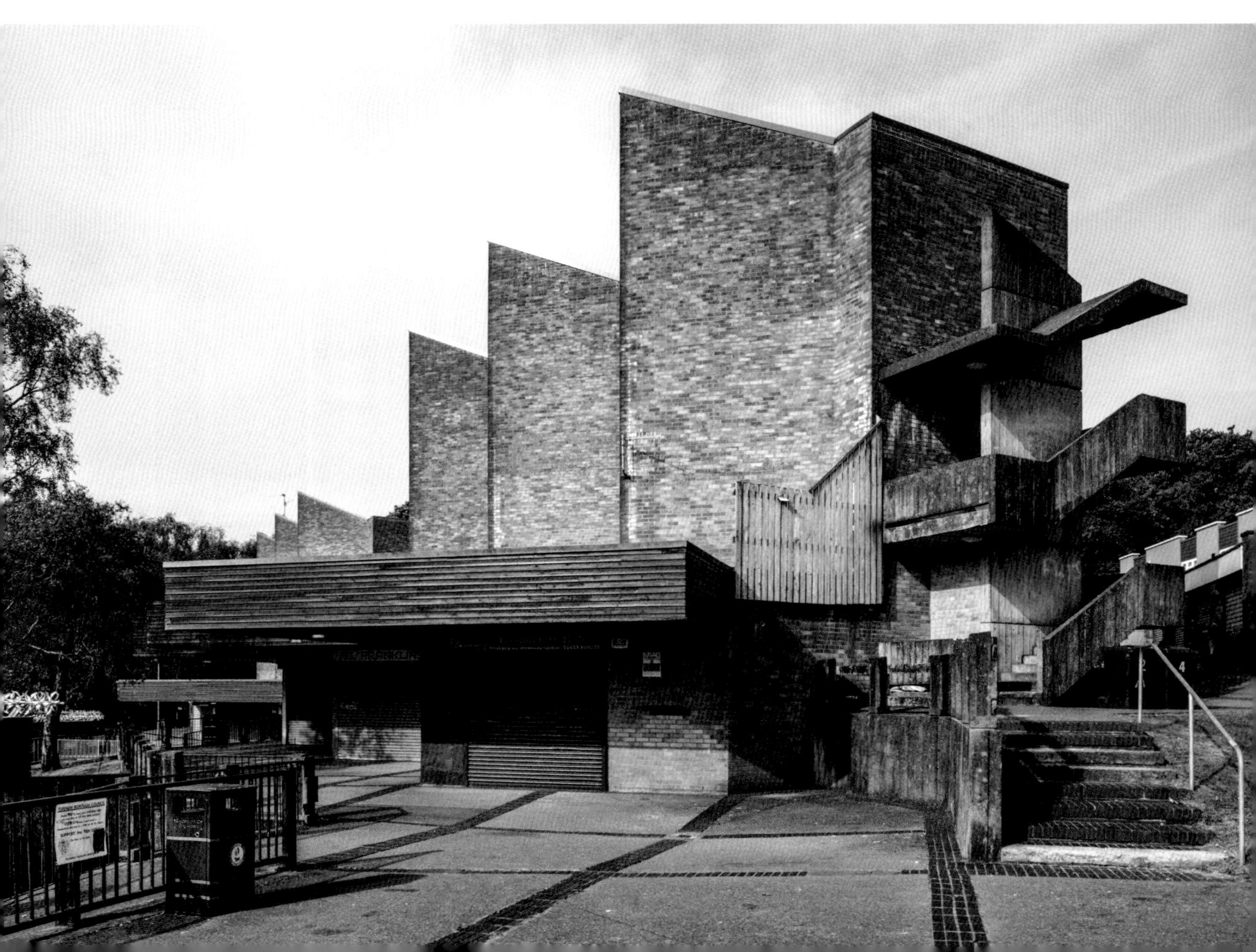

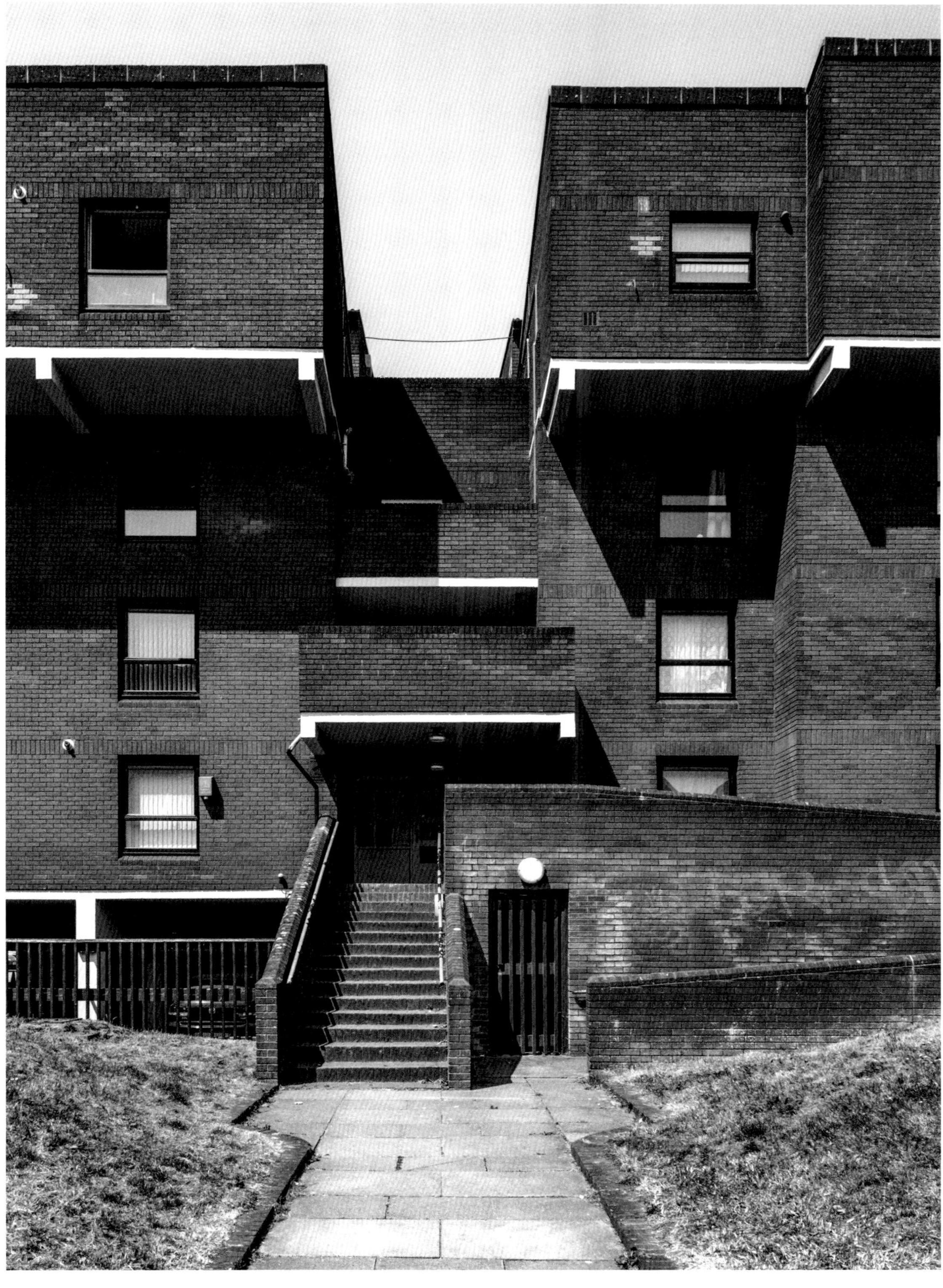

Cefn Bryn Hall of Residence,
Swansea University

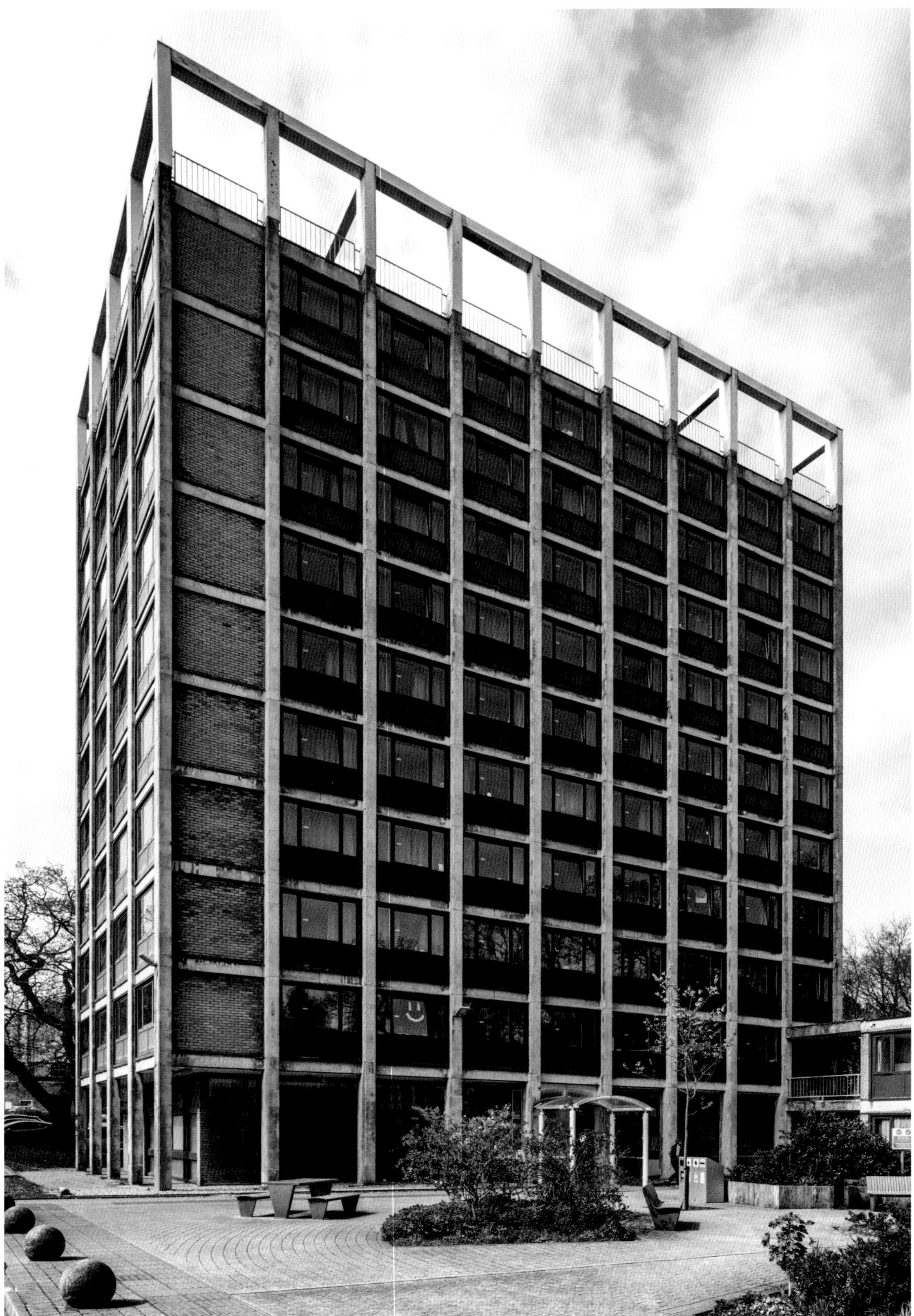

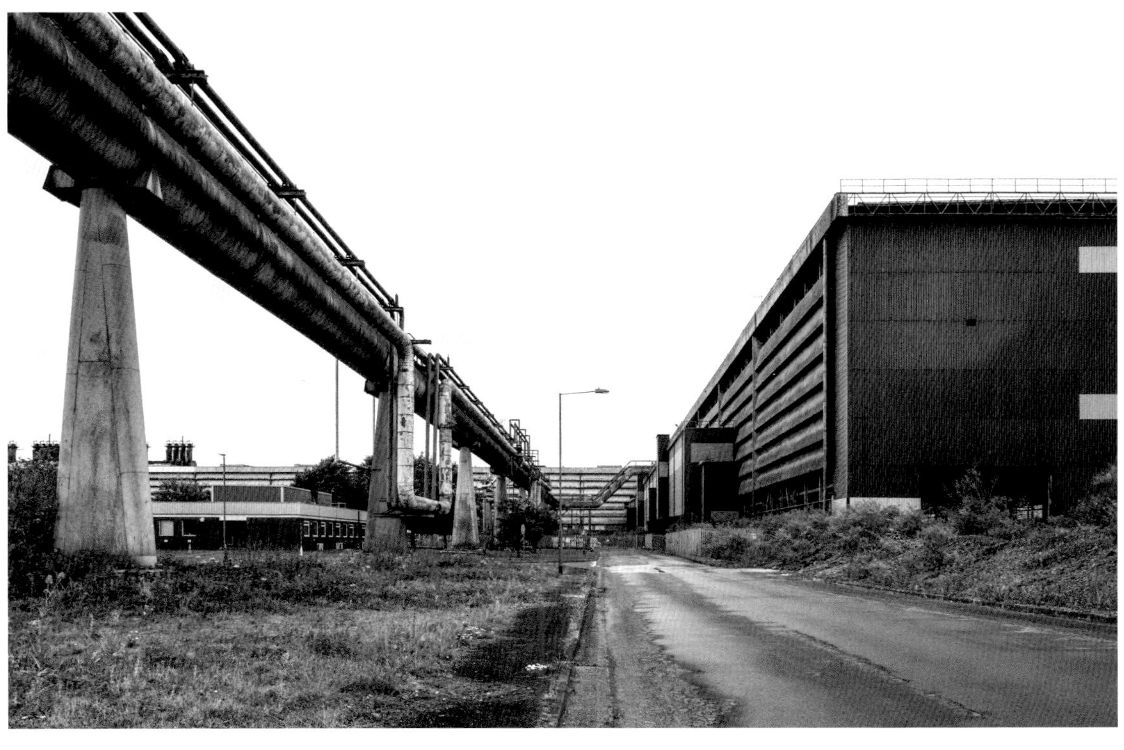

West Glamorgan County Hall
(now Swansea Civic Centre)

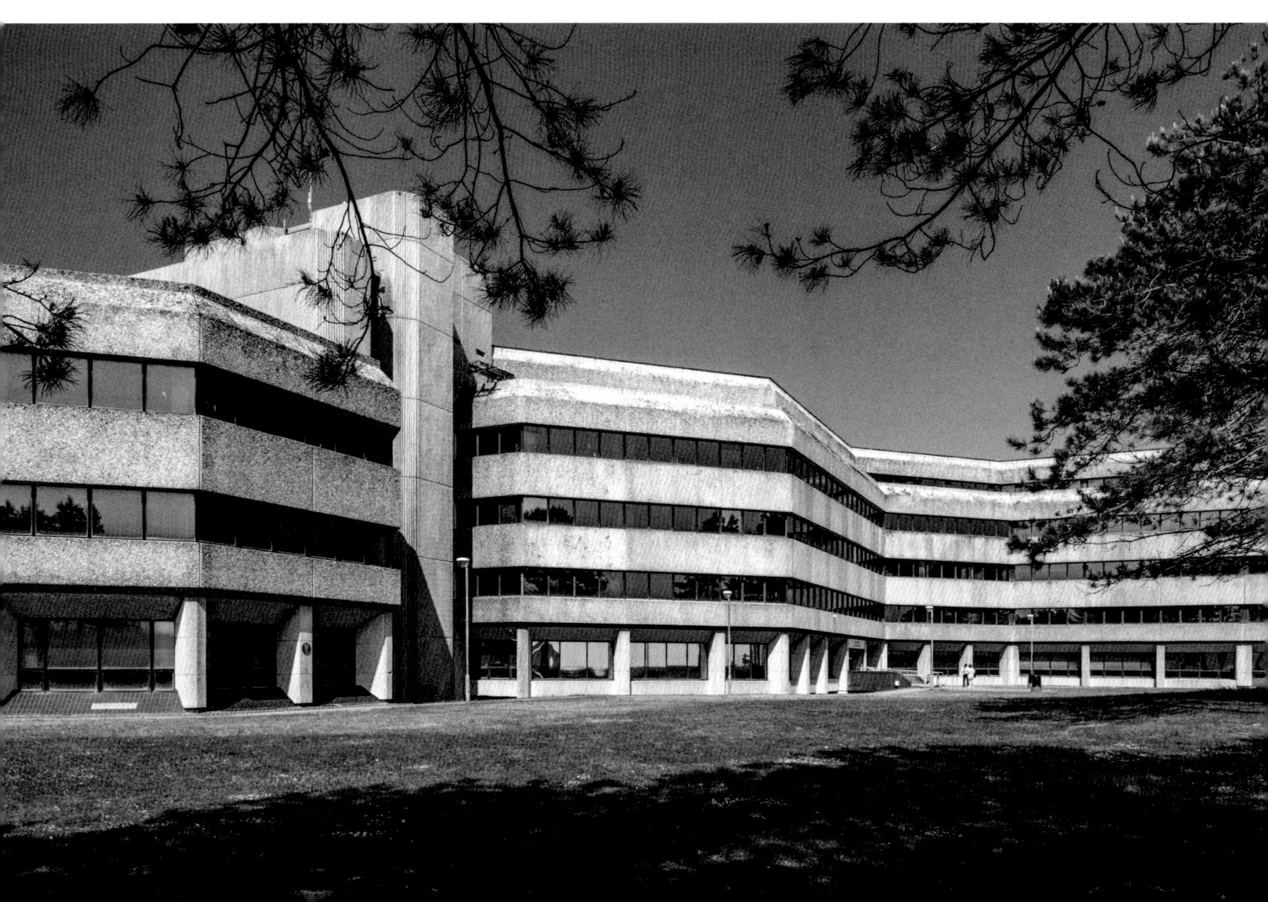

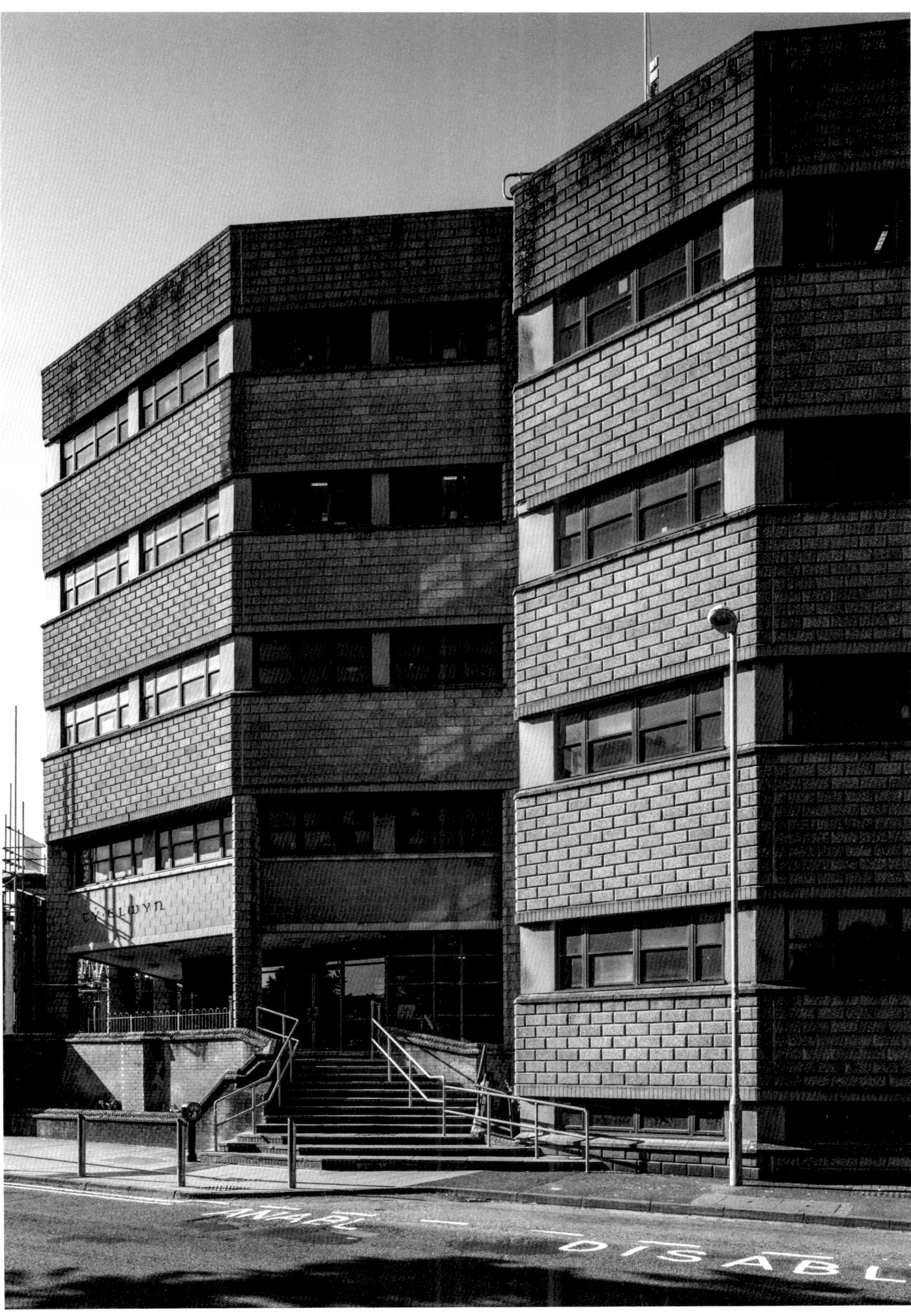

Great Hall, Aberystwyth Arts Centre,
Aberystwyth University

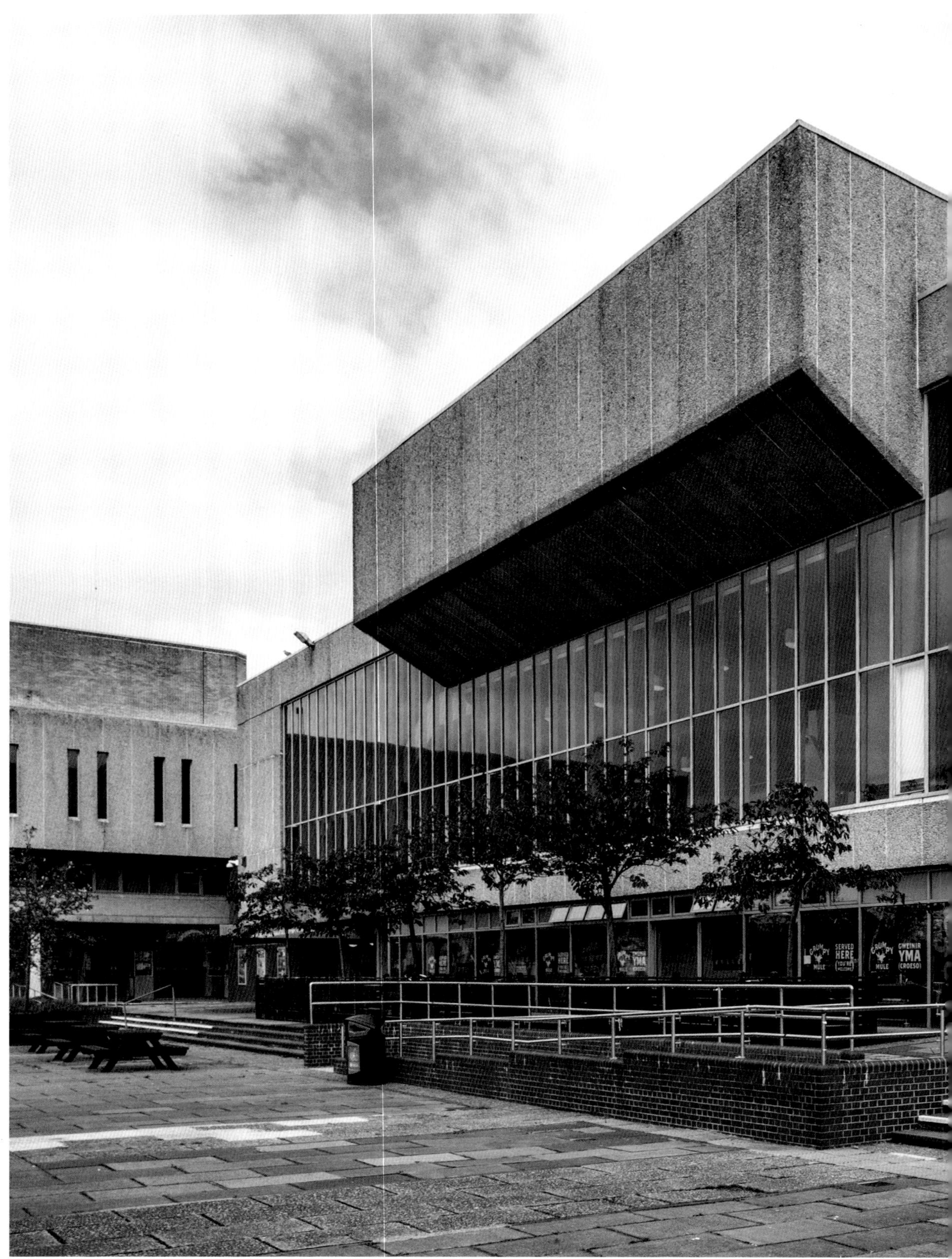

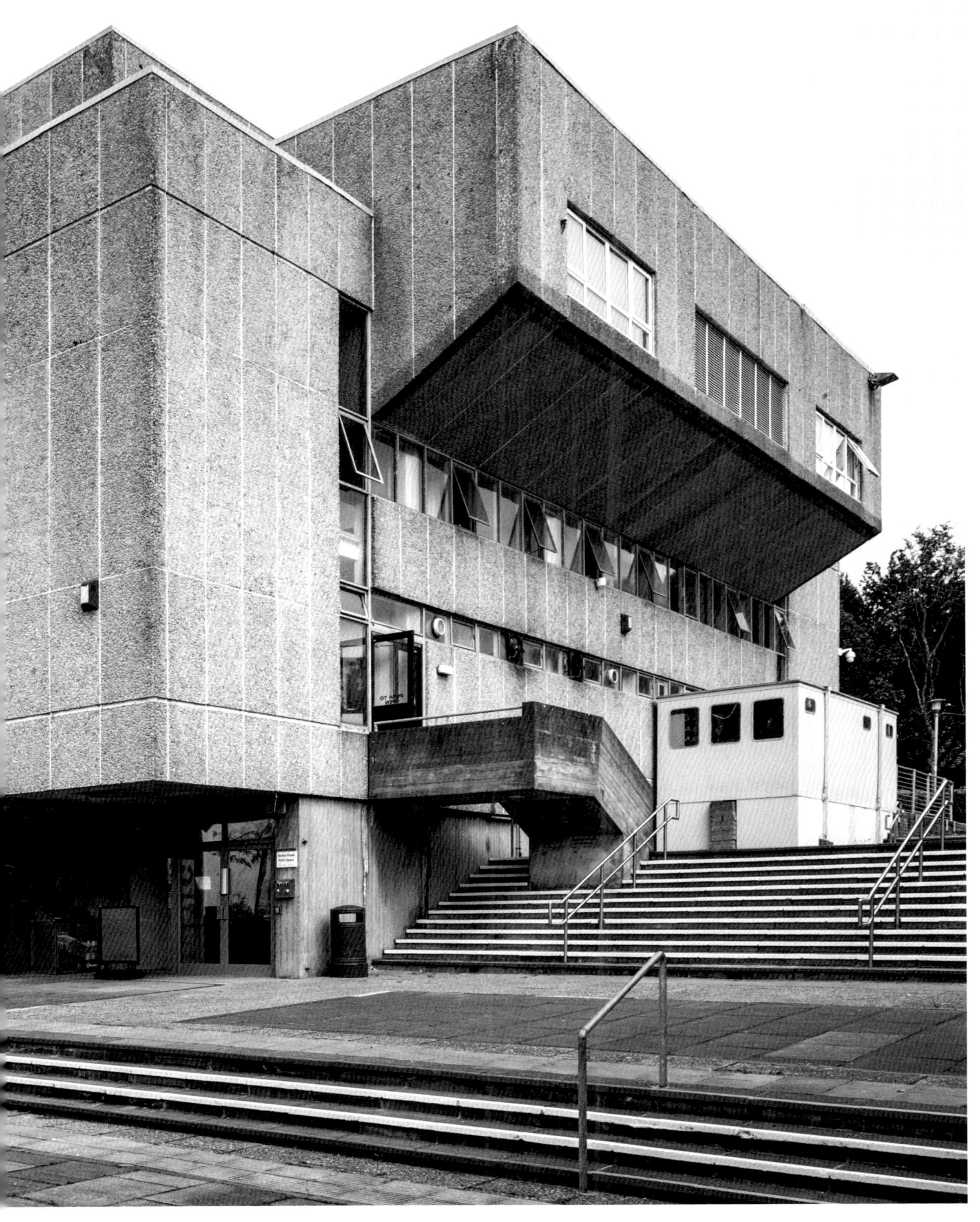

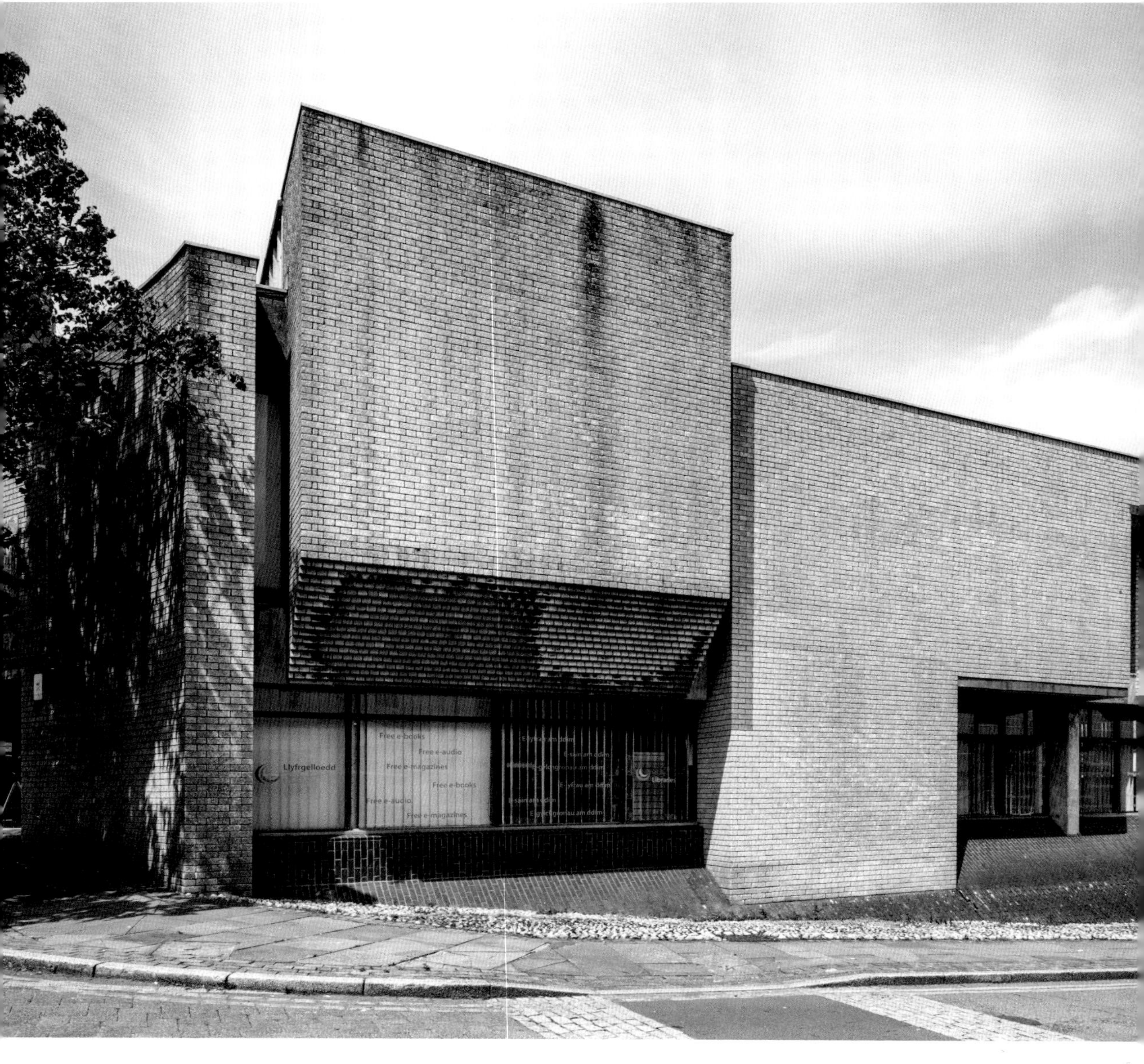

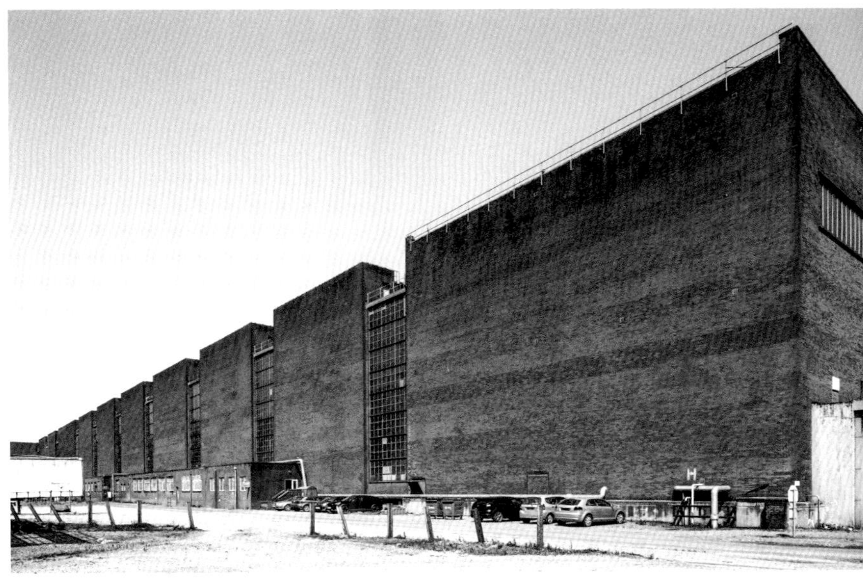

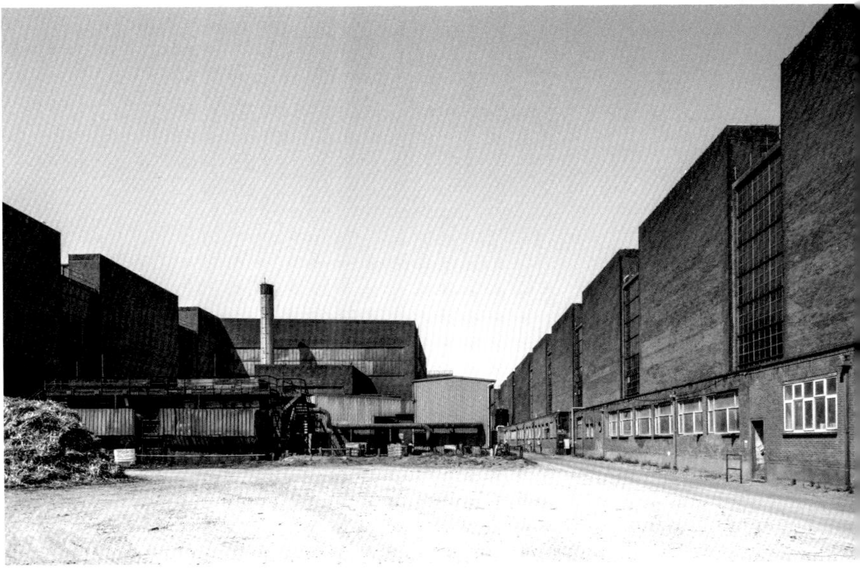

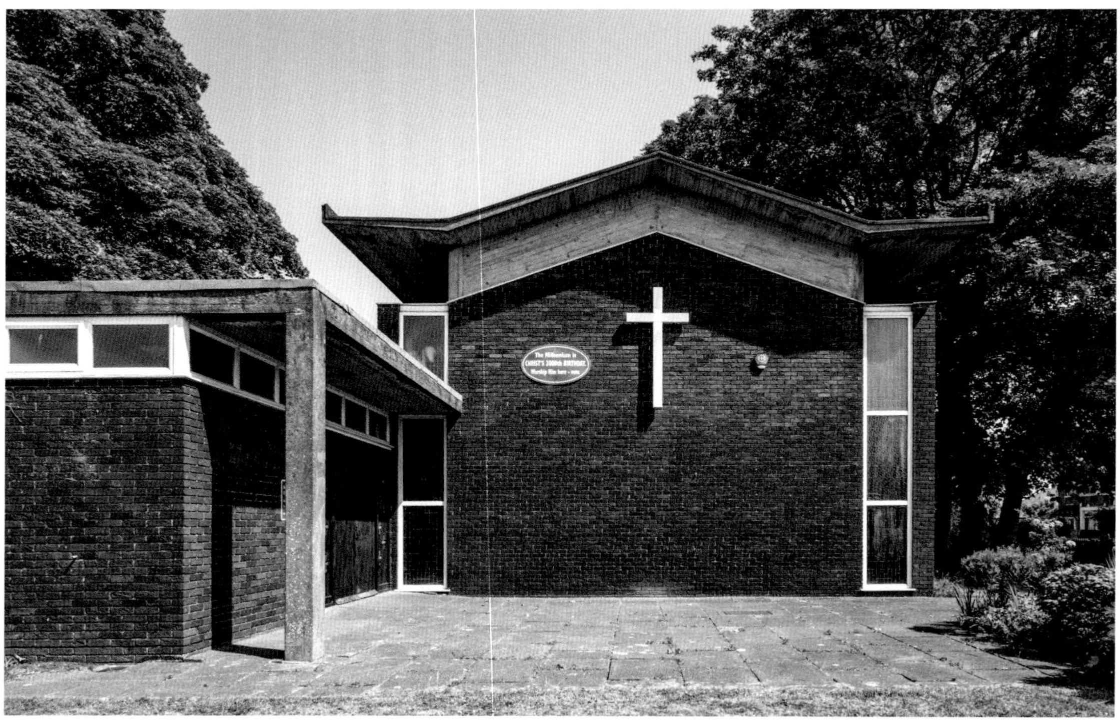

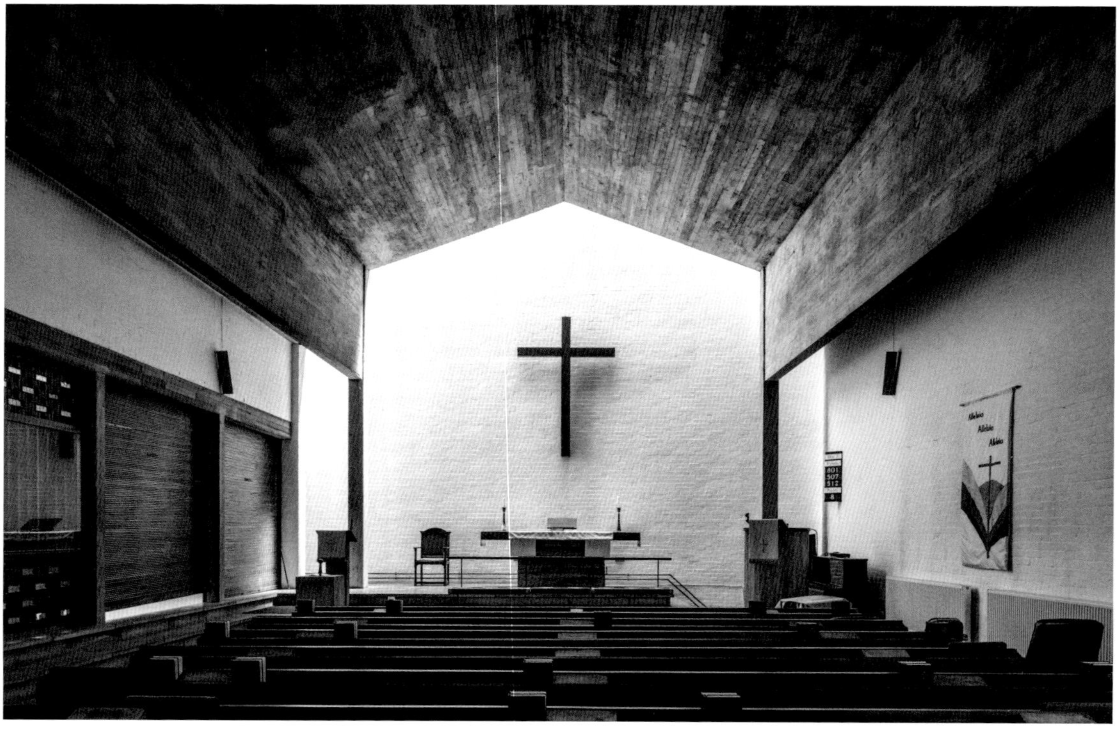

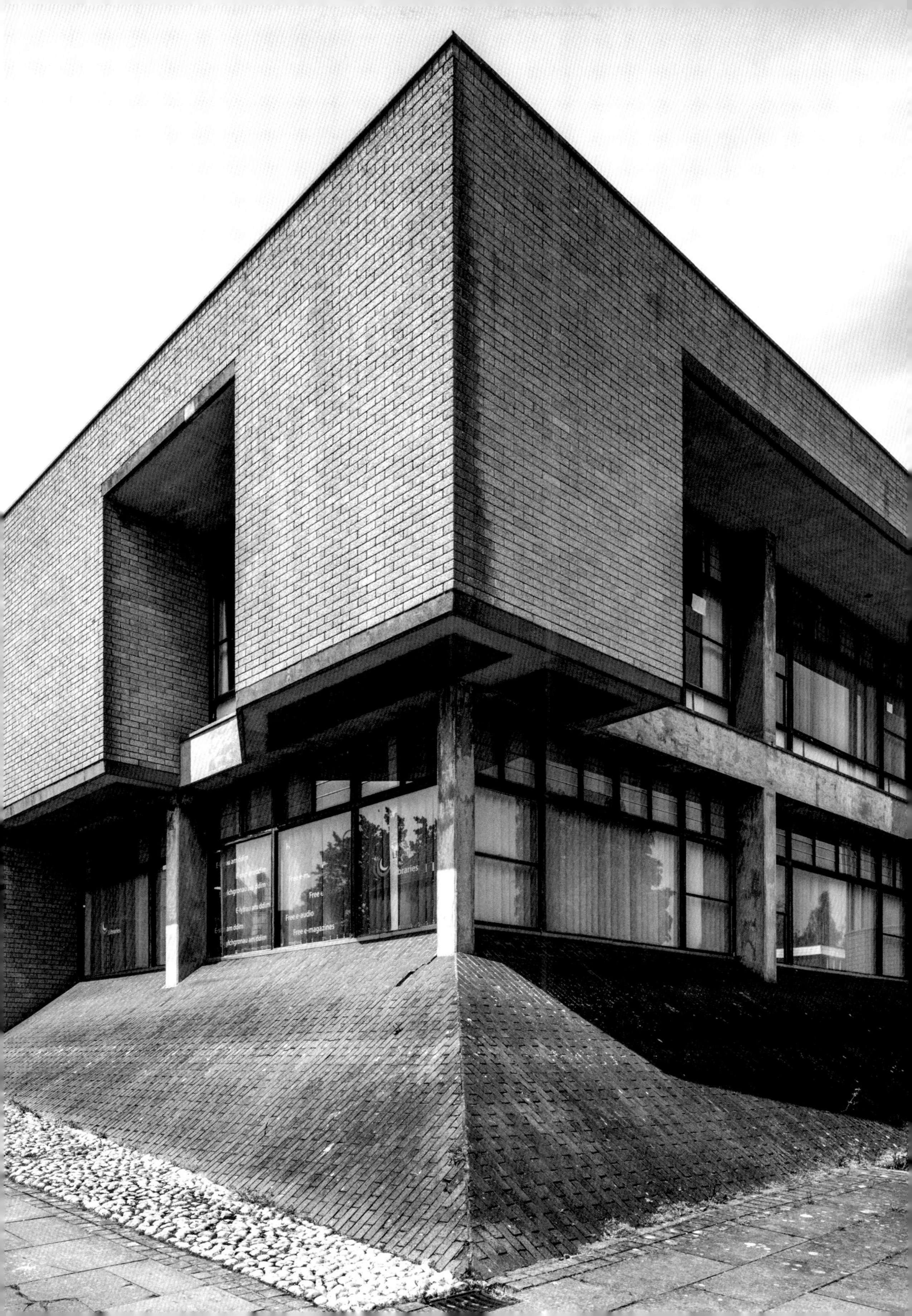

Llandinam Building,
Aberystwyth University

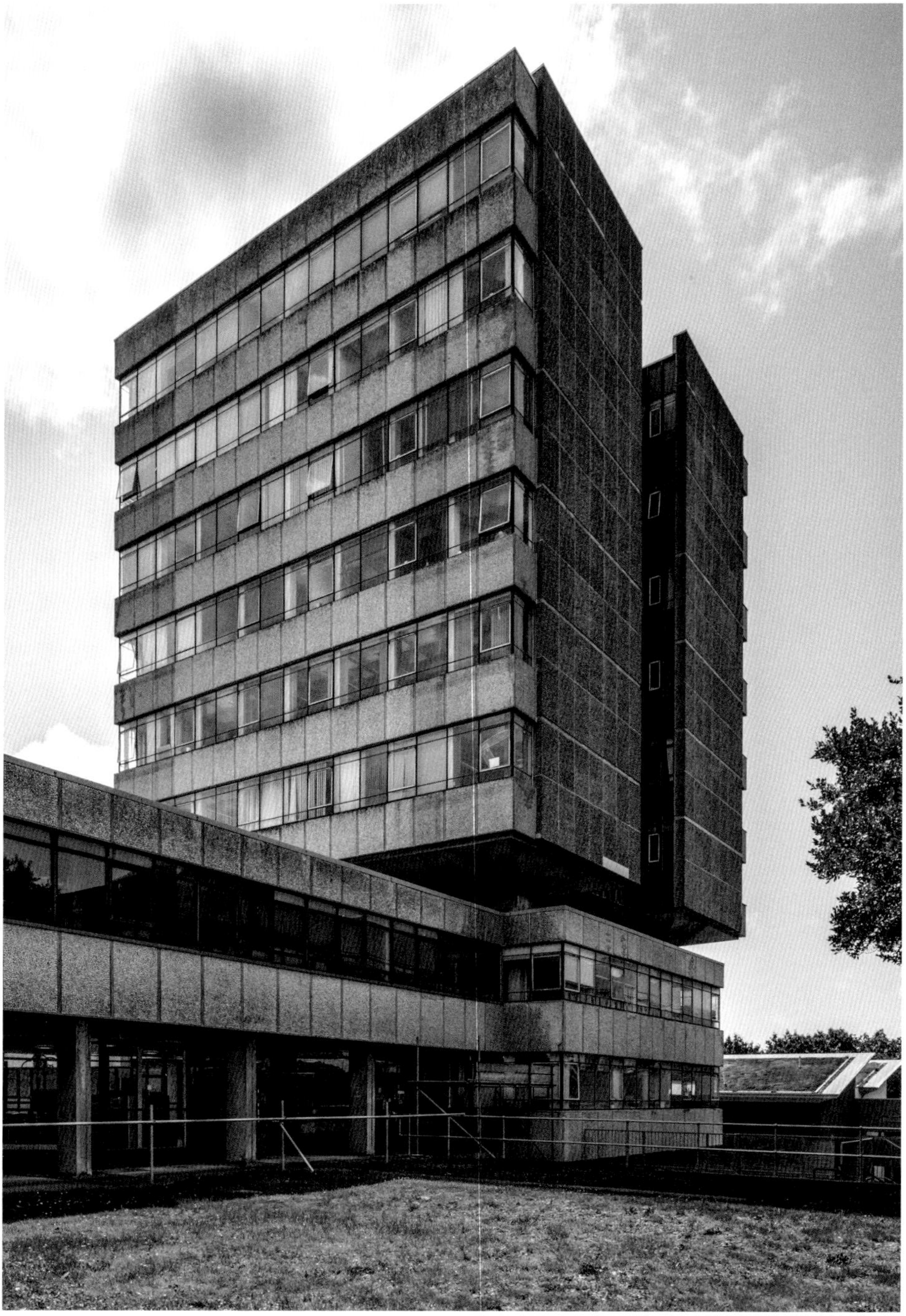

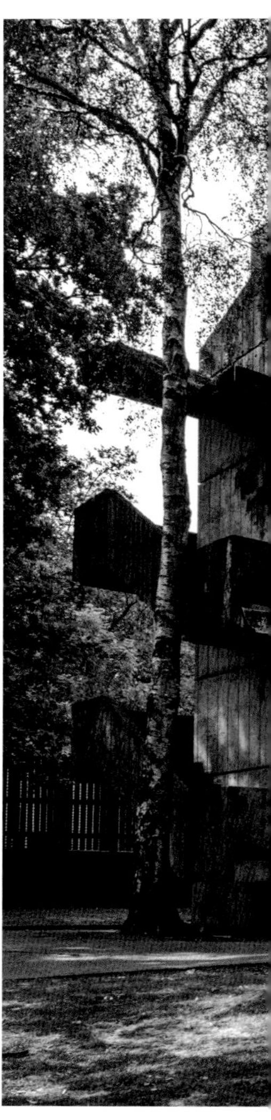

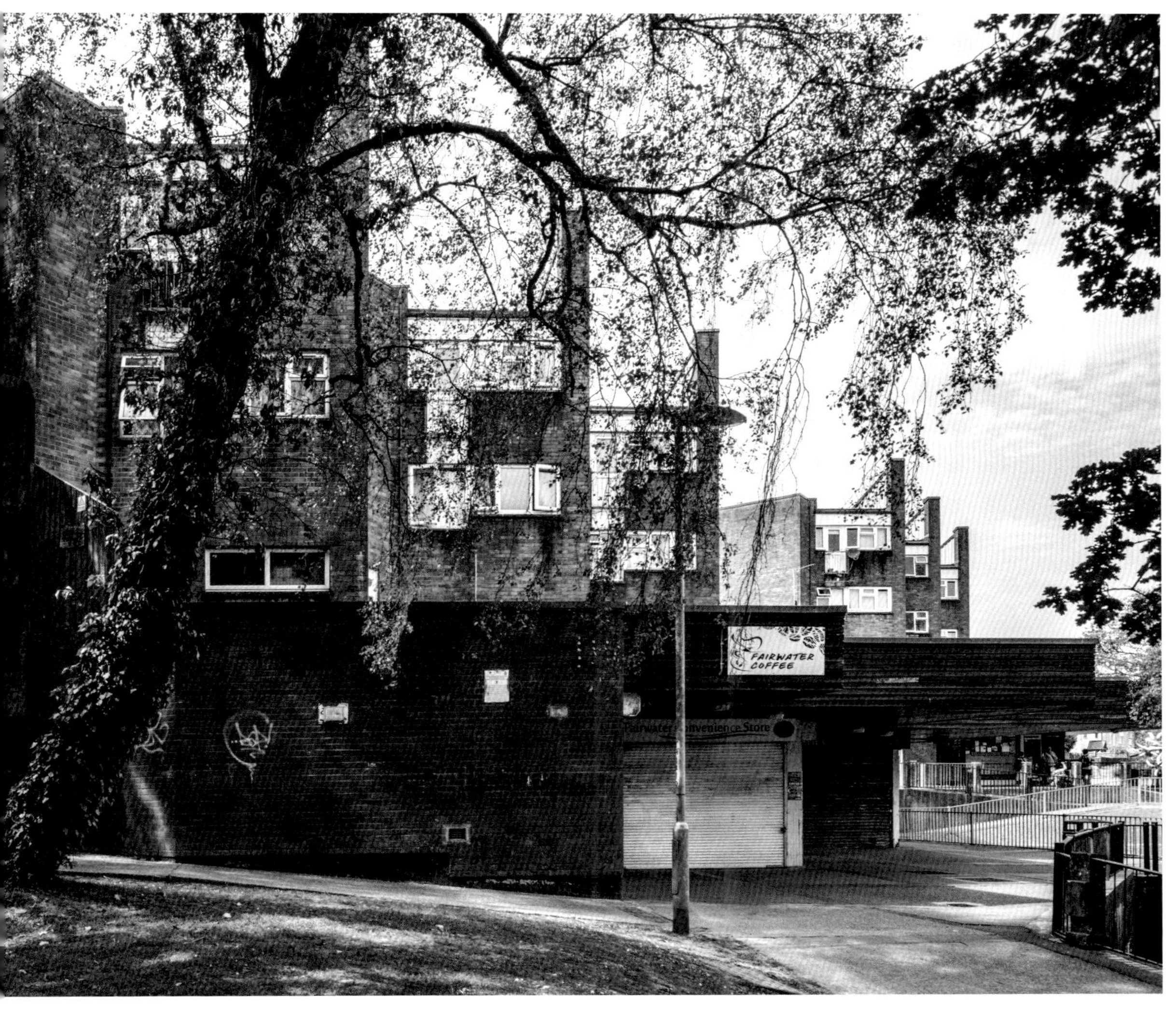
FAIRWATER
COFFEE
Fairwater Convenience Store

Tower Building,
Cardiff University

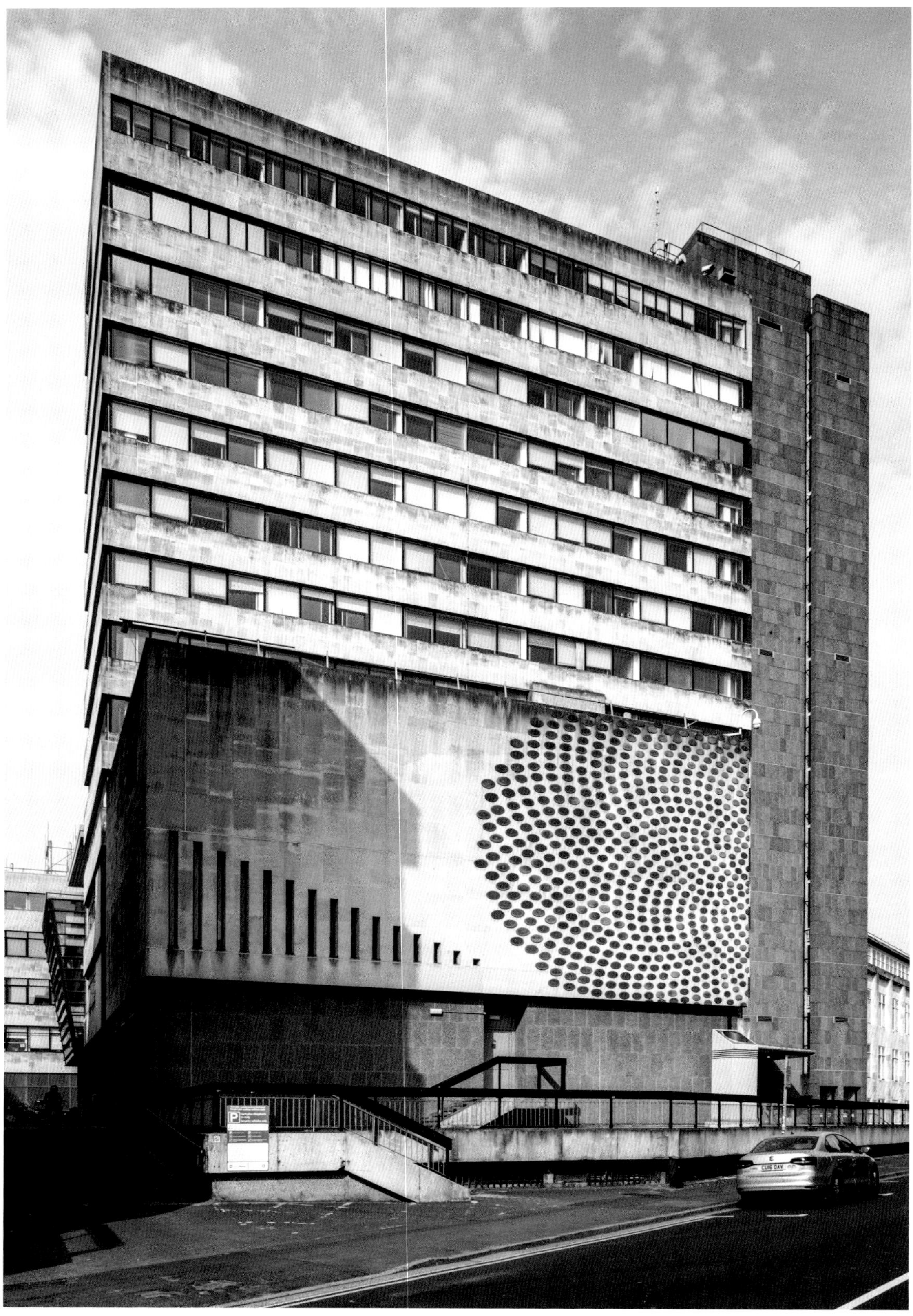

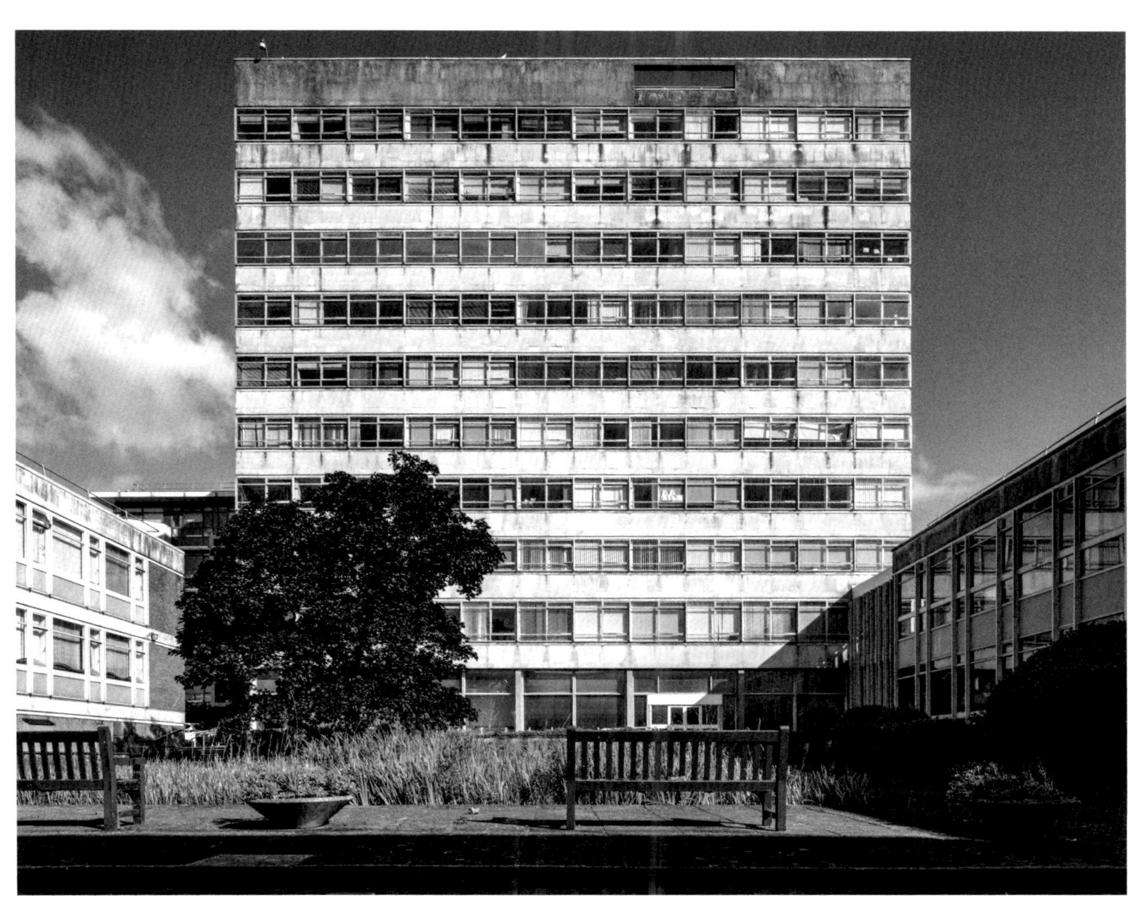

Swansea Leisure Centre
(now The LC2)

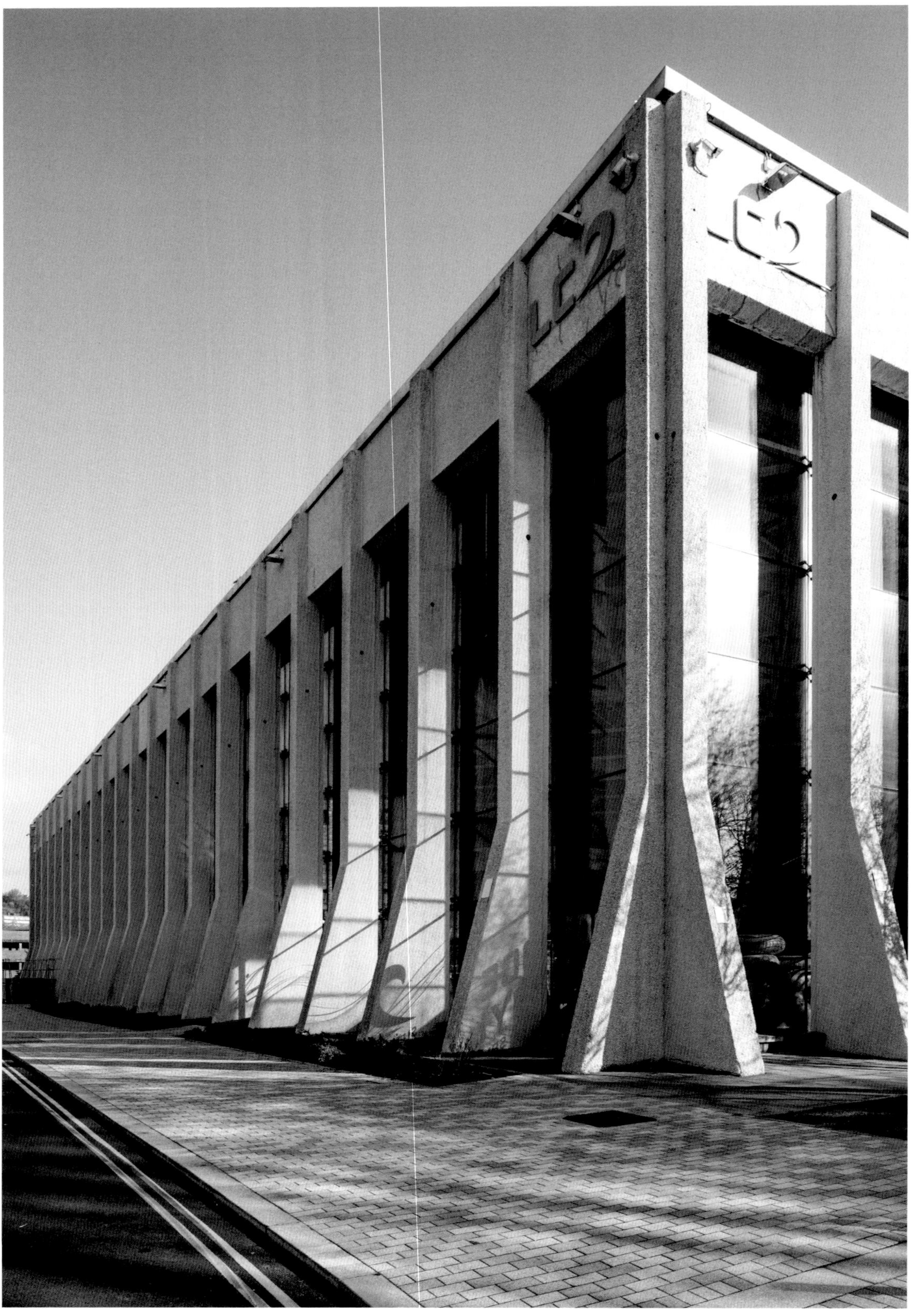

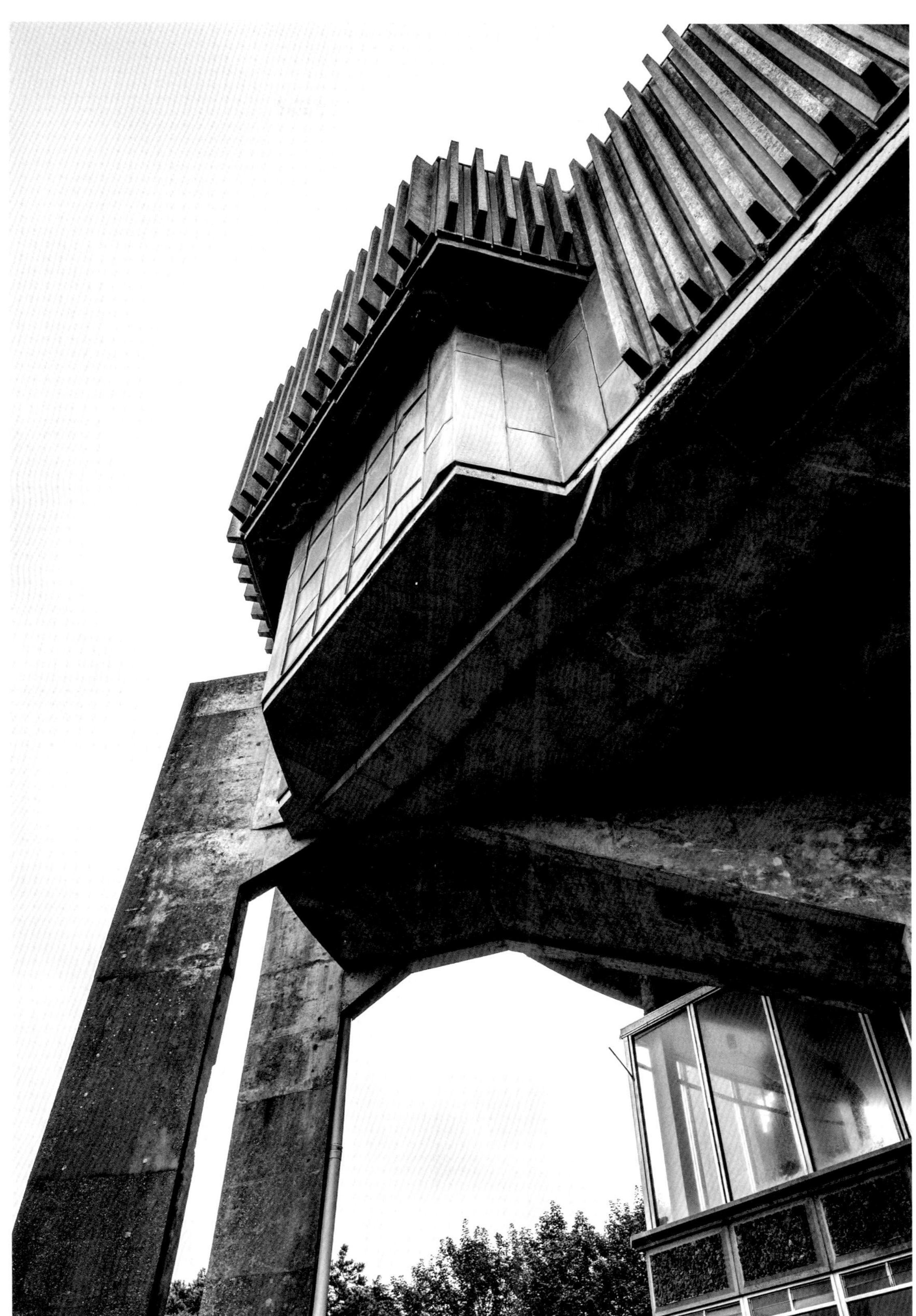

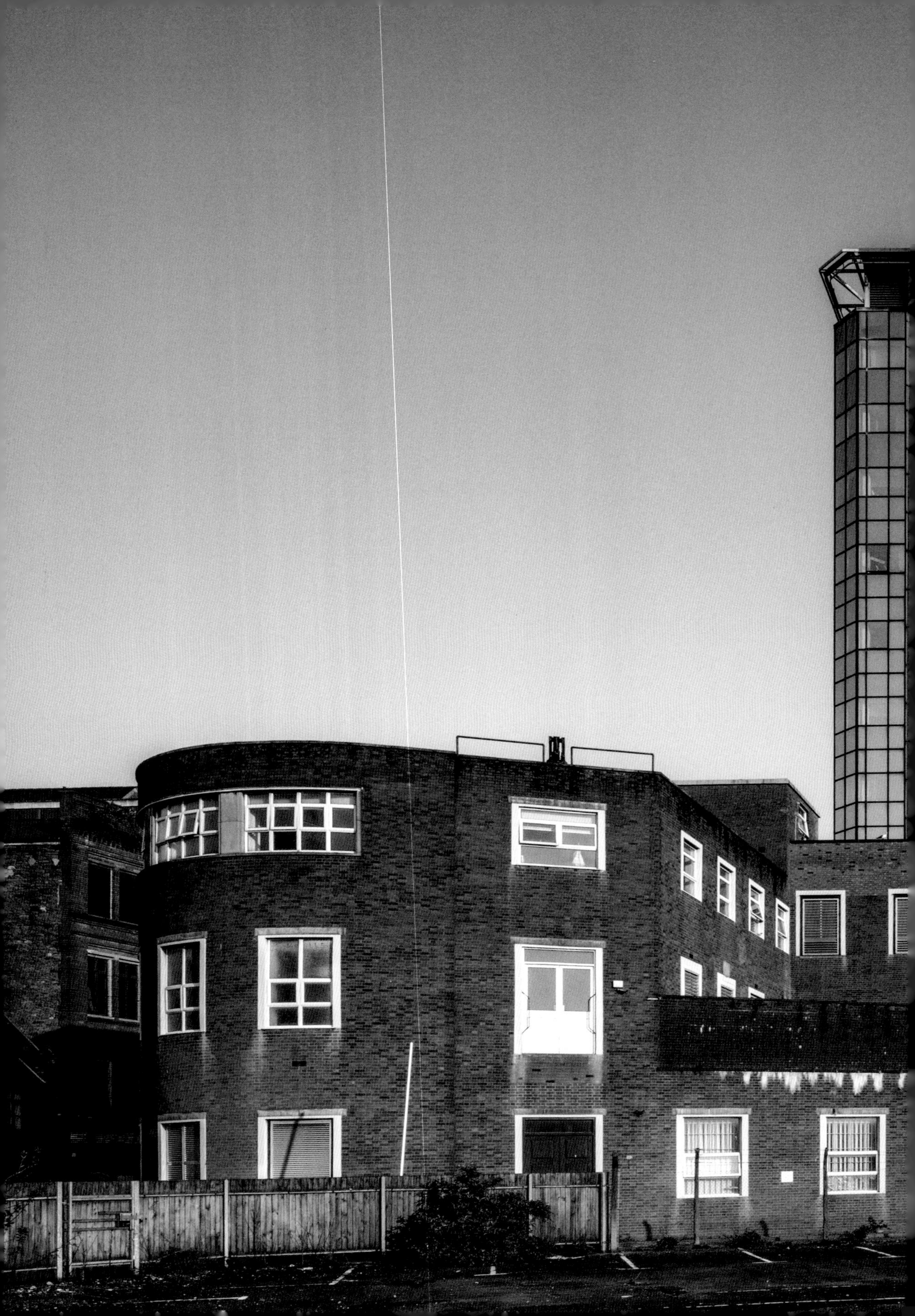

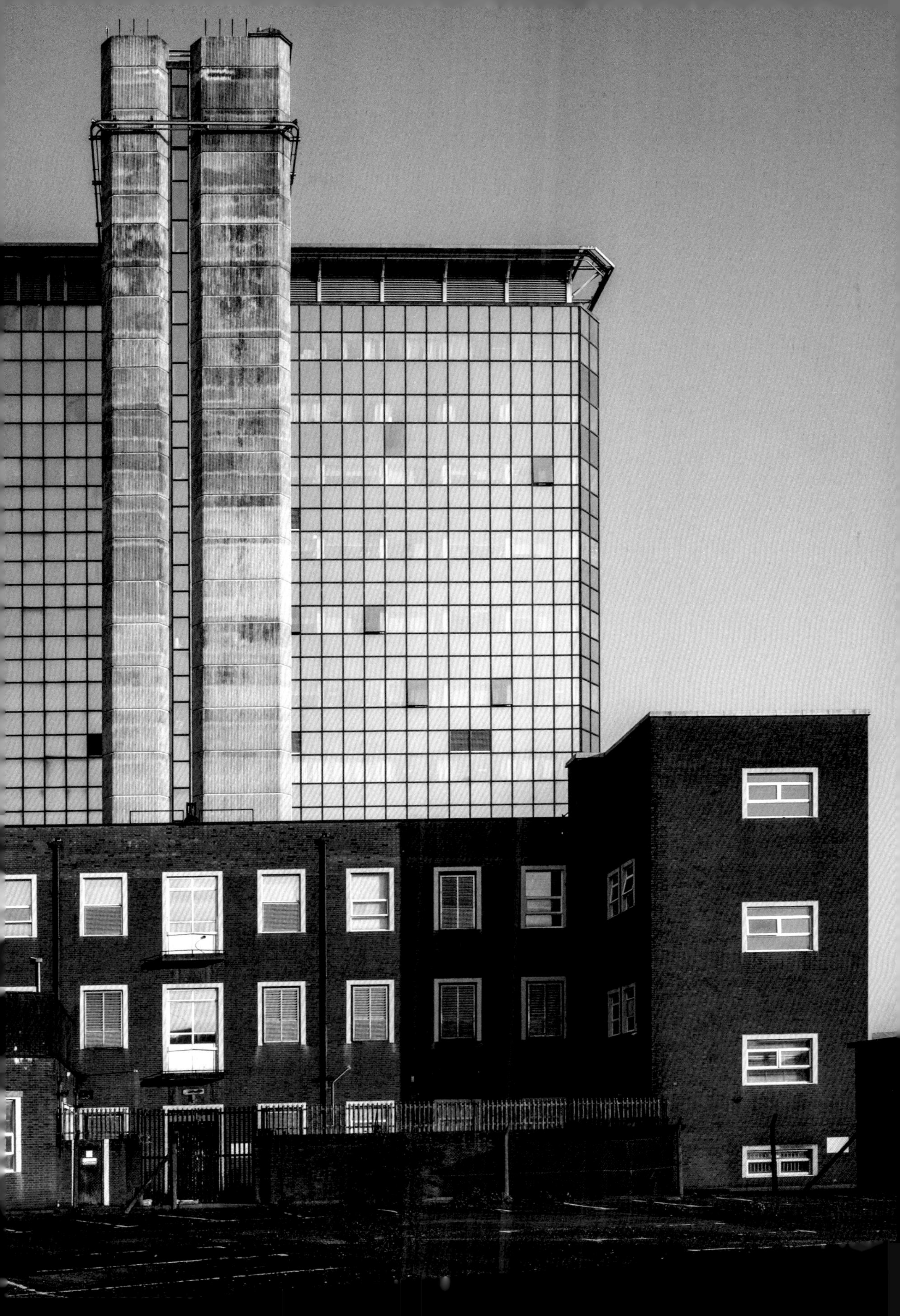

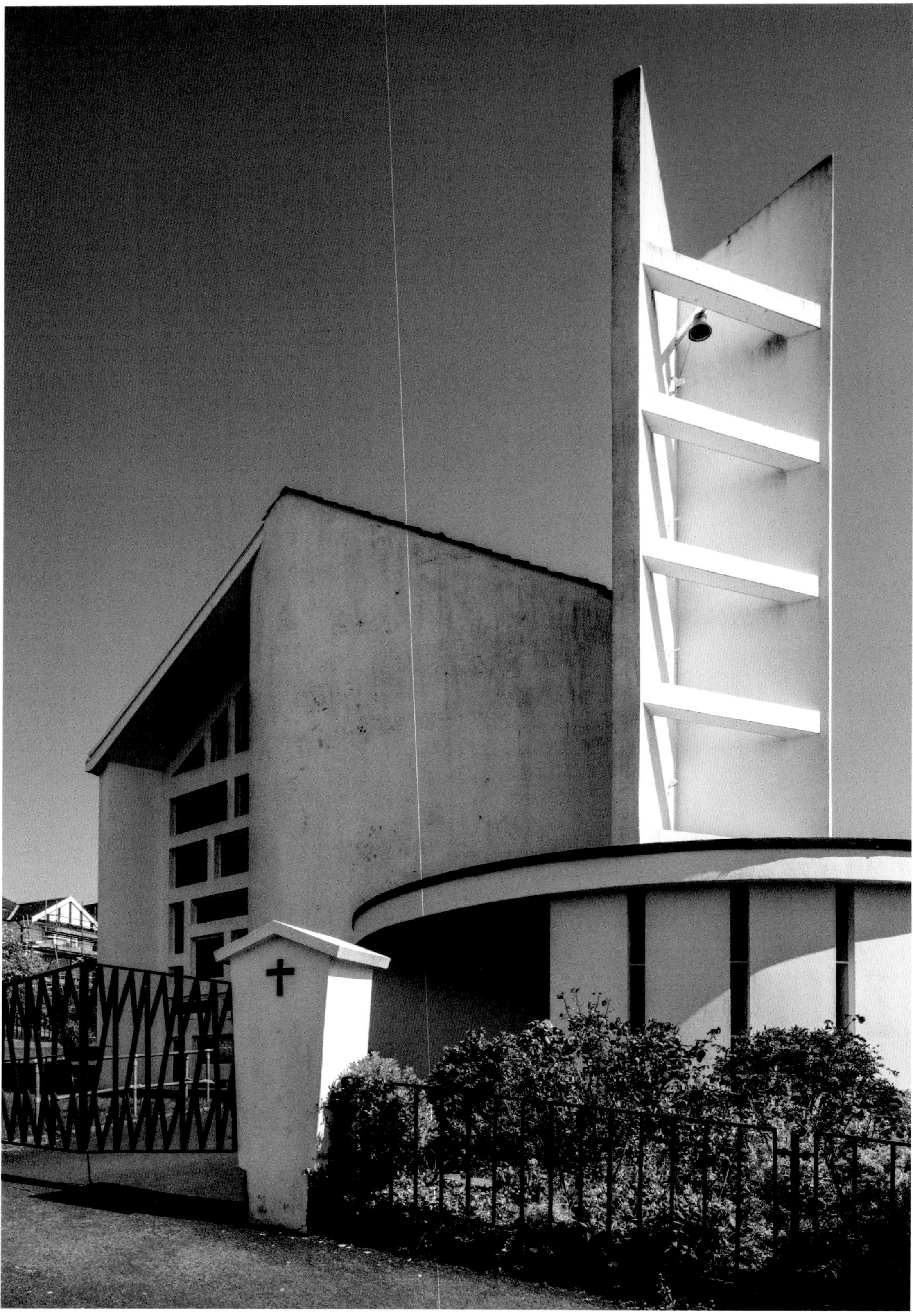

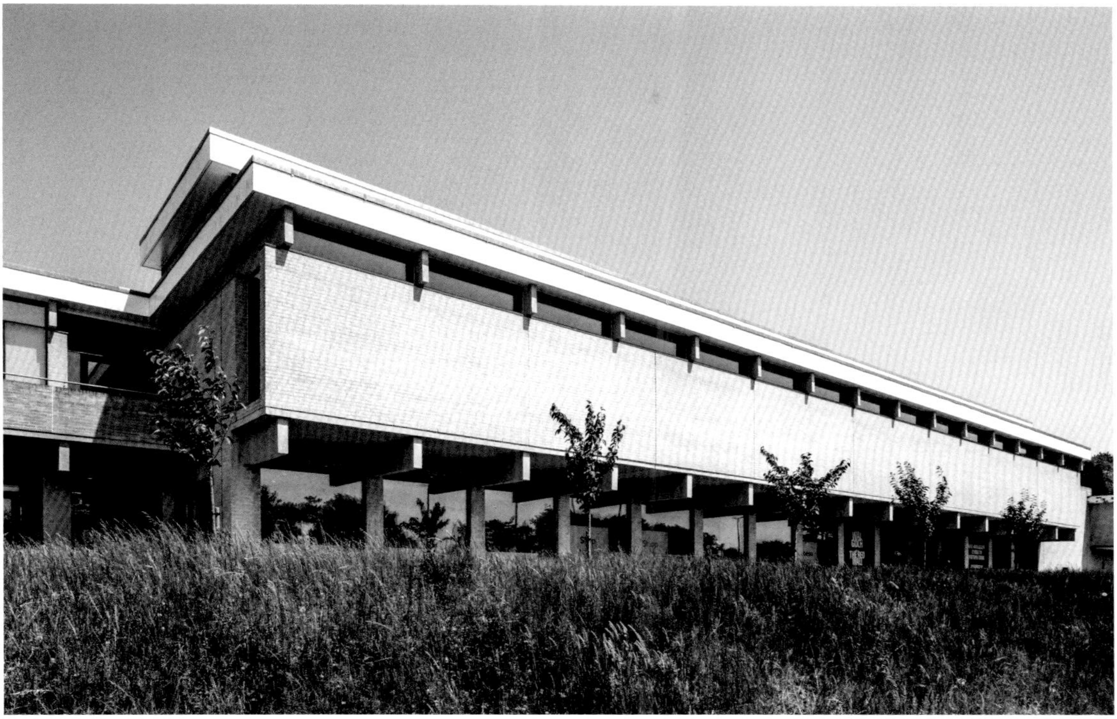

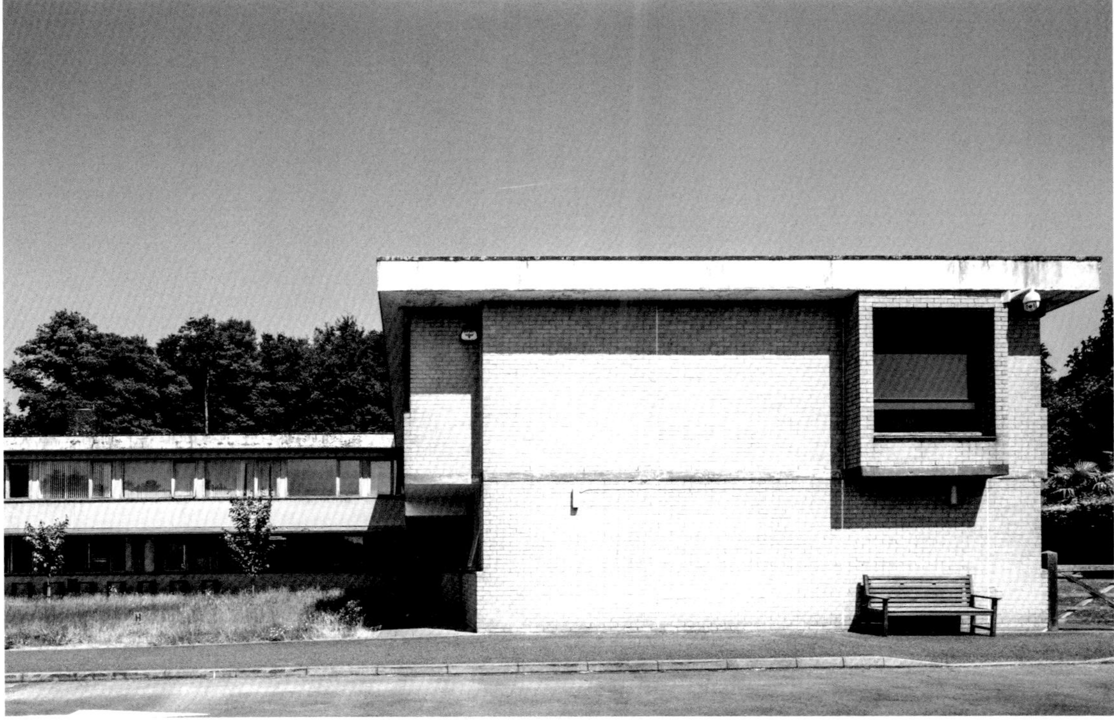

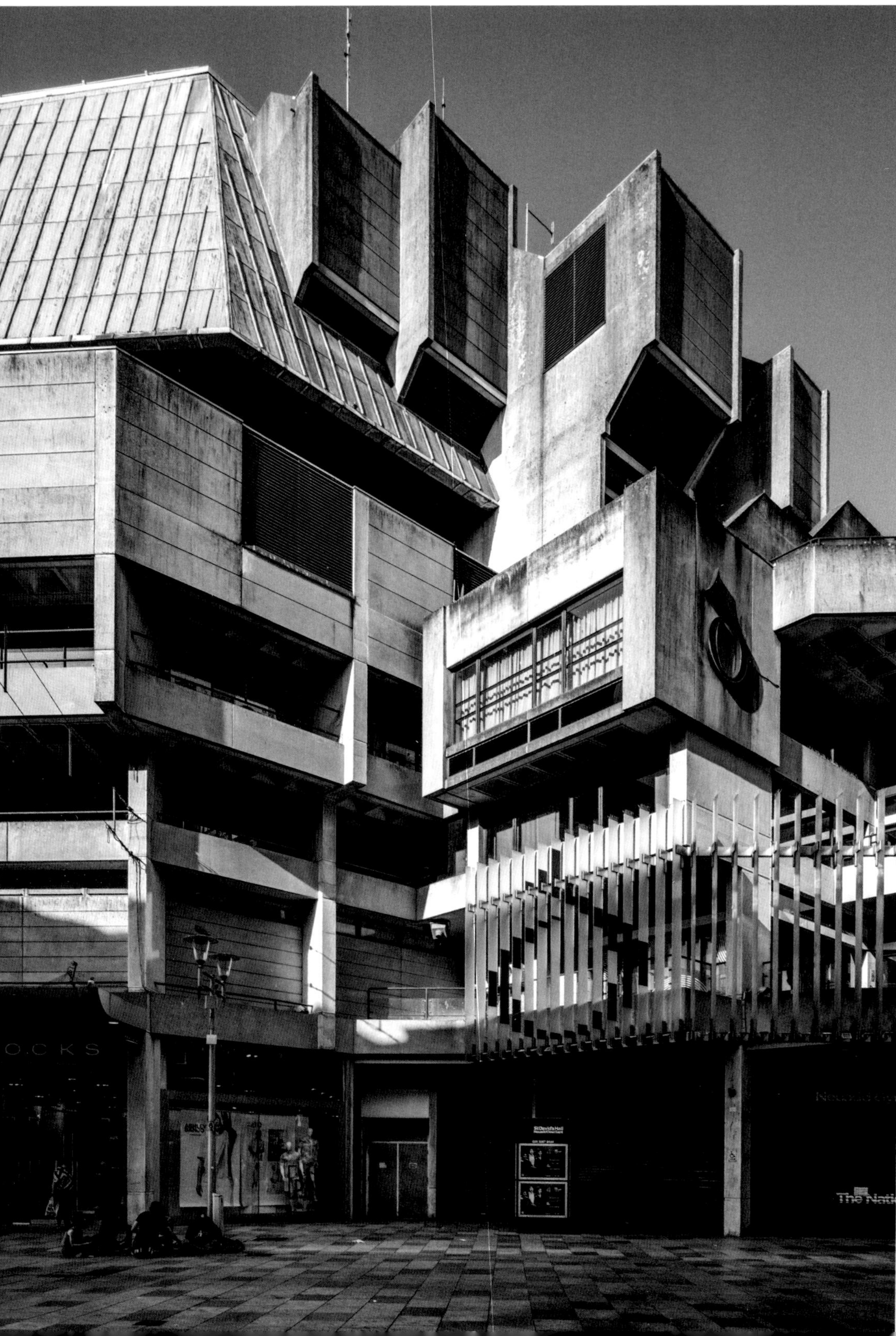

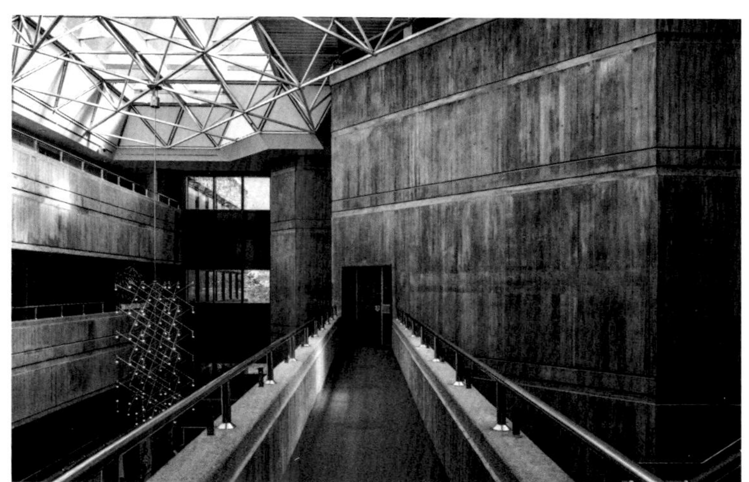

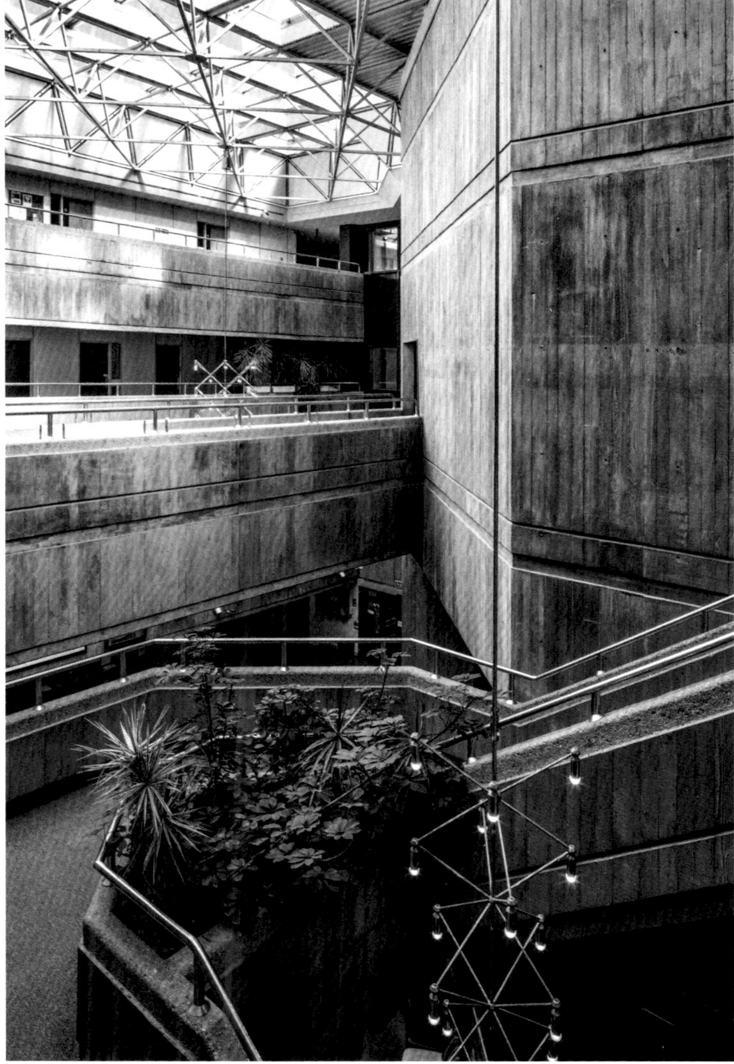

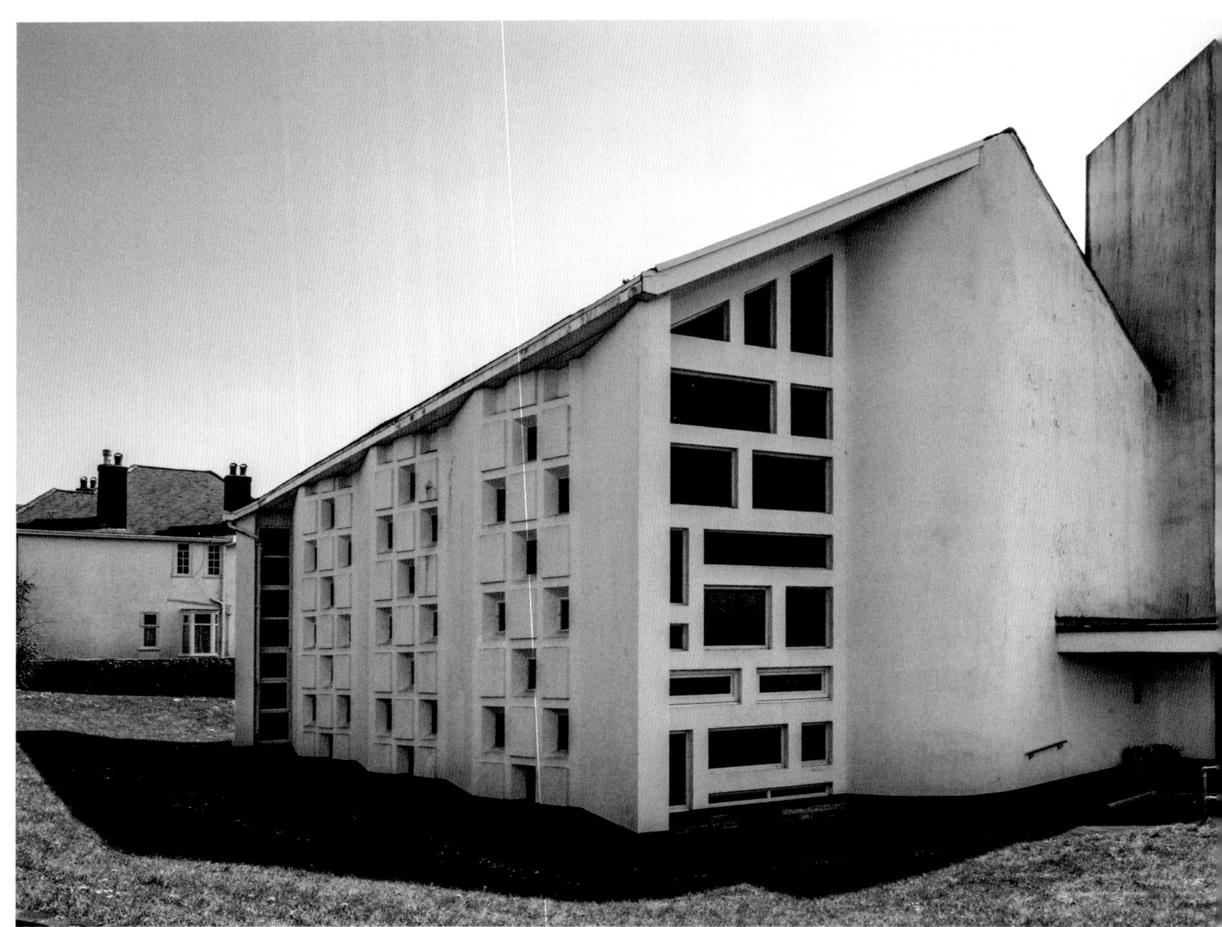

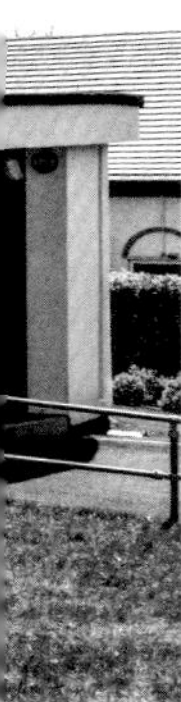

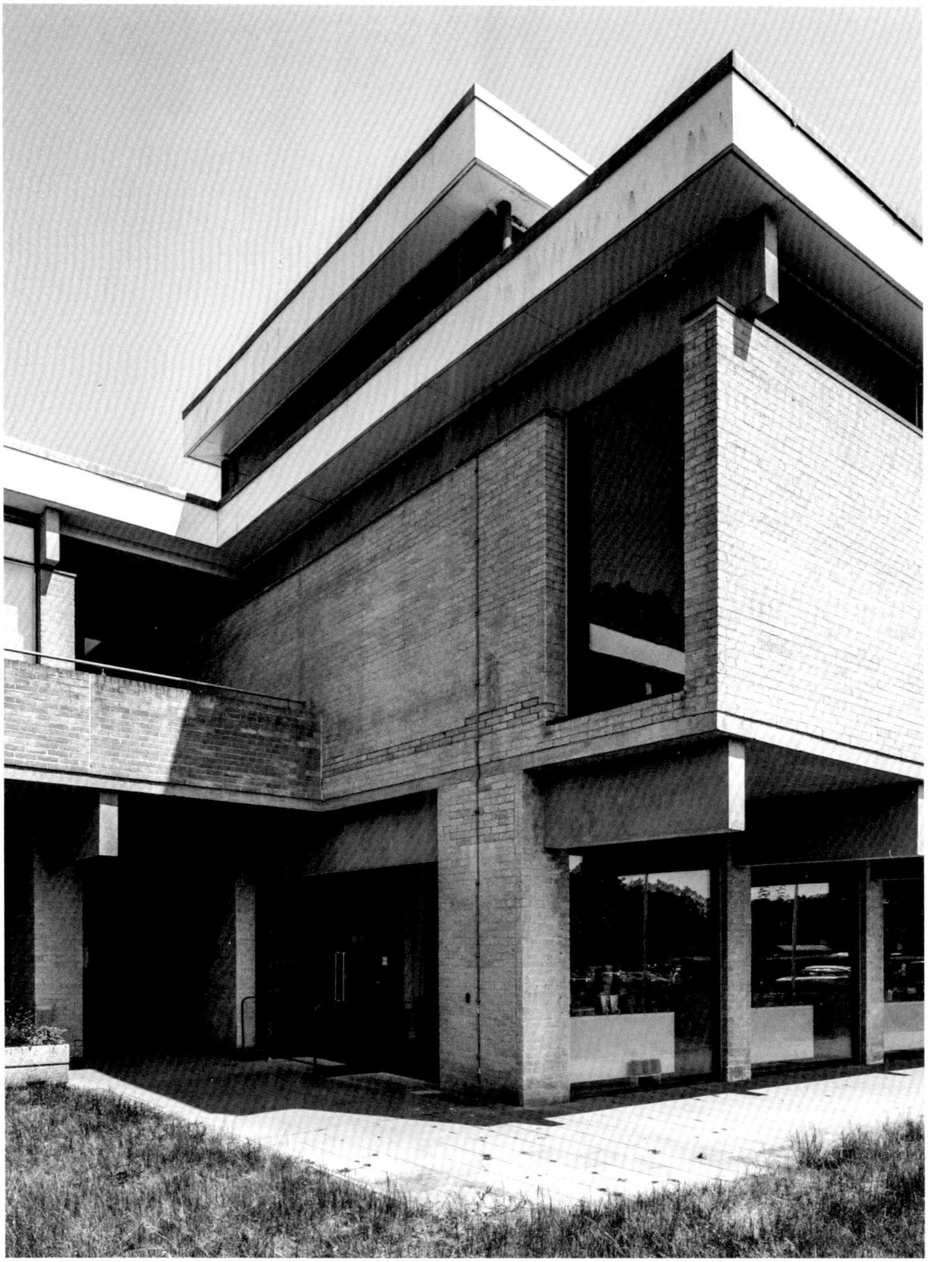

St Fagan's: National Museum of History,
Cardiff

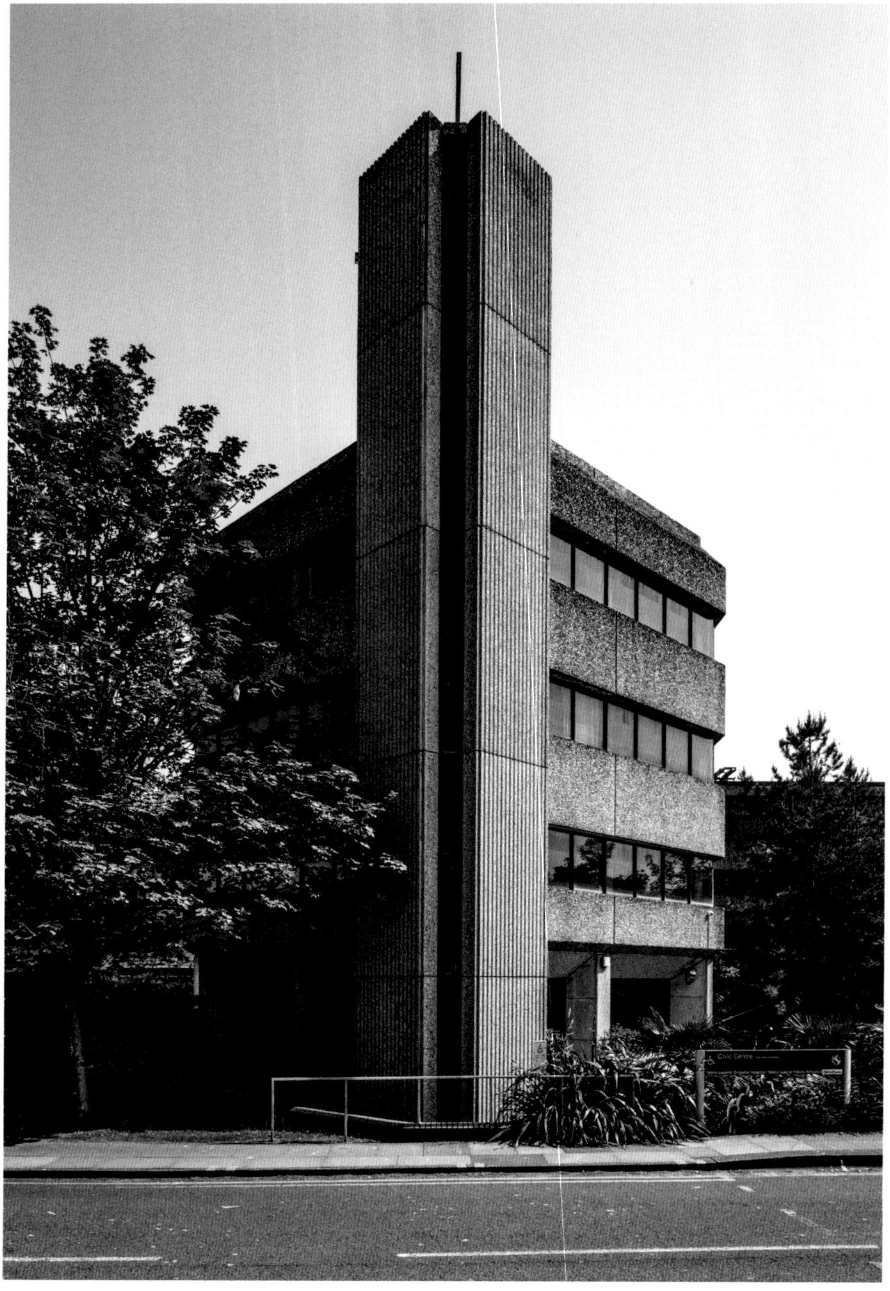

West Glamorgan County Hall
(now Swansea Civic Centre)

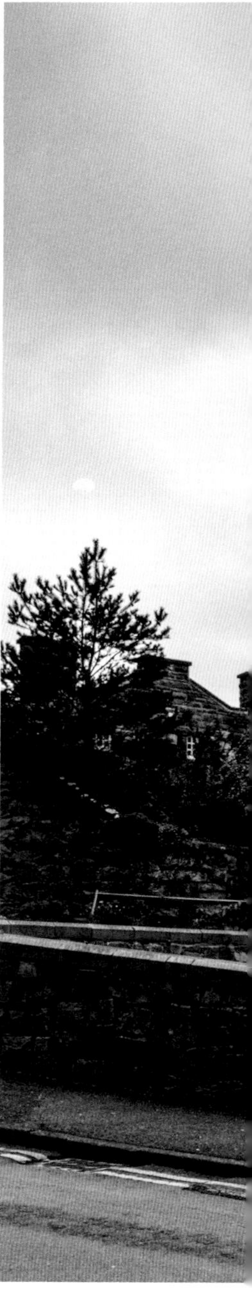

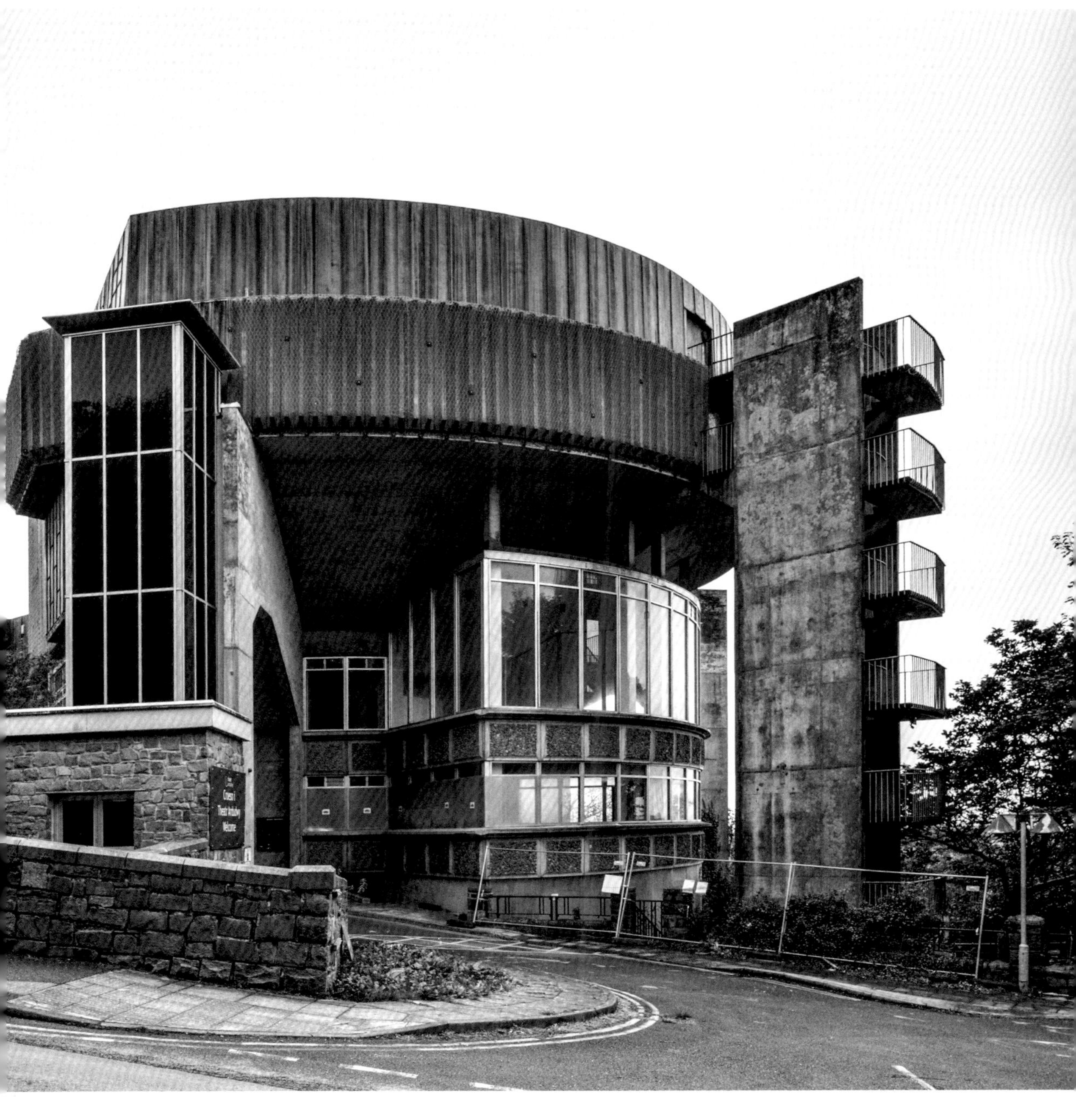

'...THE ABUNDANCE
AND RICHNESS OF AN
OFTEN UNFETED AND
UNSEEN ARCHITECTURE,
INTEGRAL TO THE HOPE
AND SOCIAL VISION THAT
CHARACTERISED THE
GOLDEN AGE OF BRITAIN'S
POST-WAR MODERNISM.'
MARK DURDEN

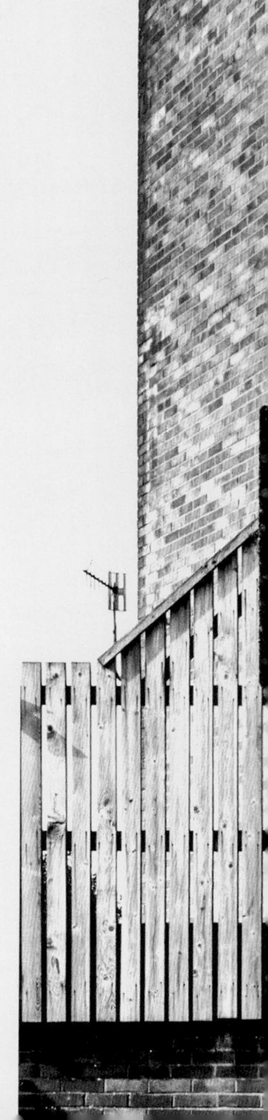

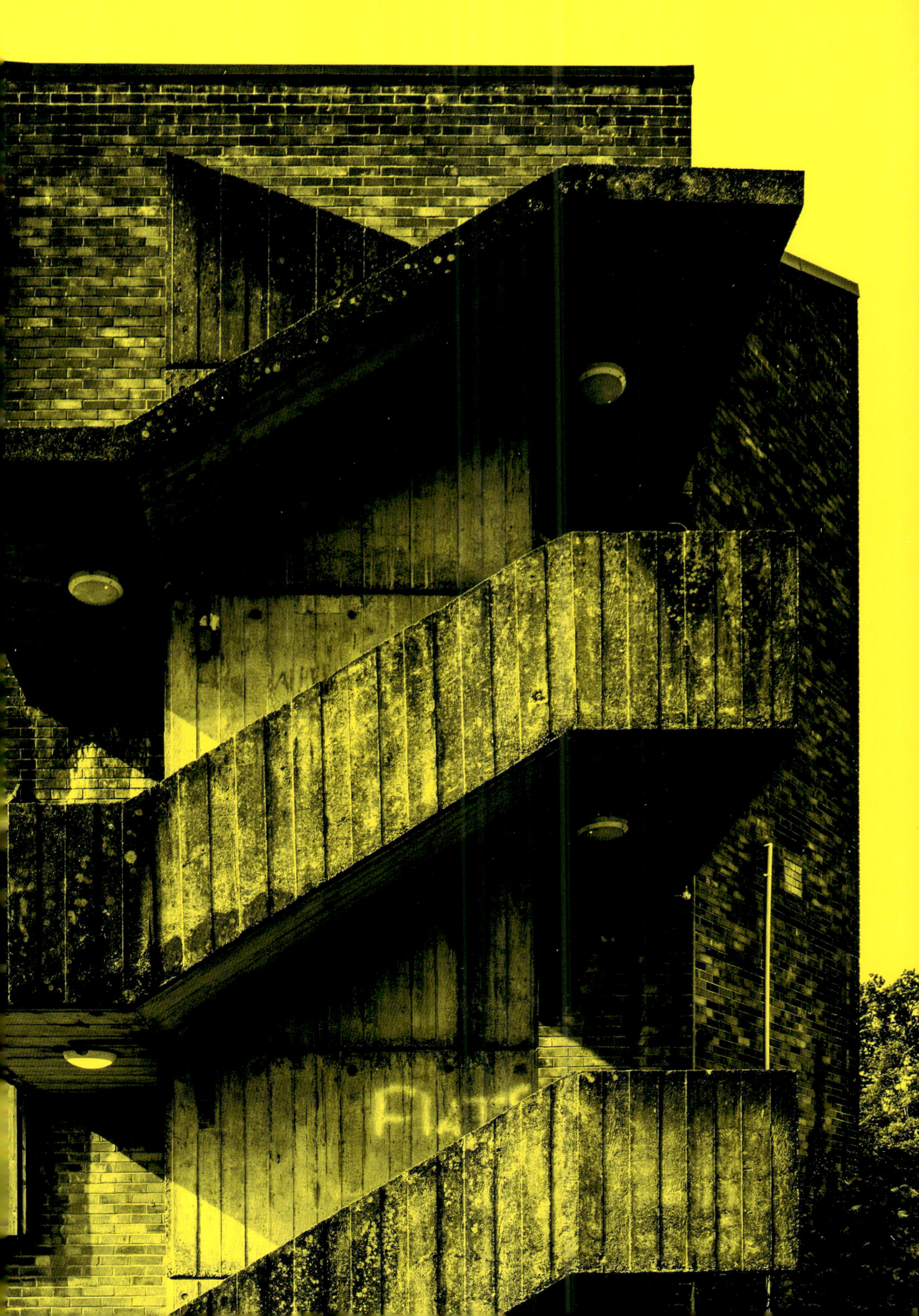

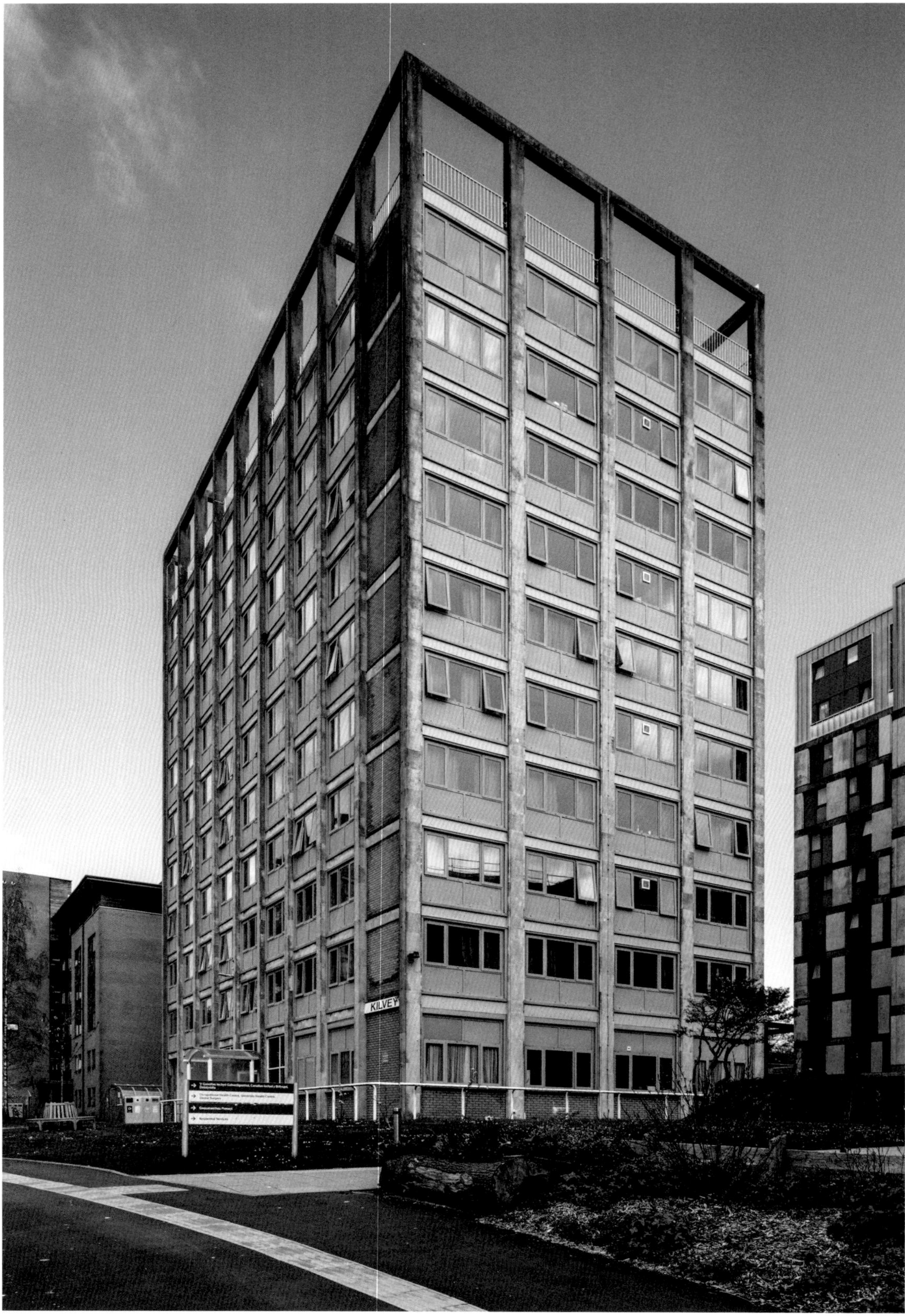

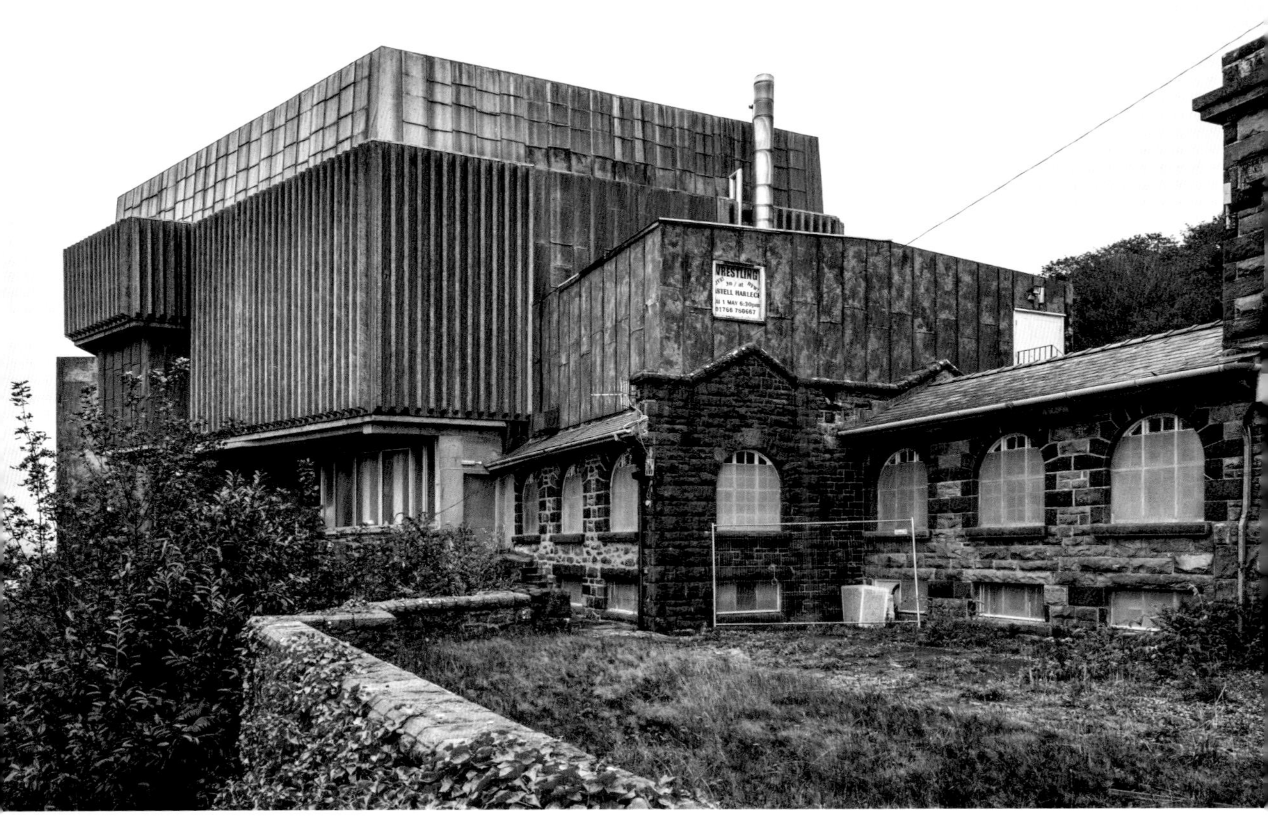
WRESTLING
INTELL HARLECH
SU 1 MAY 6:30pm
01766 780687

Trawsfynydd Nuclear Power Station,
Eryri National Park

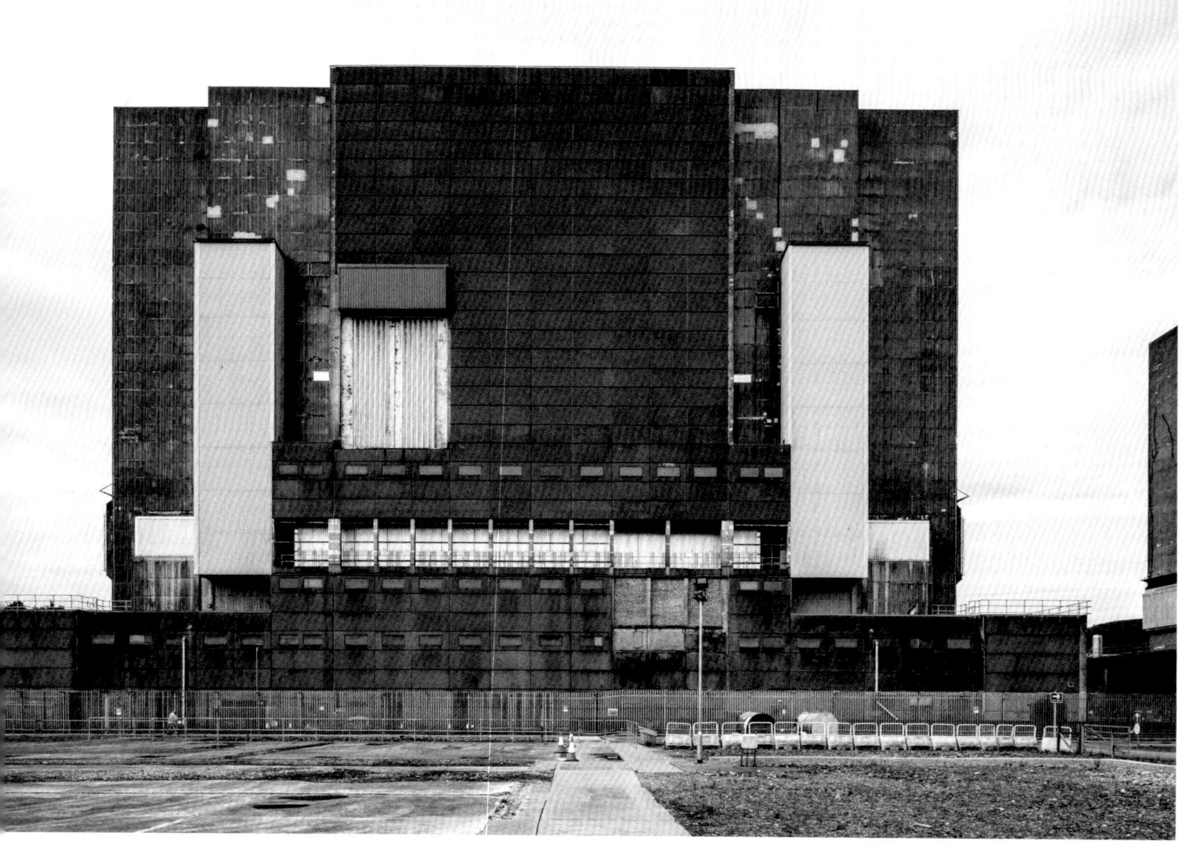

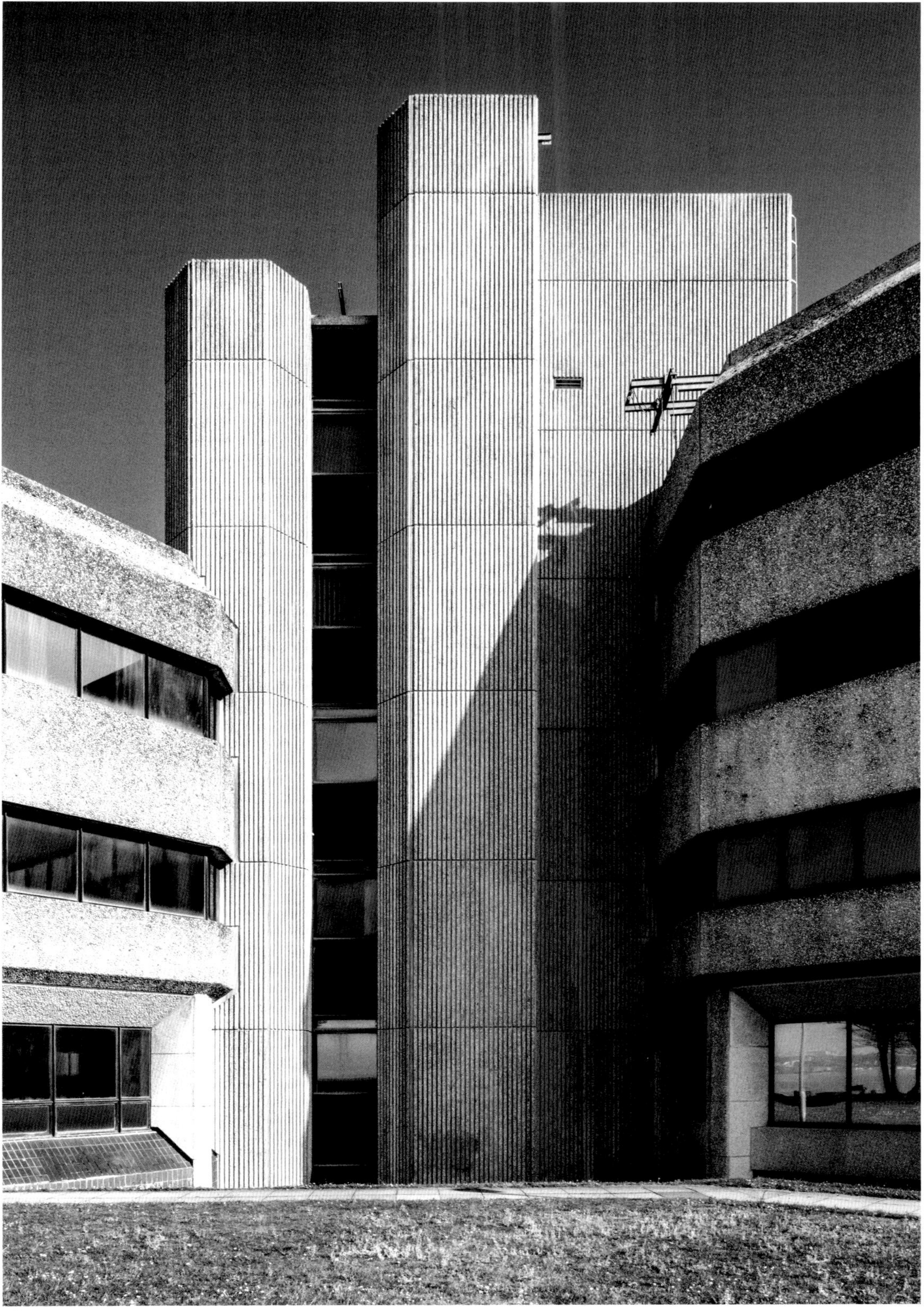

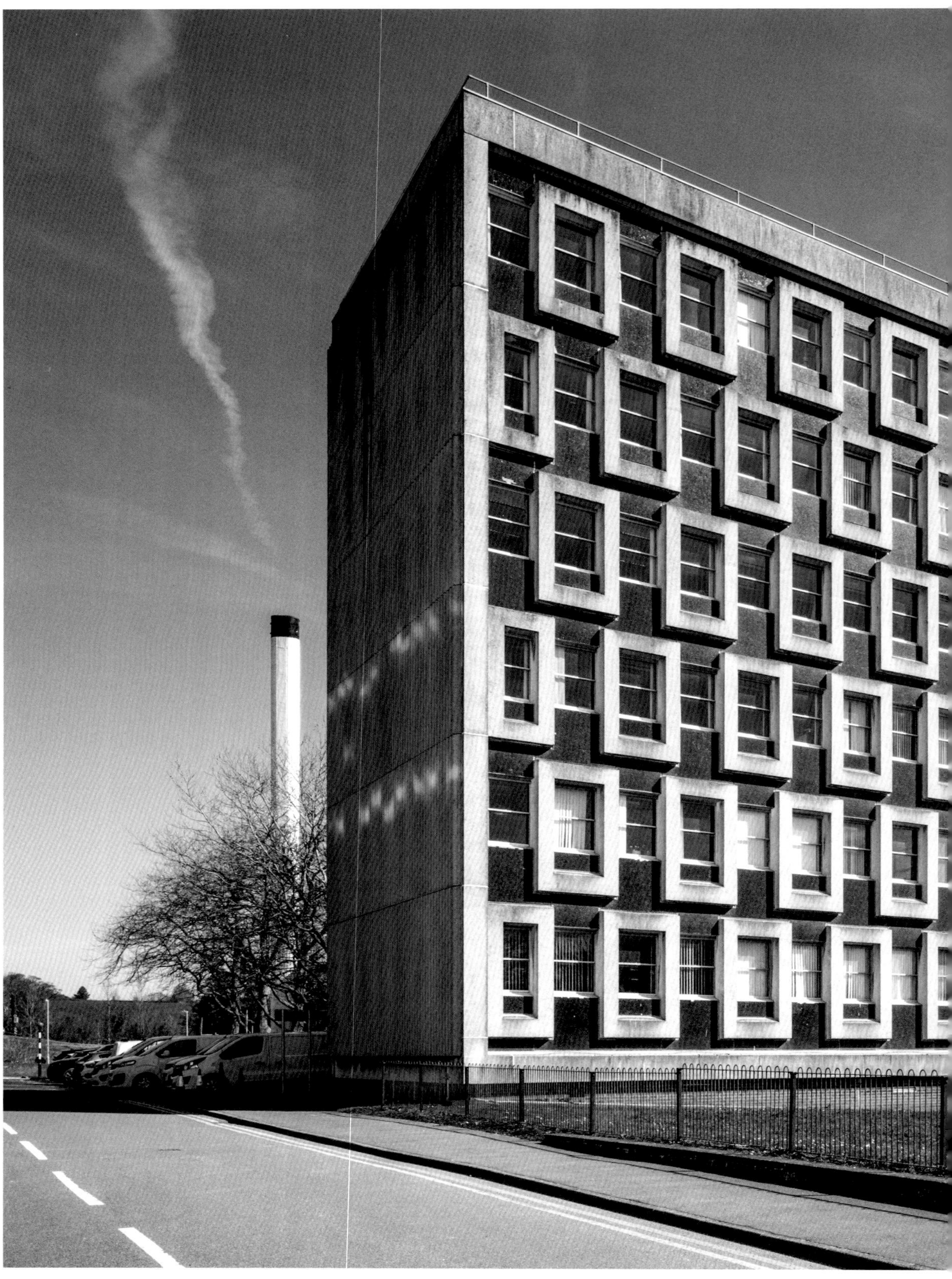

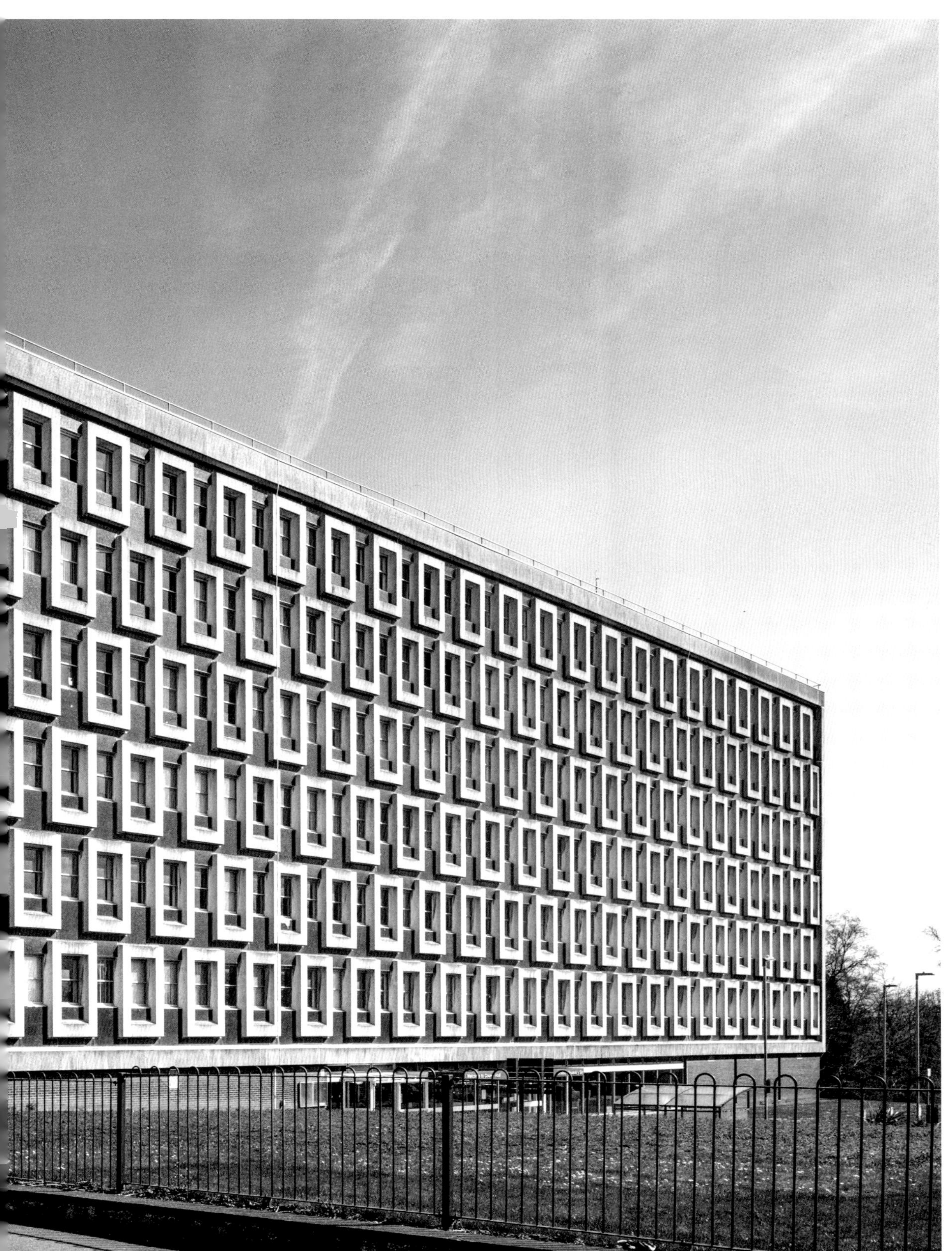

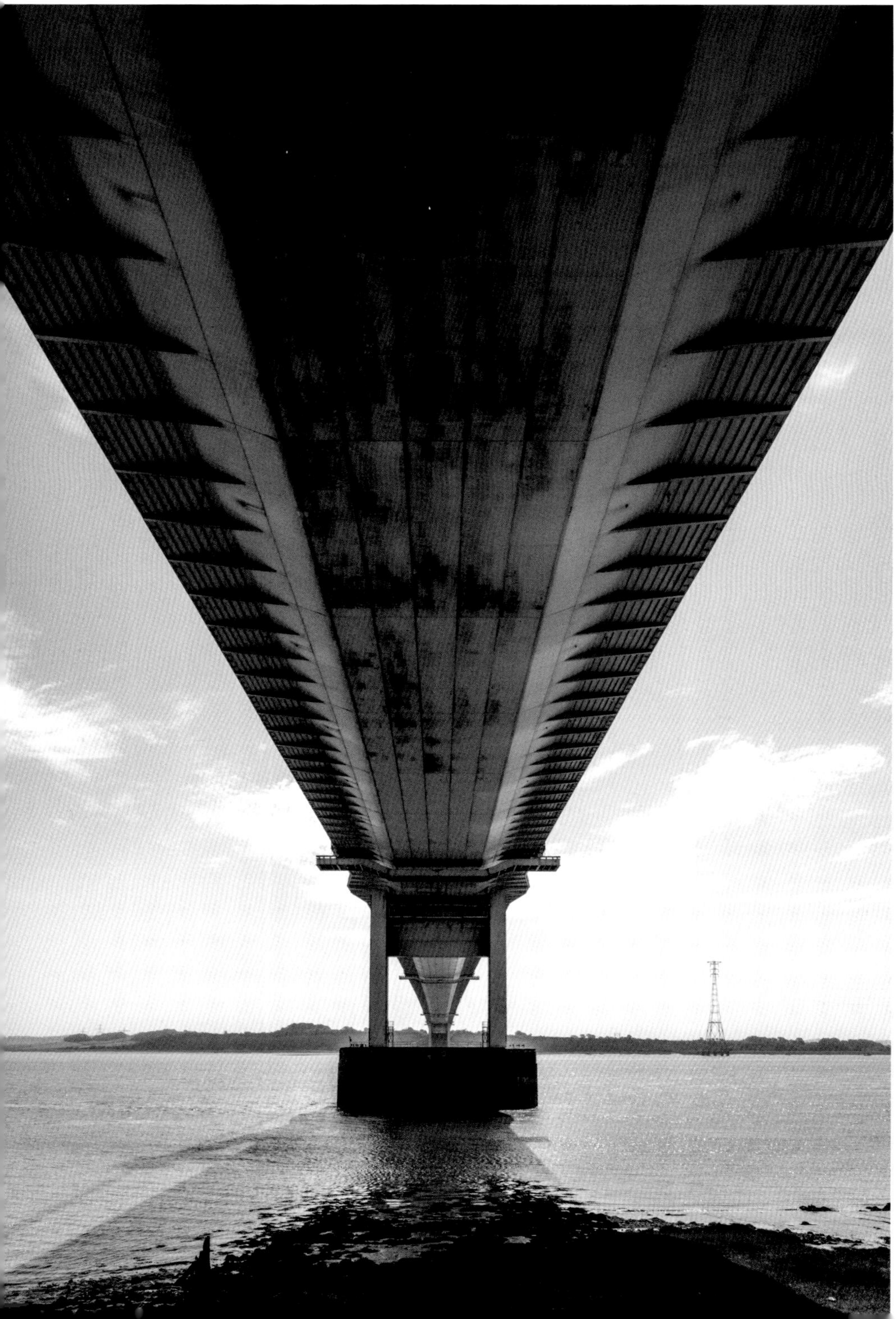

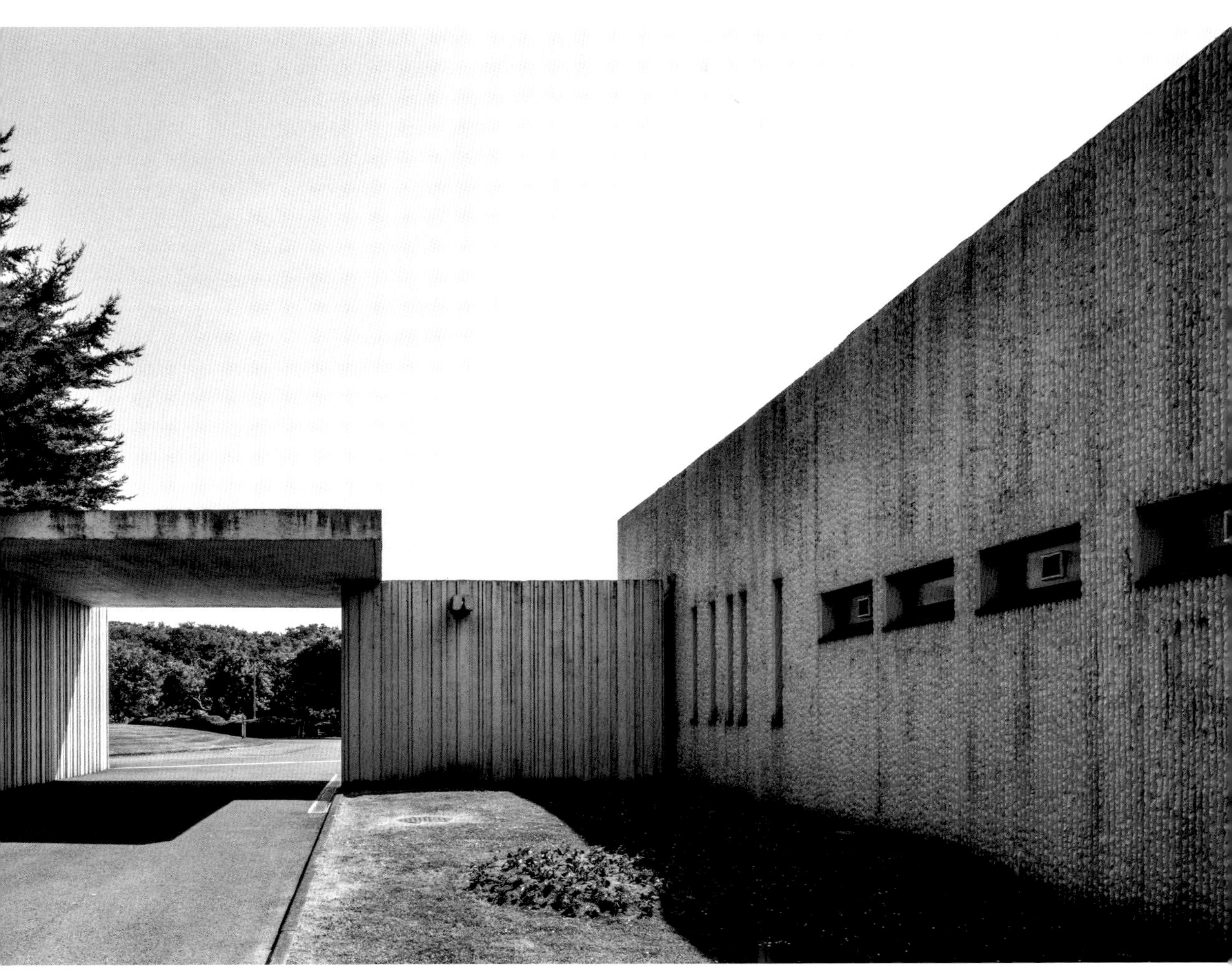

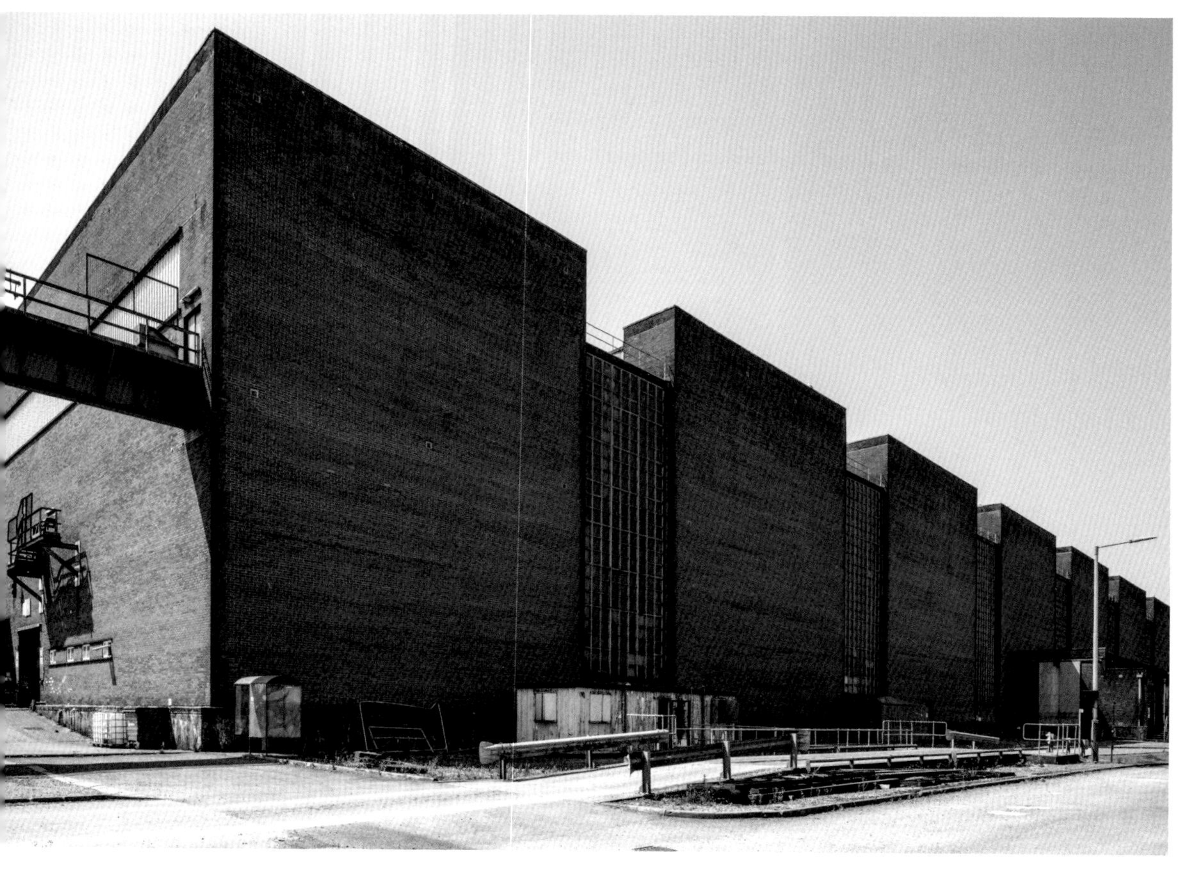

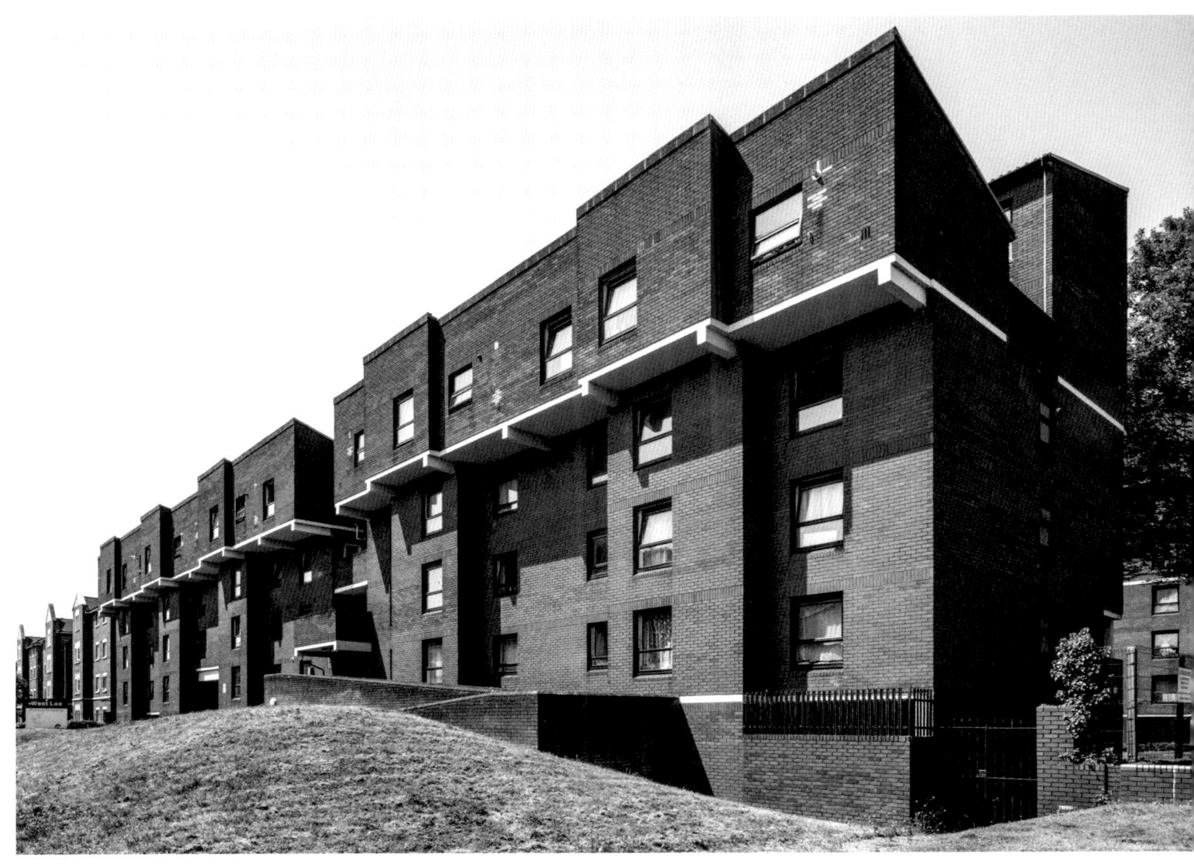
West Lee

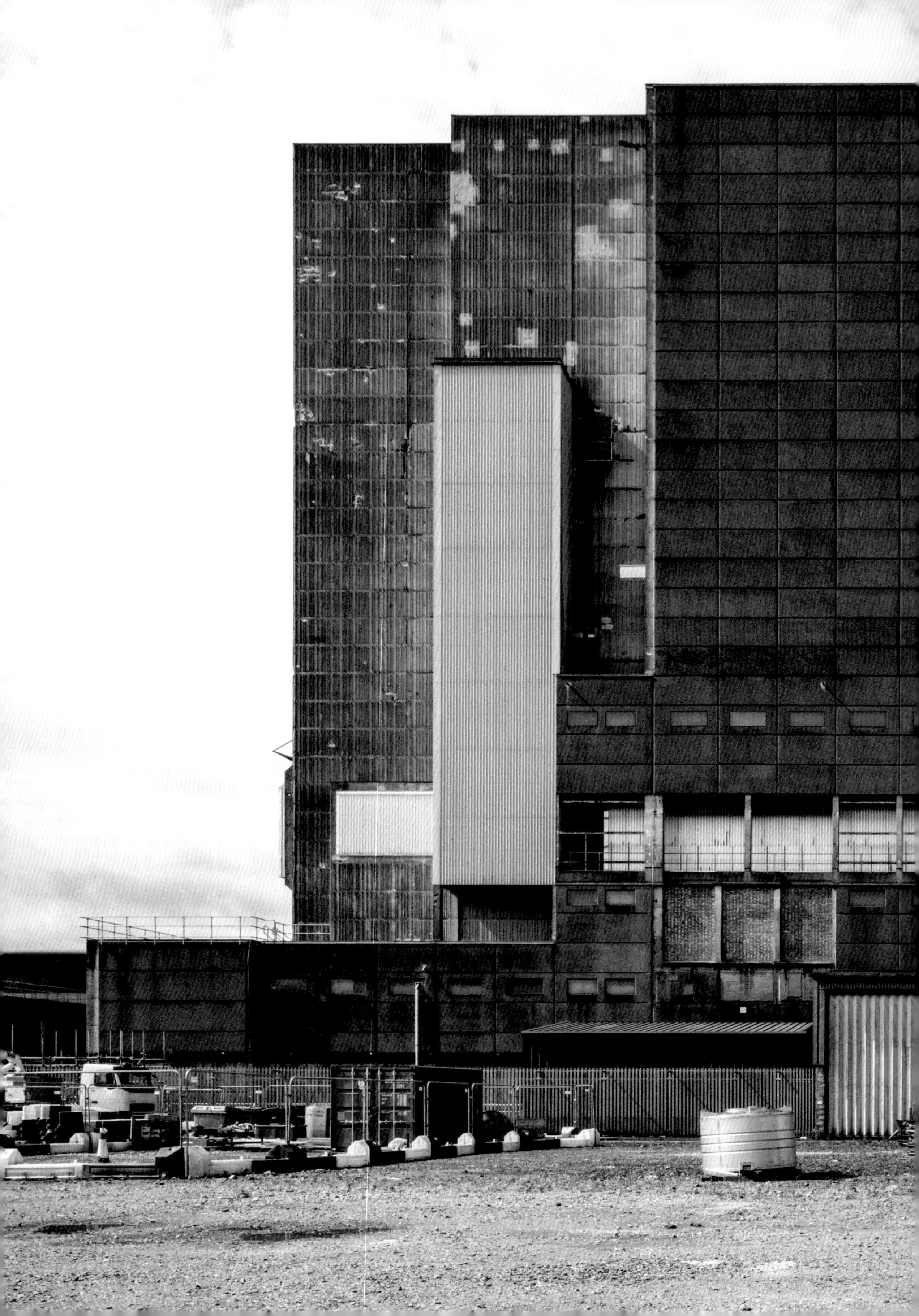

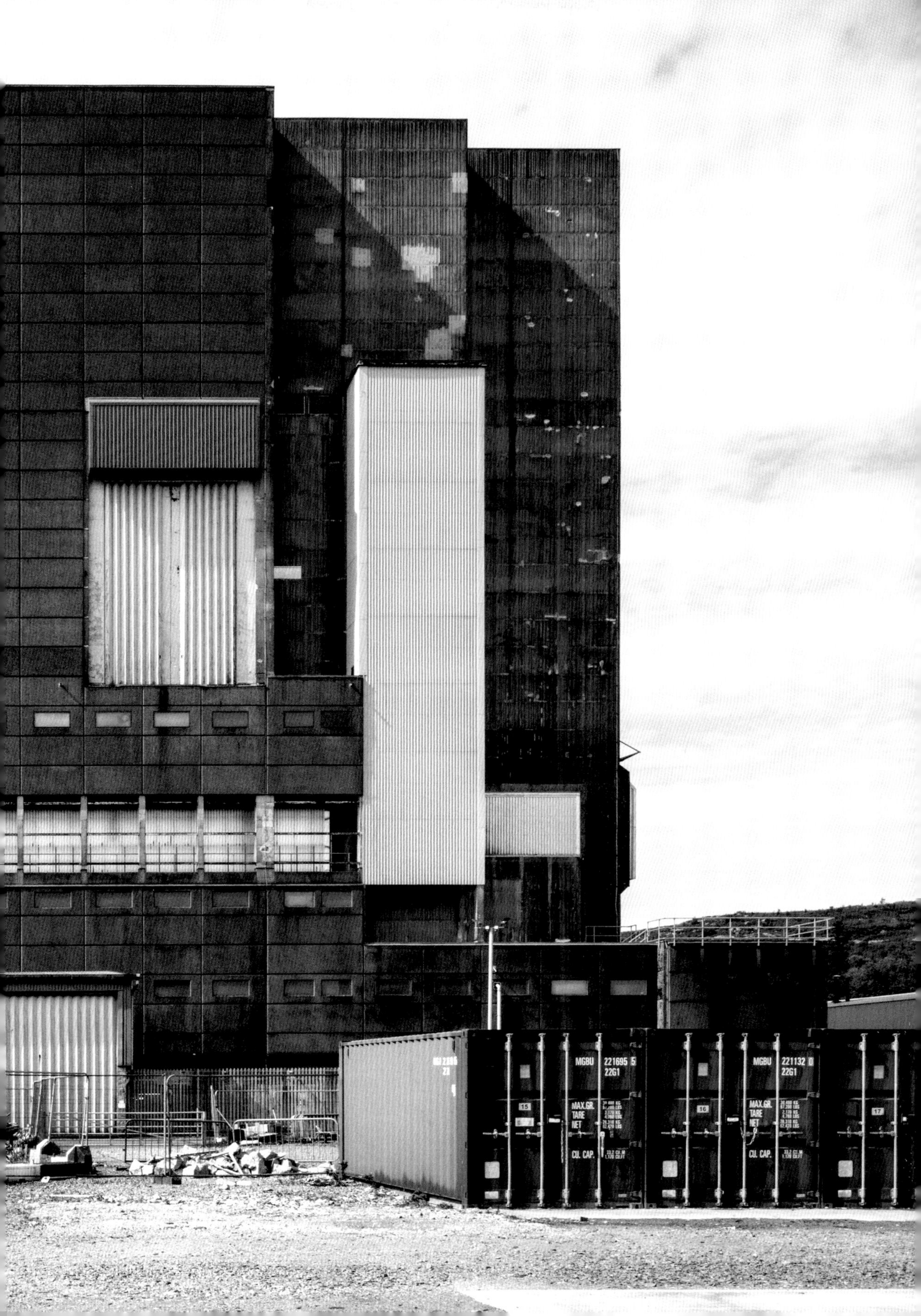

MGBU 221695 5
22G1
15
MAX.GR.
TARE
NET
CU. CAP.
MGBU 221132 0
22G1
16
17
MAX.GR.
TARE
NET
CU. CAP.

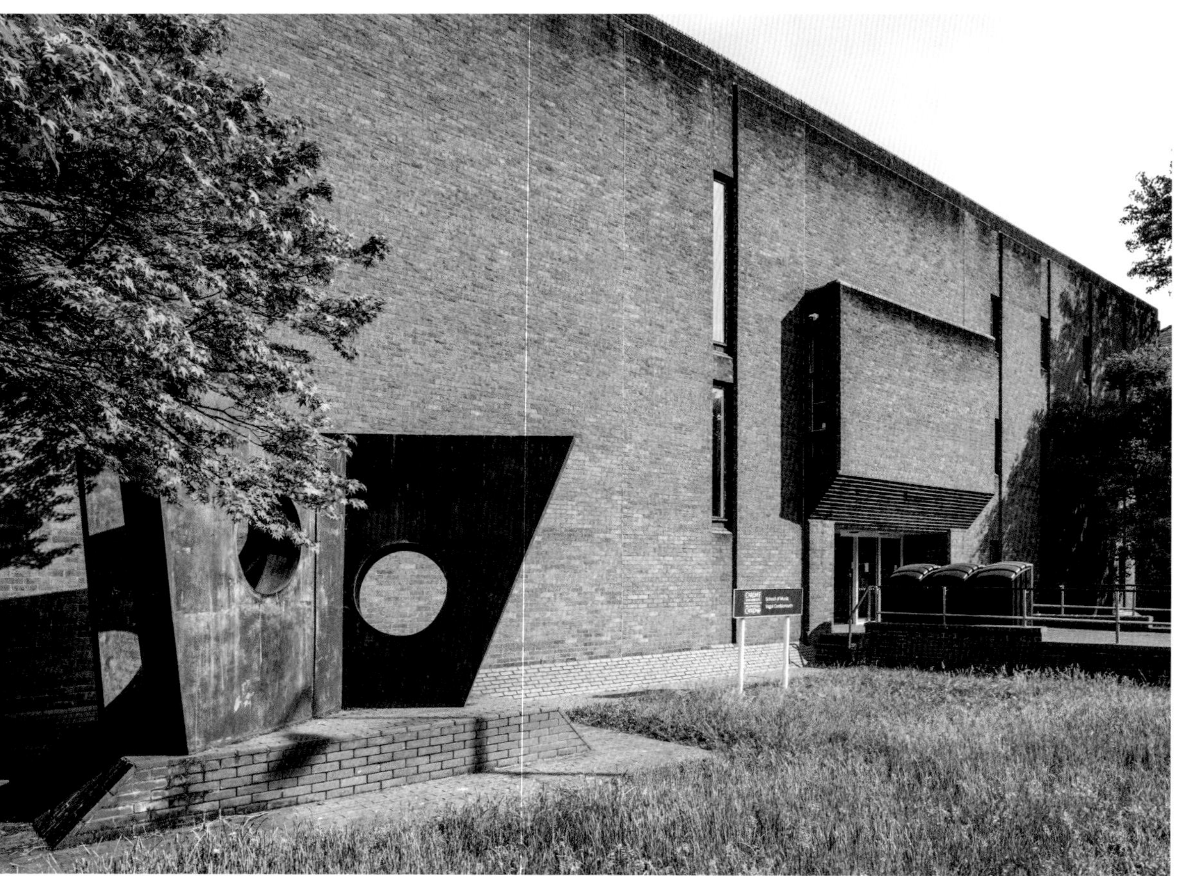

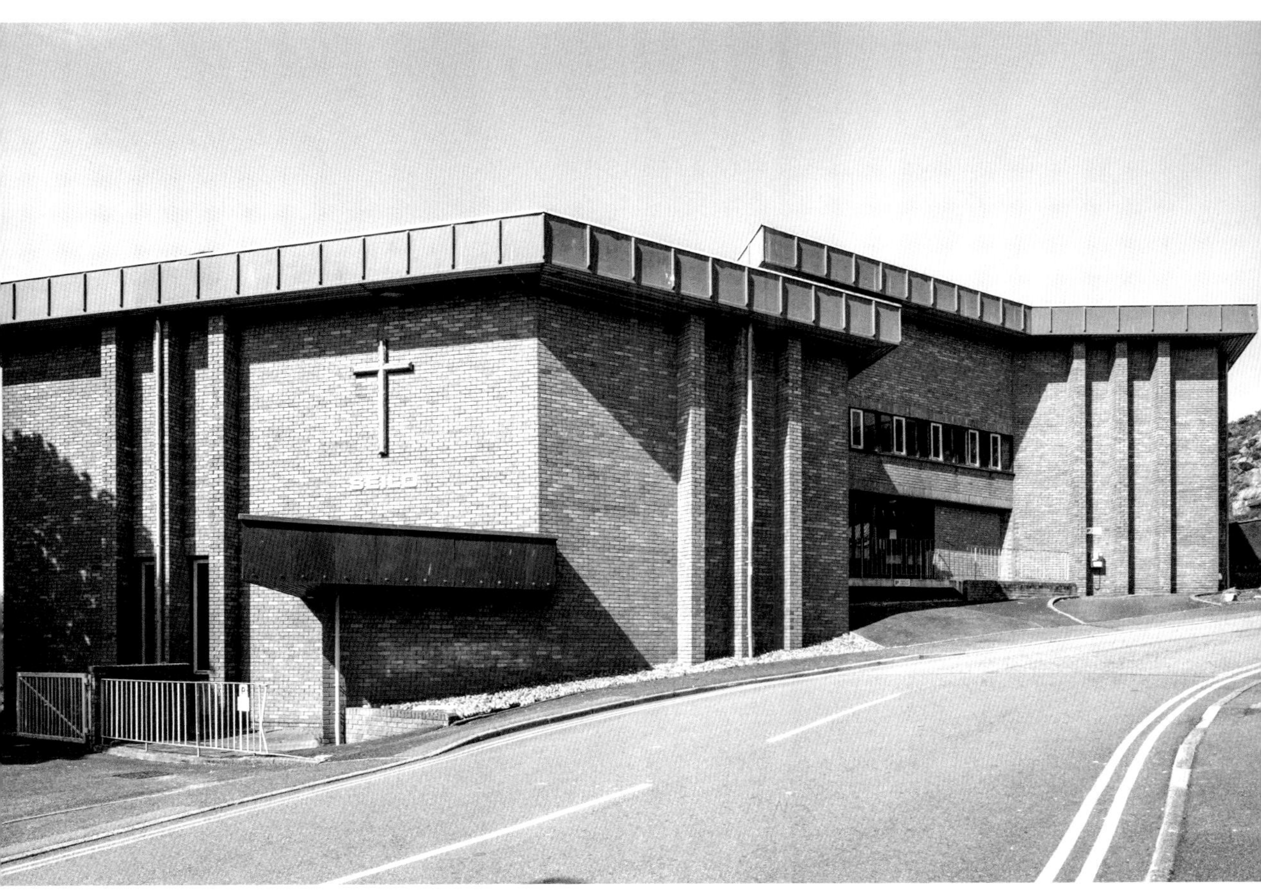

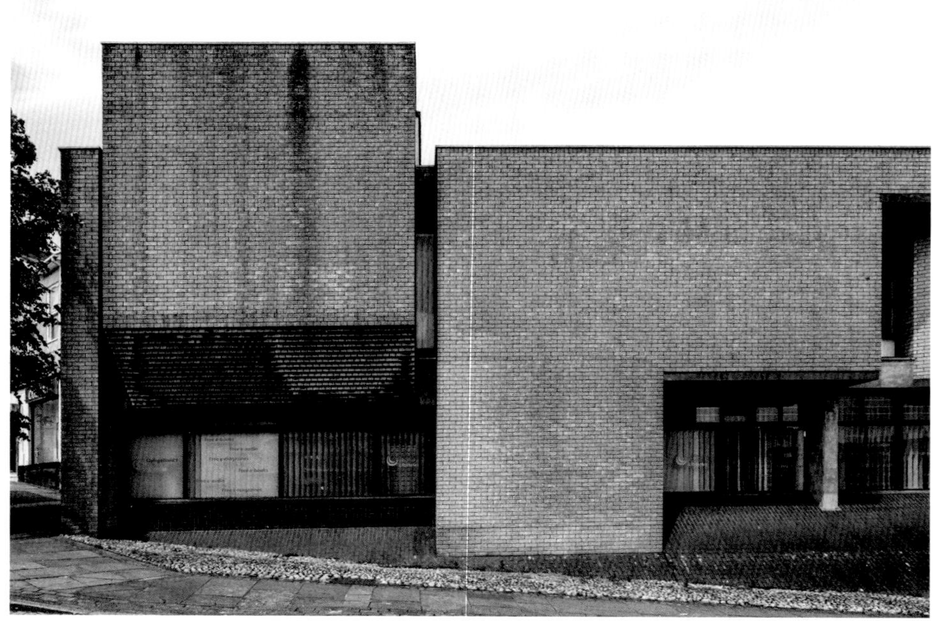

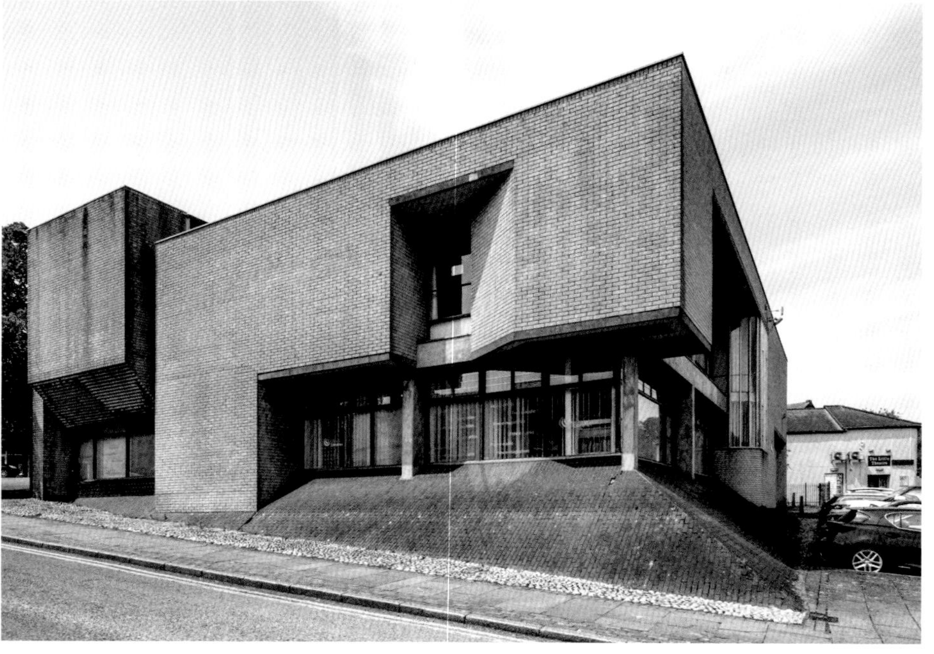

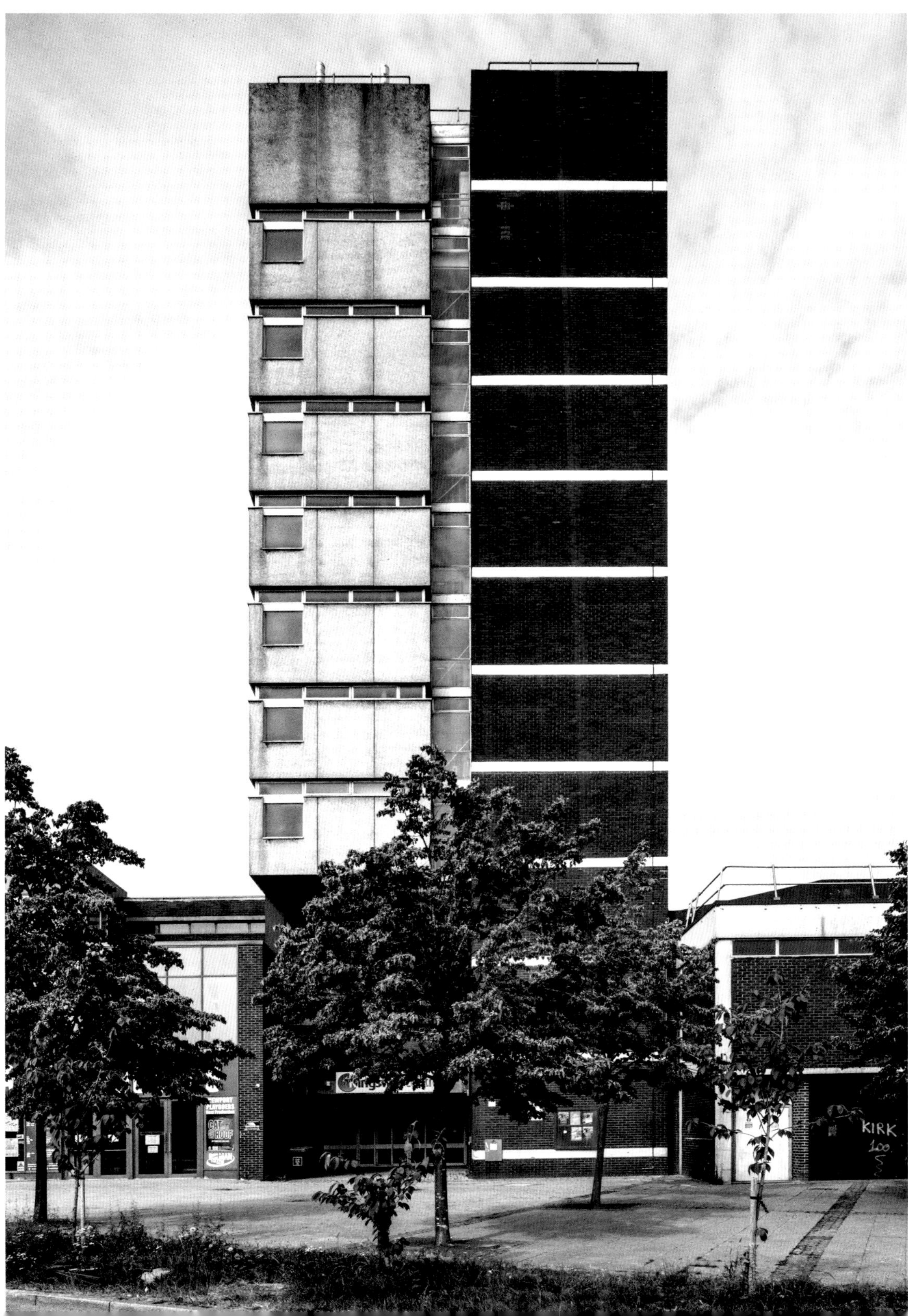
Kingsway
KIRK
100

Crown Buildings,
Llanelli

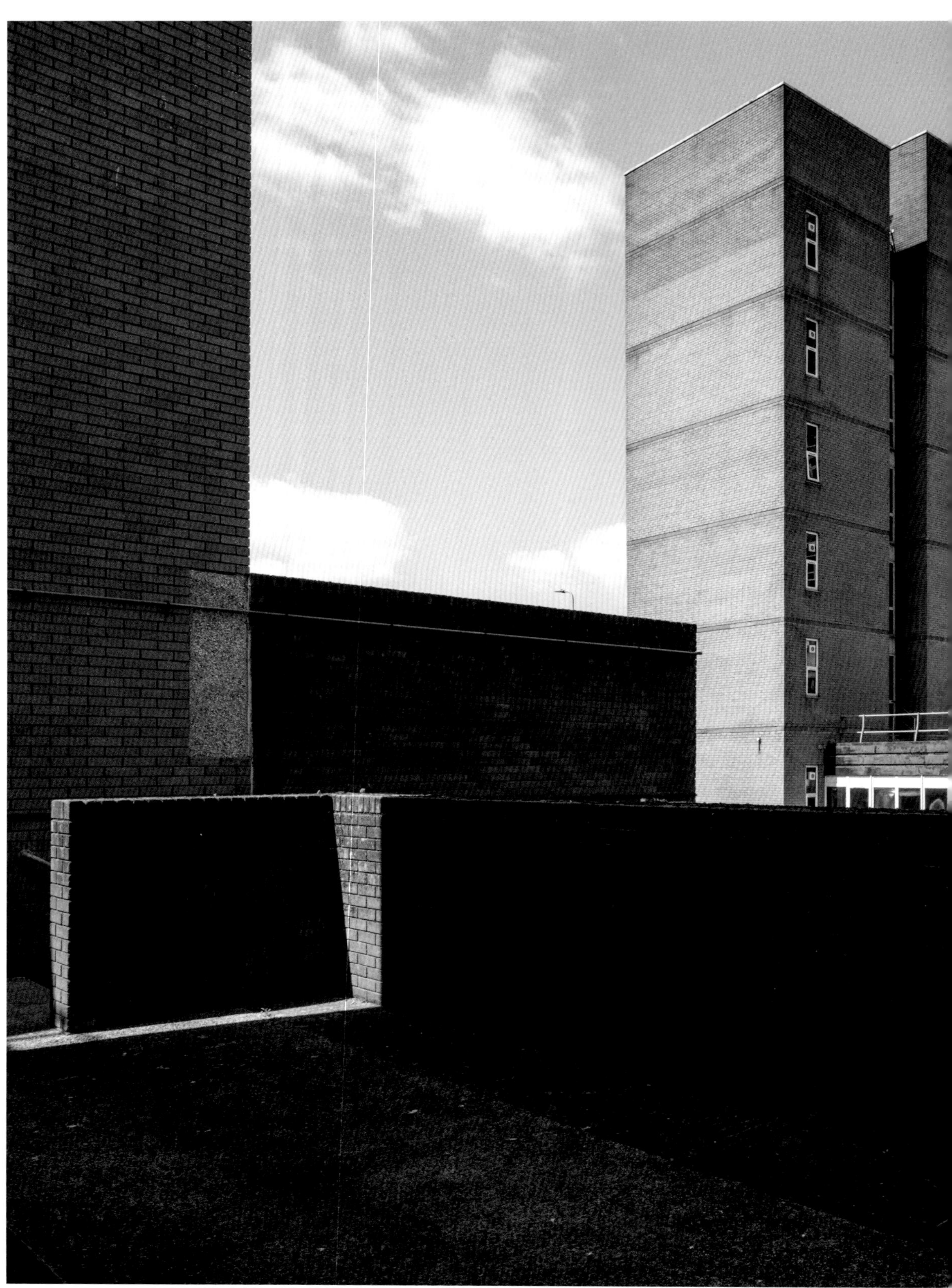

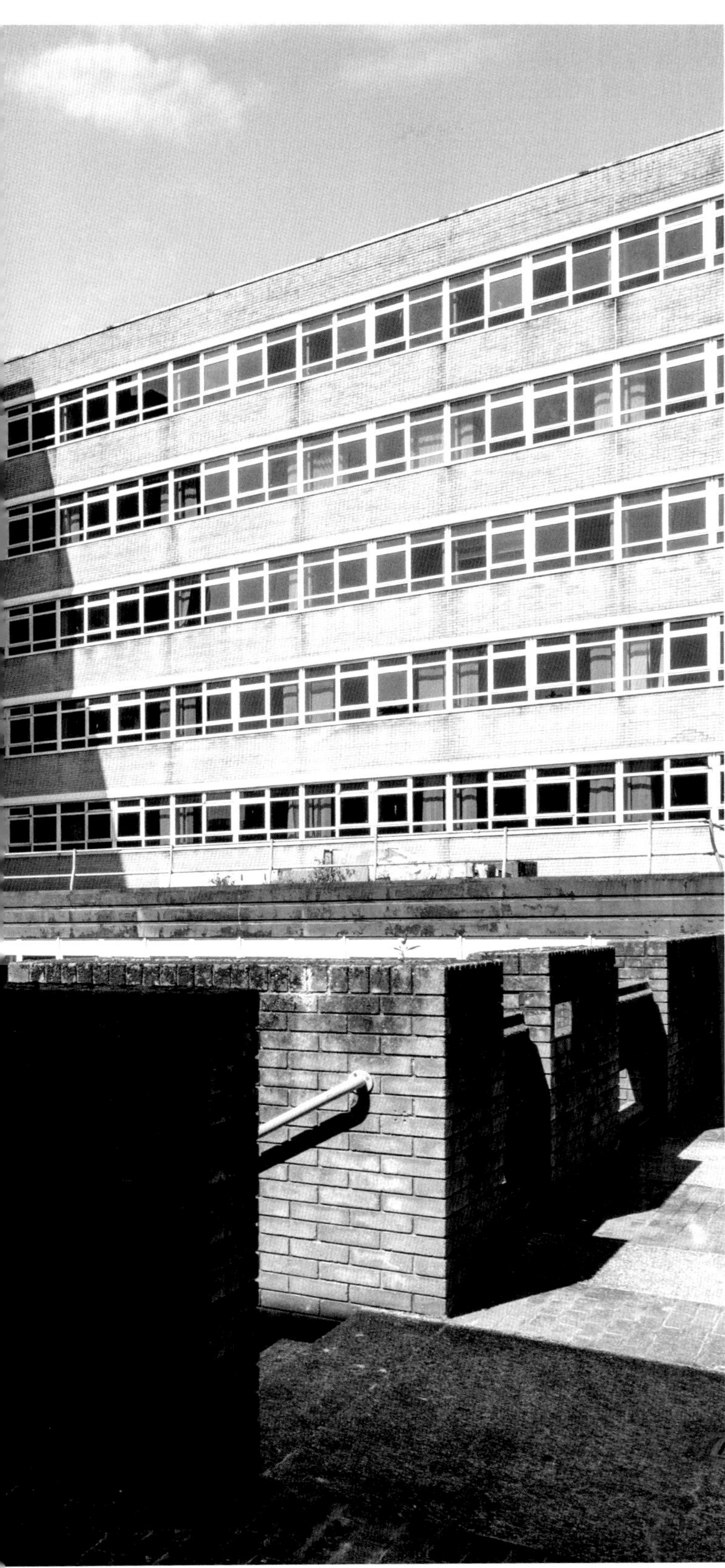

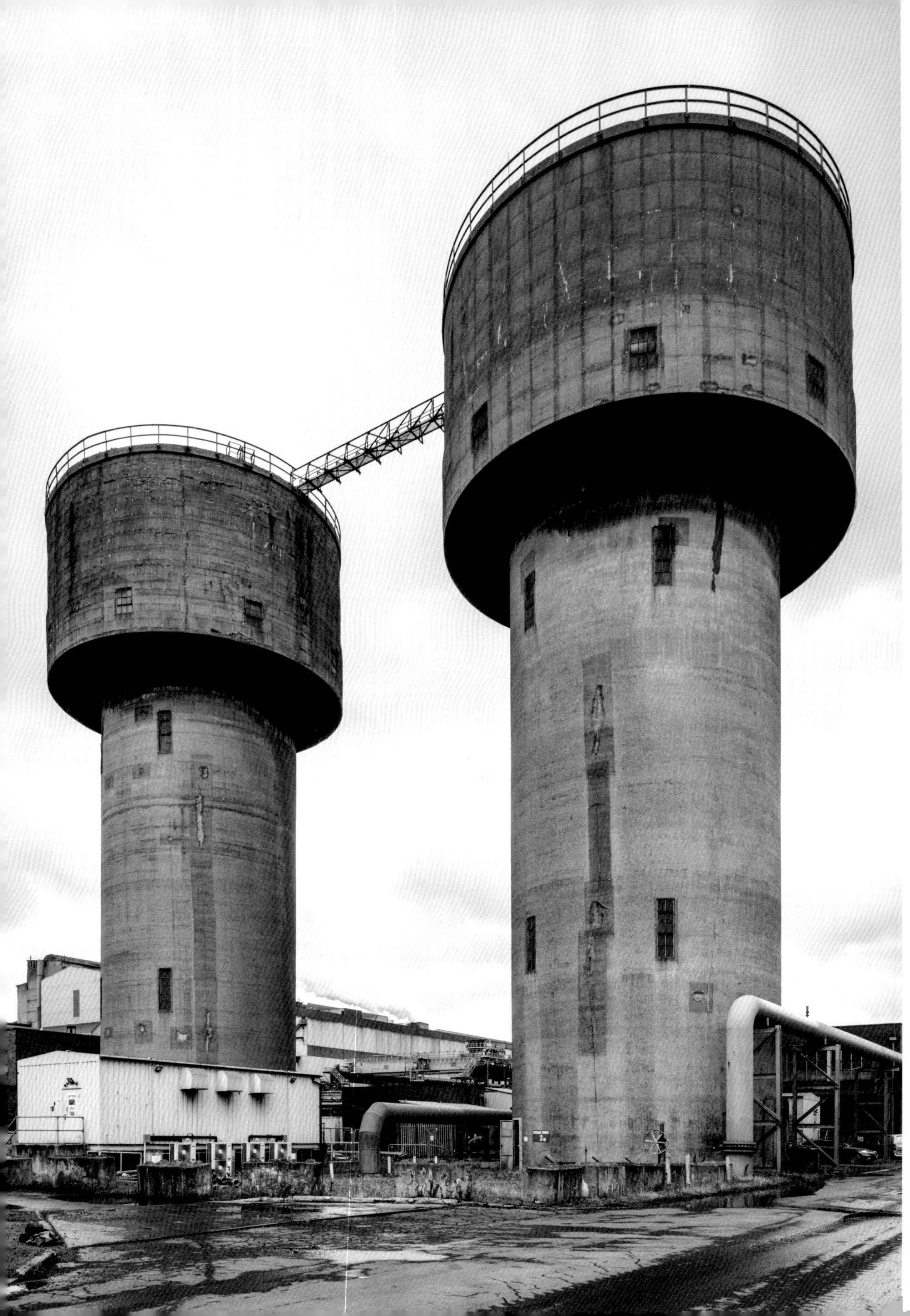

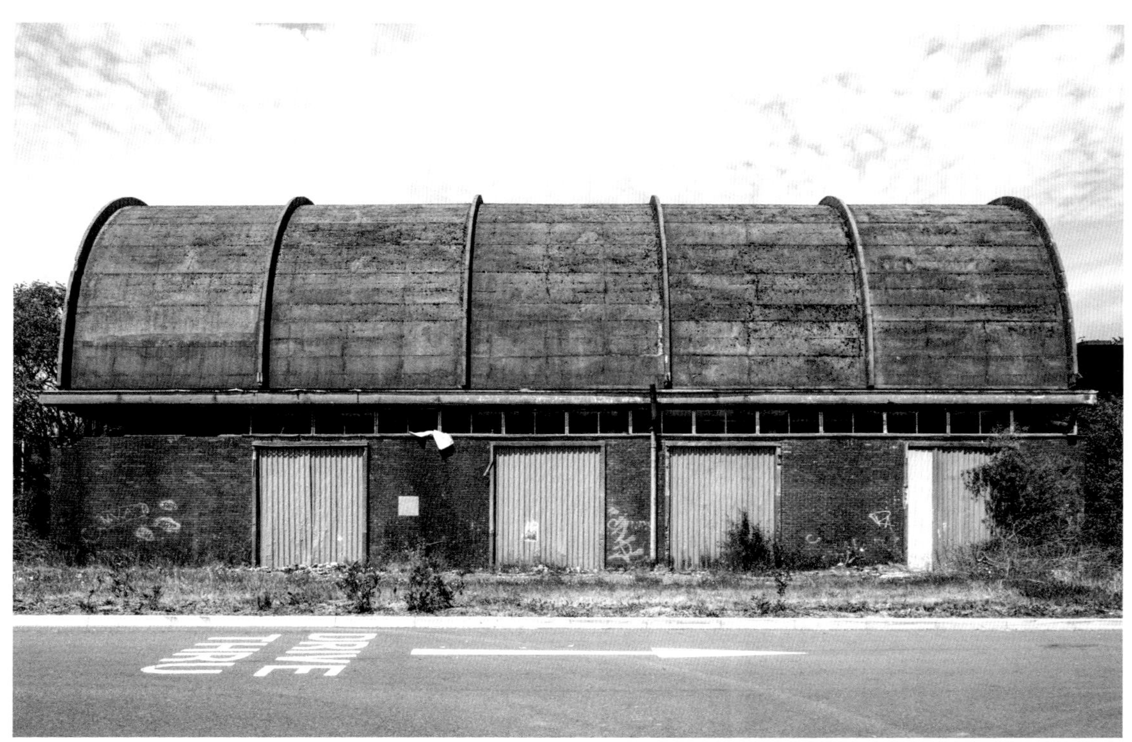

Swansea Leisure Centre
(now The LC2)

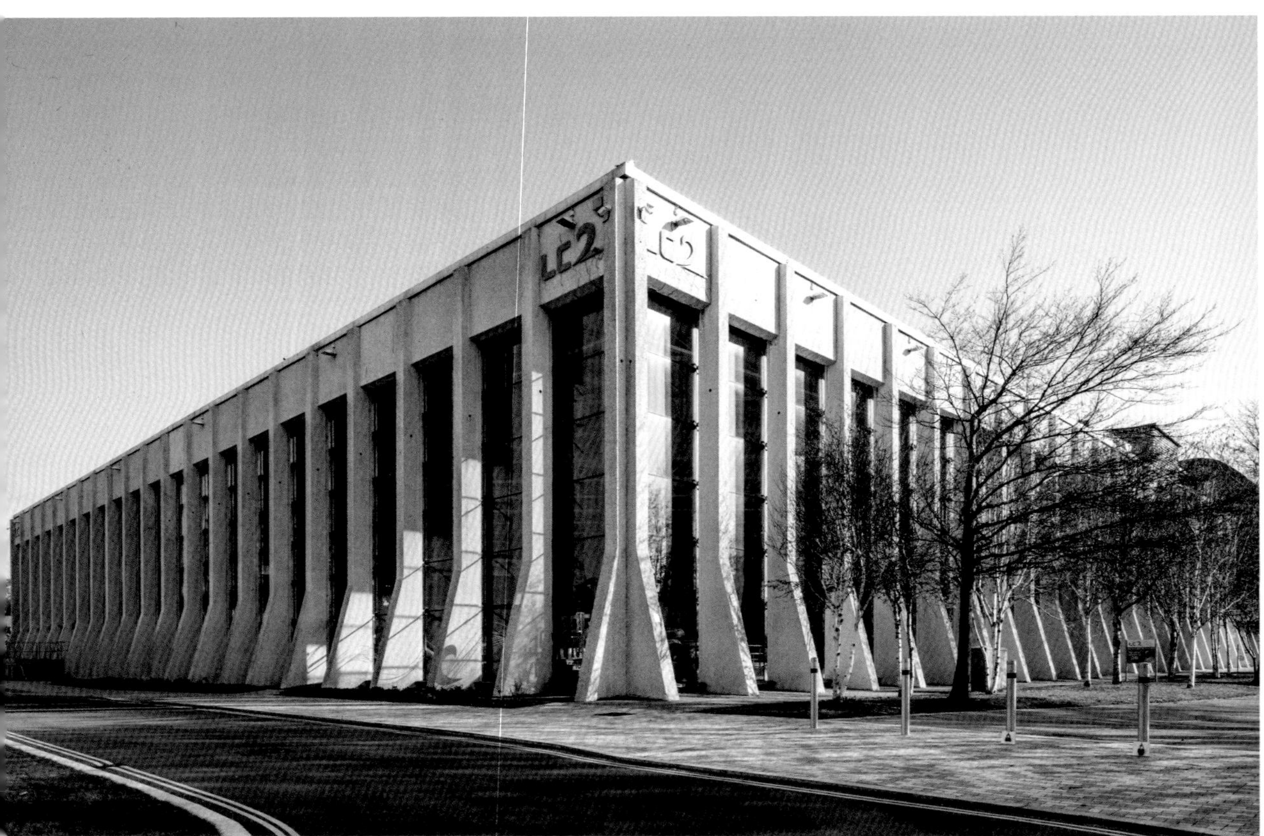

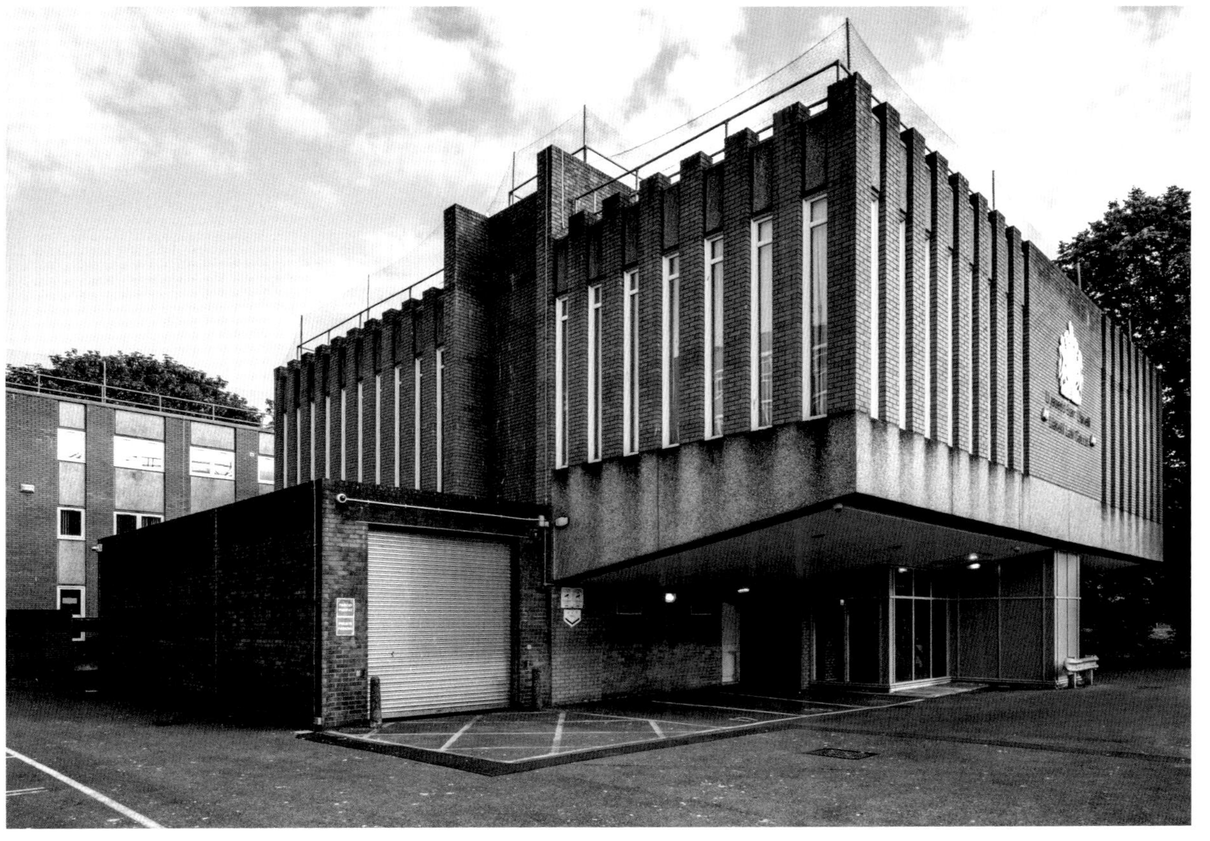

Trawsfynydd Nuclear Power Station,
Eryri National Park

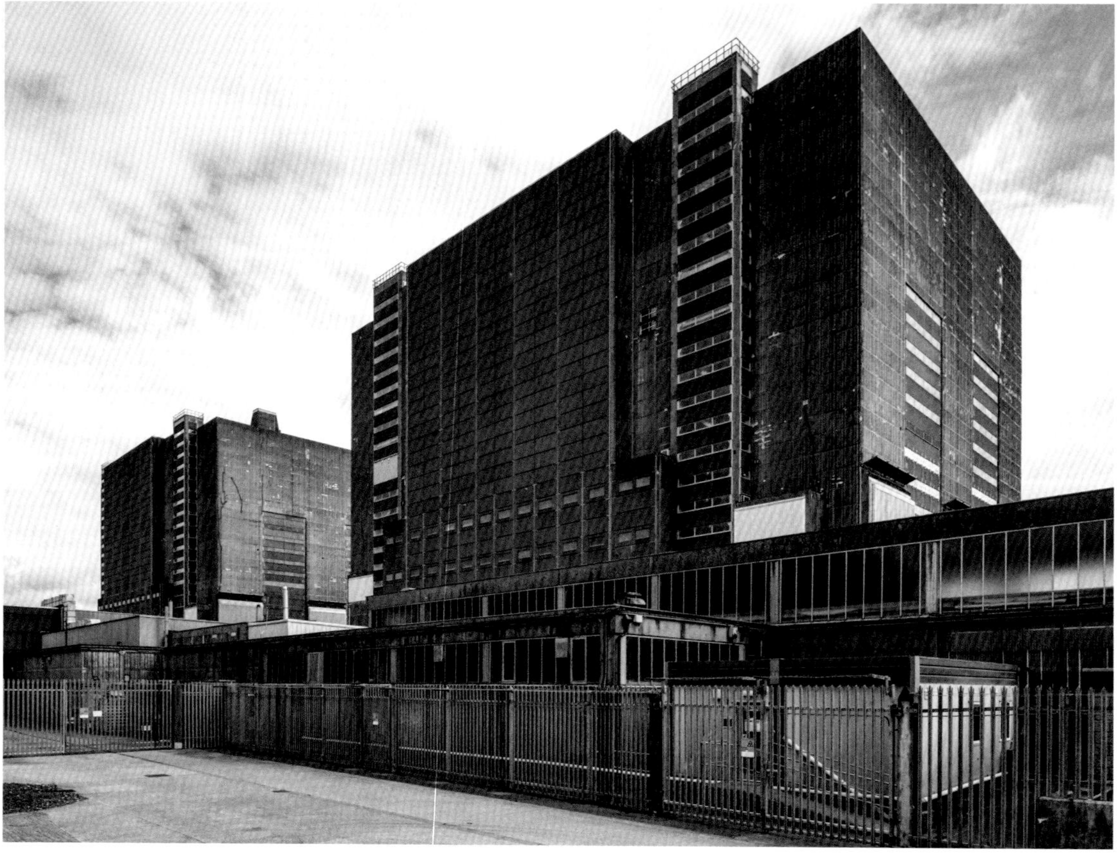

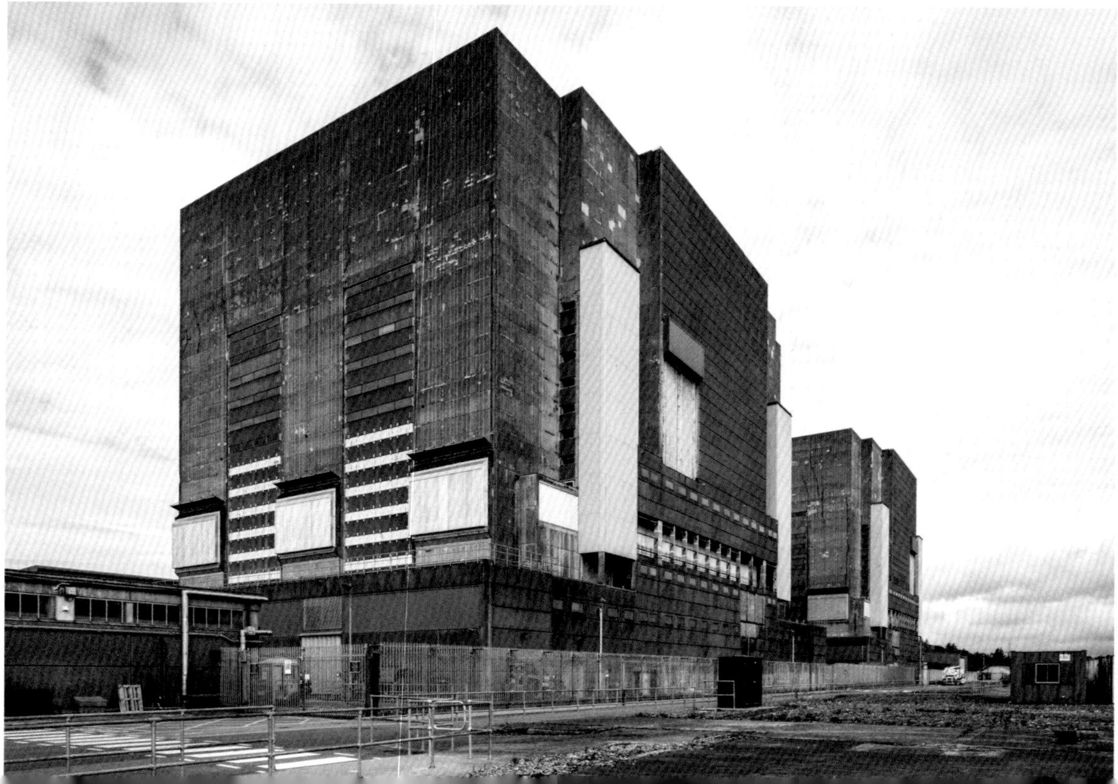

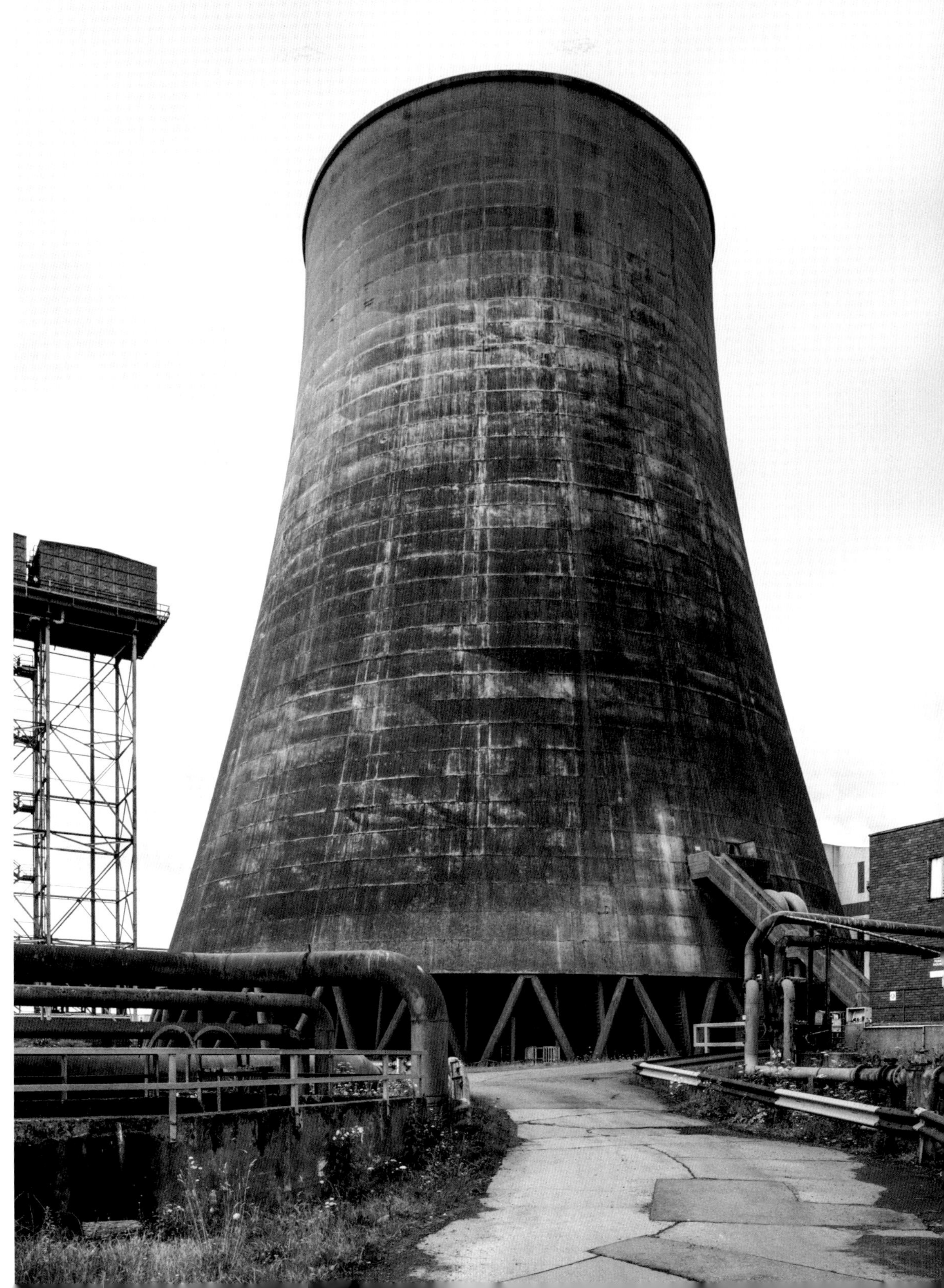

Portcullis House,
Cardiff

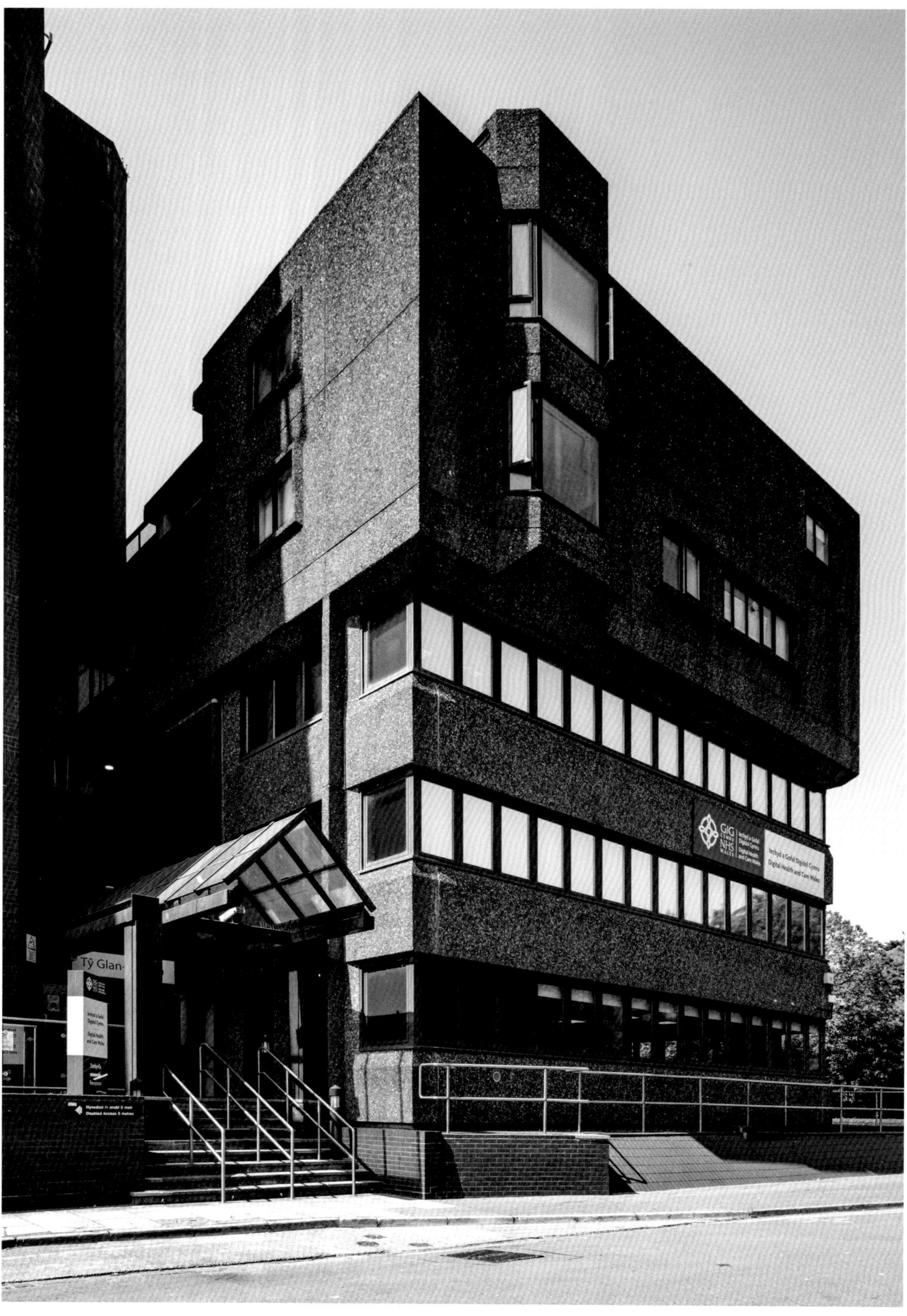

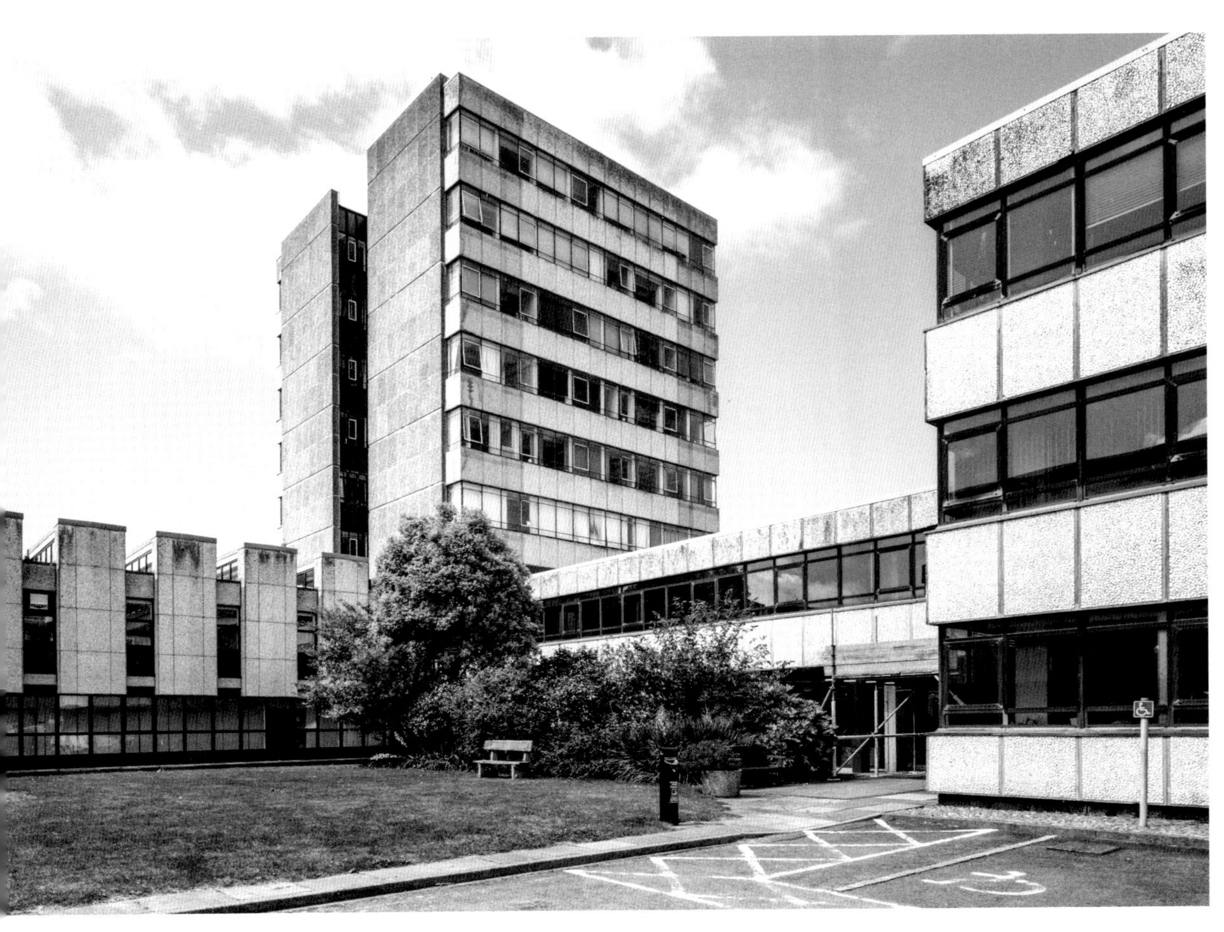

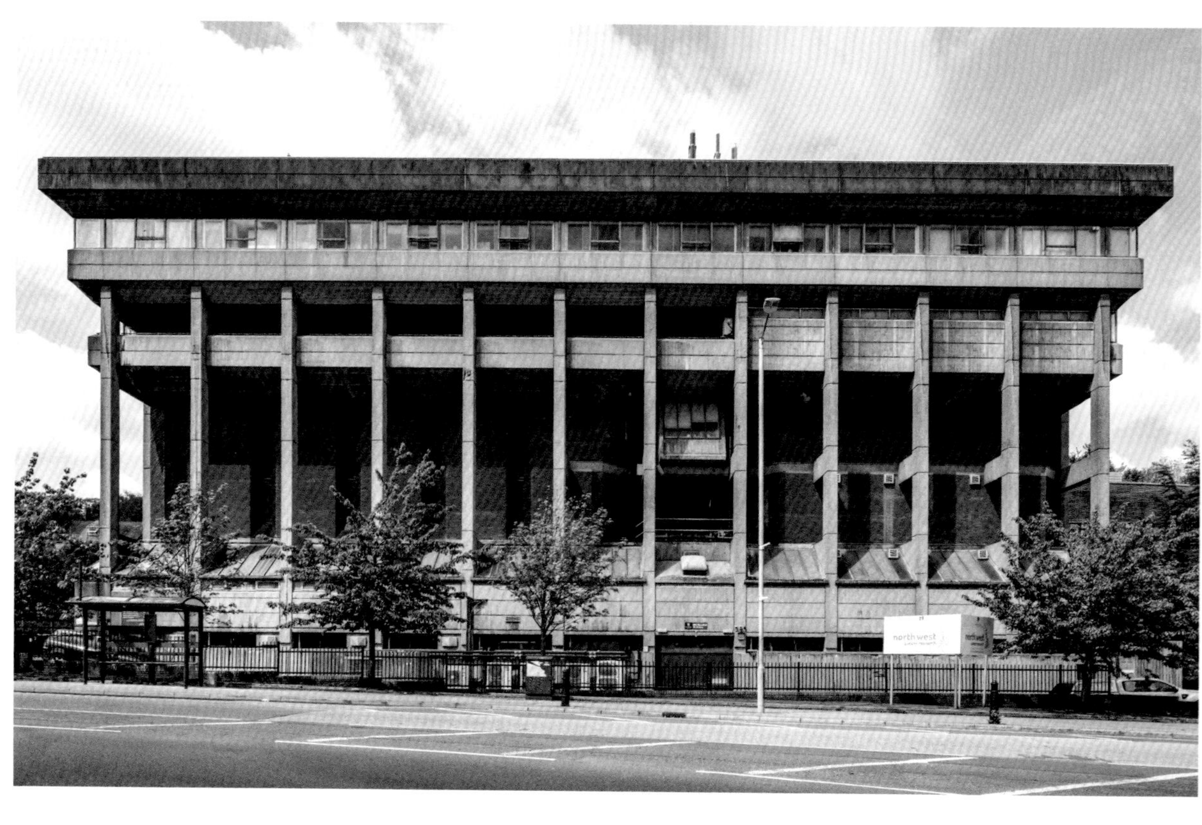

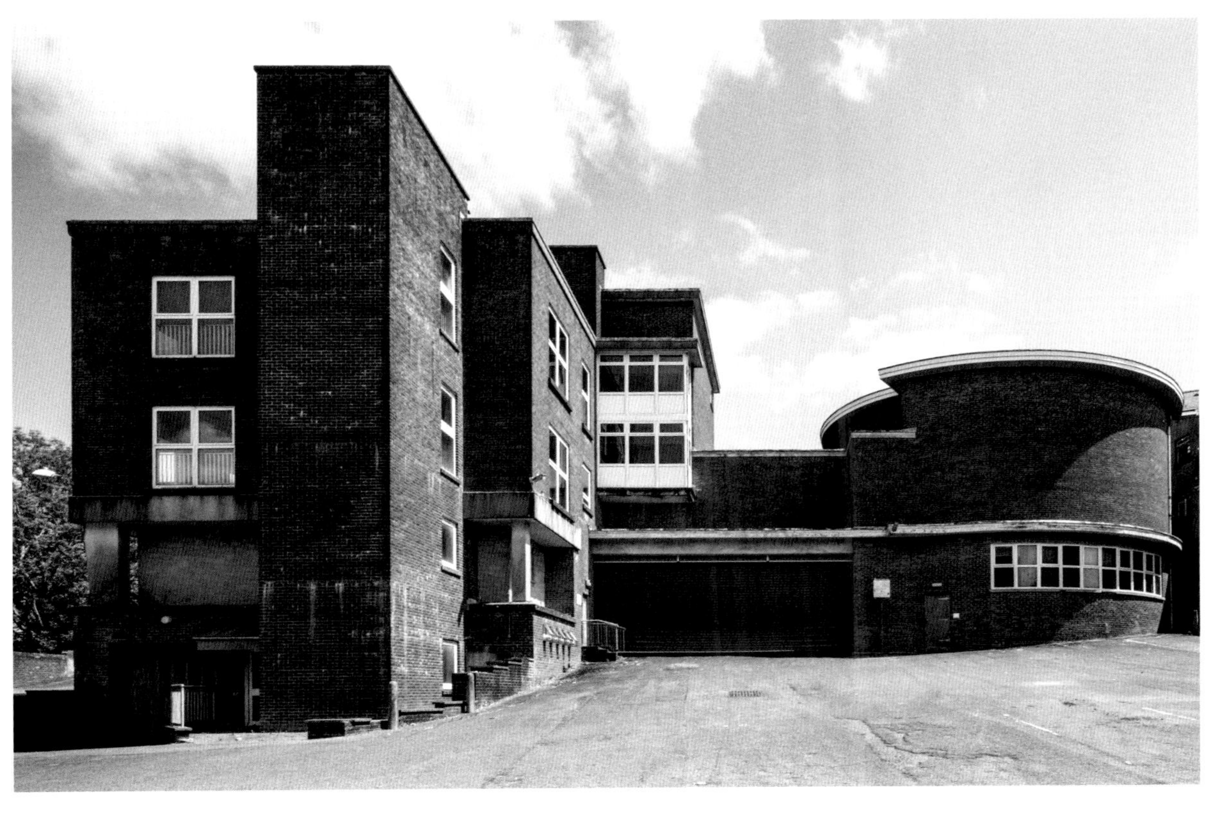

E Block/John Troth Lecture Theatre,
Wrexham Glyndŵr University

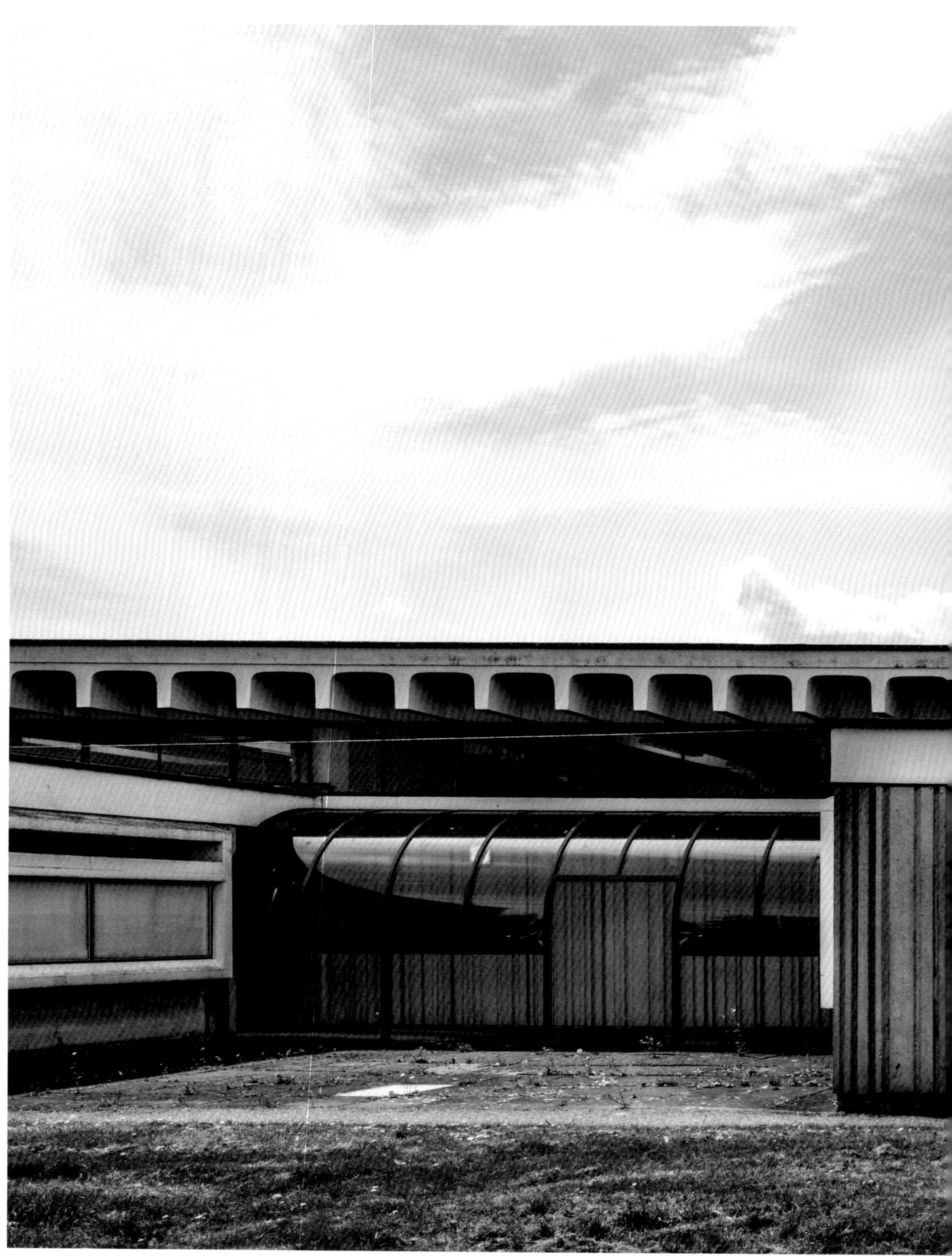

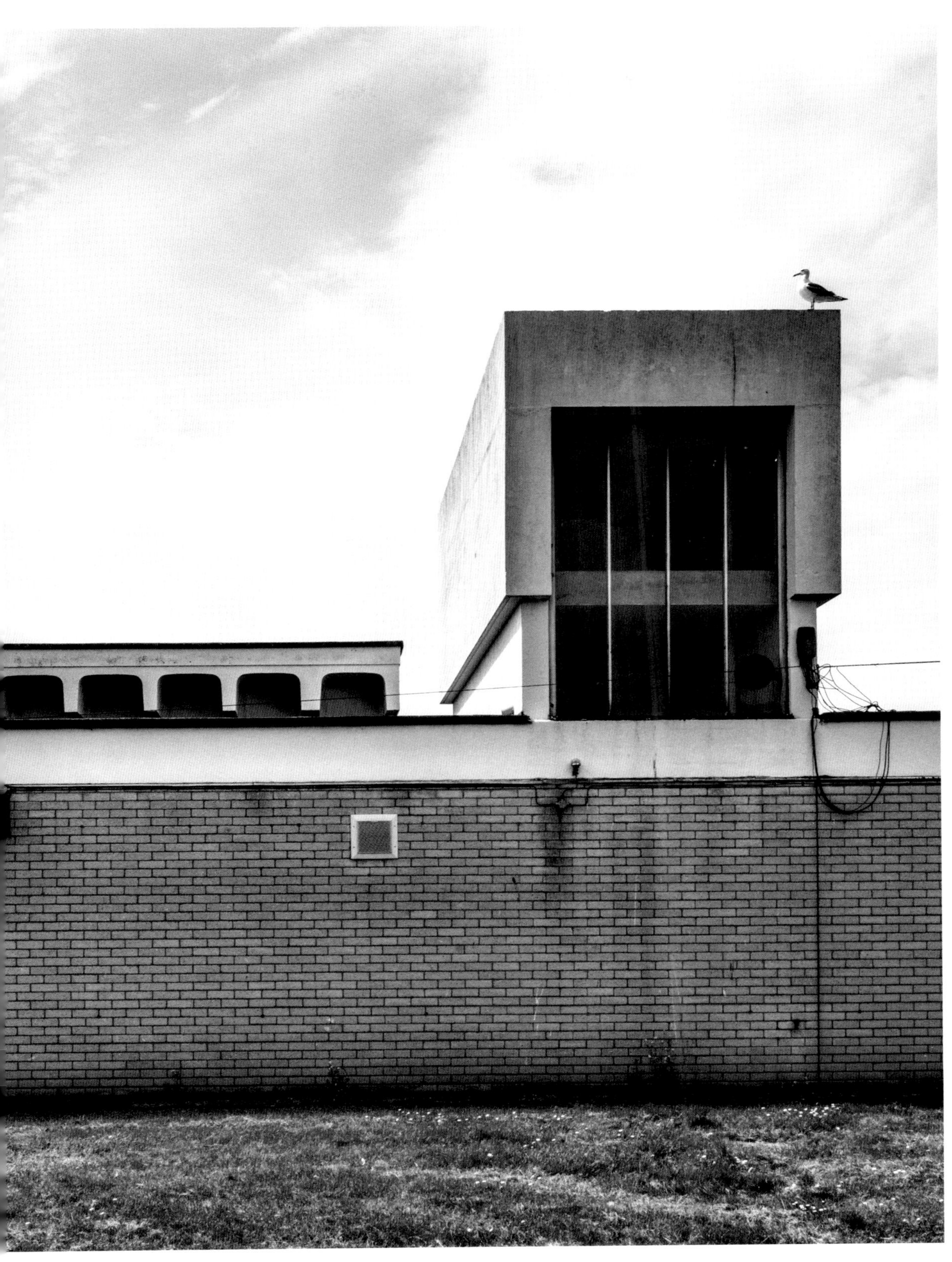

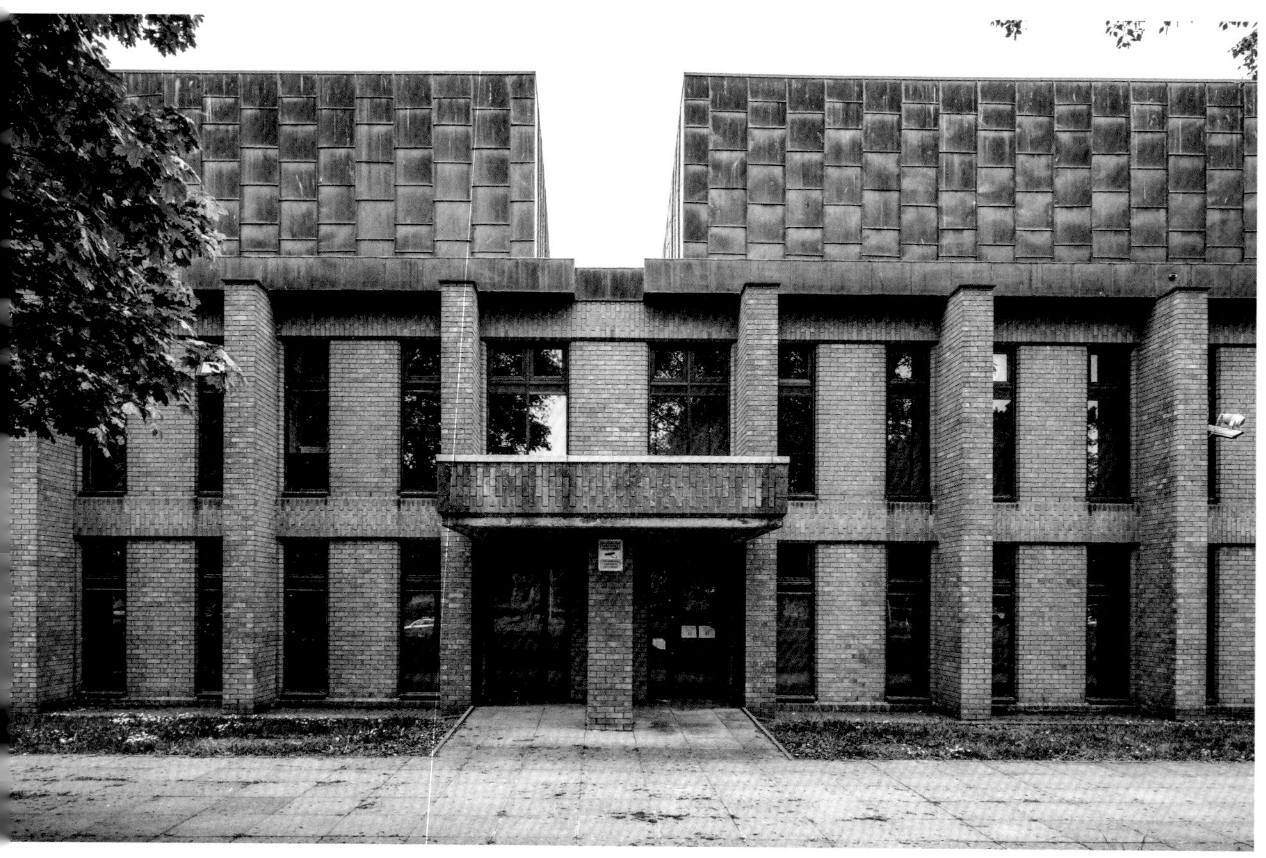

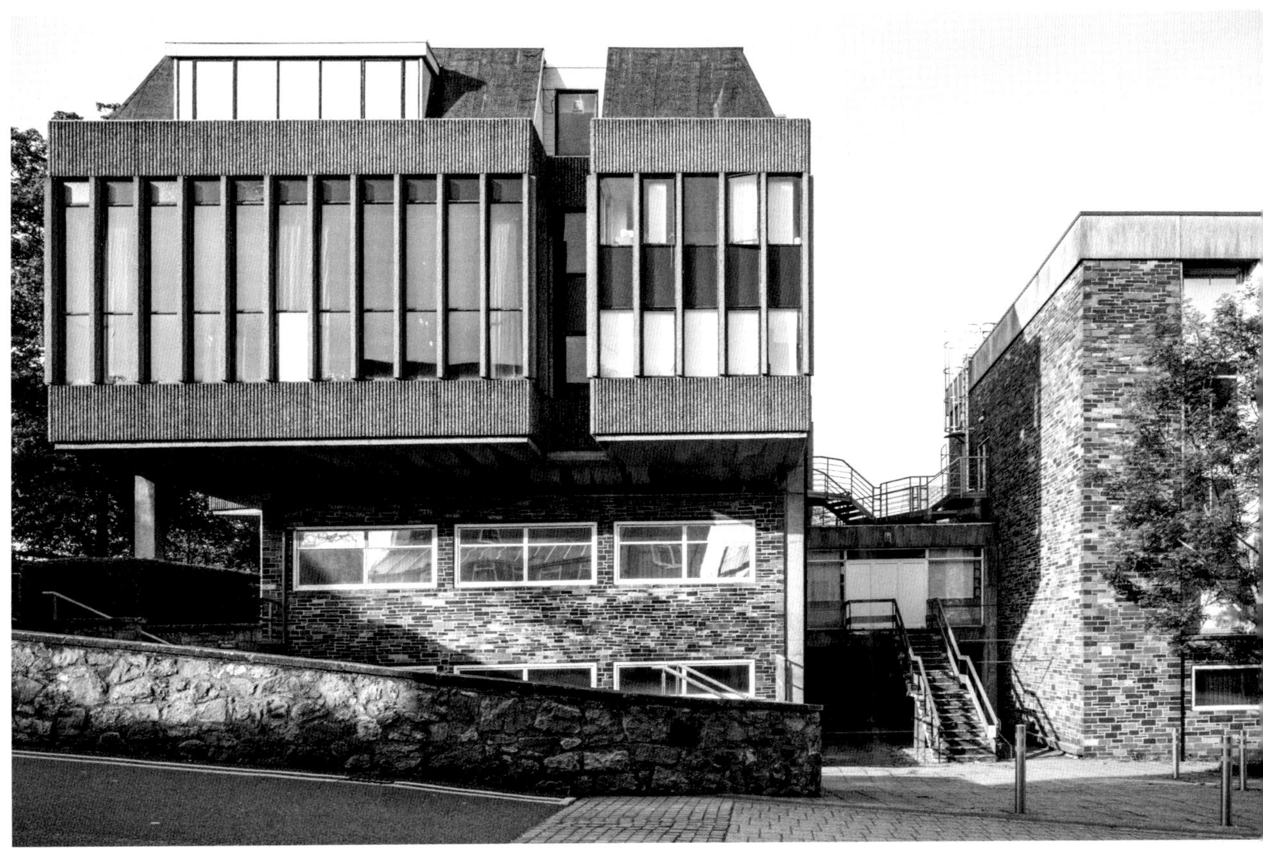

'...HOW MANY OF THESE
BUILDINGS FOLLOW A LONG
HISTORY OF MEGALITHS
AND CASTLES TO MELT
INTO THE LANDSCAPE,
OFTEN UNUSED AND
BARELY UNDERSTOOD.'
JOHN GRINDROD

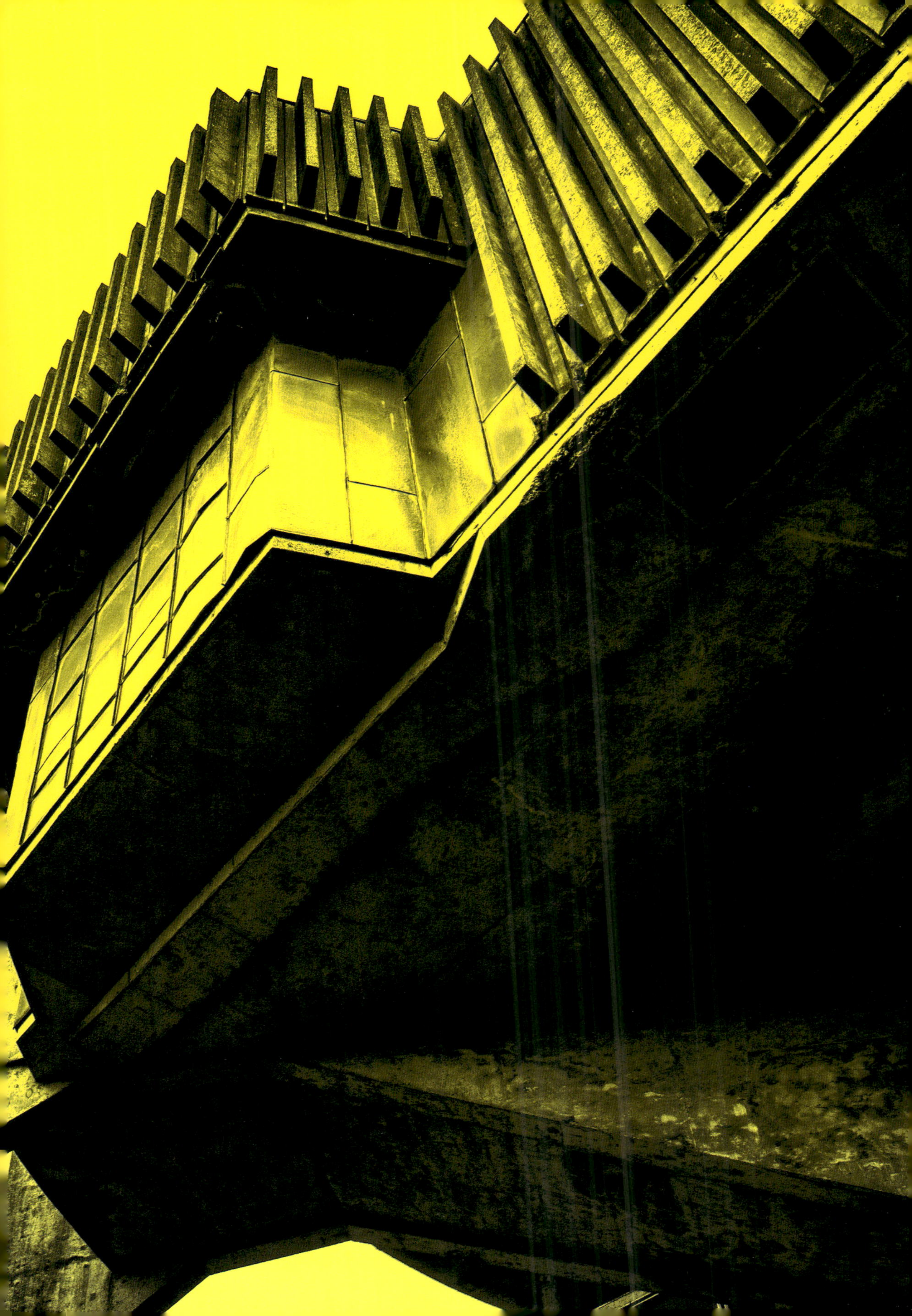

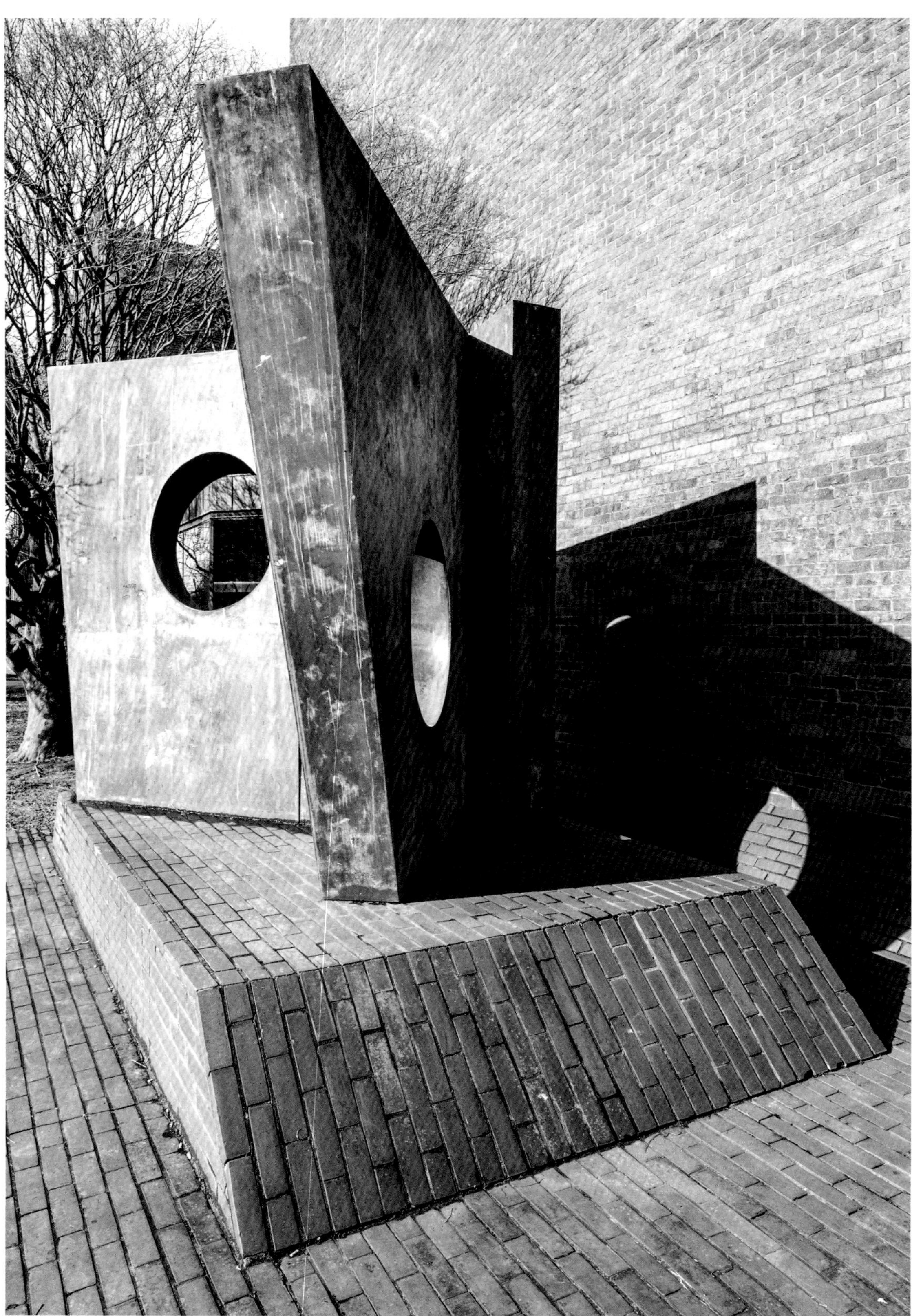

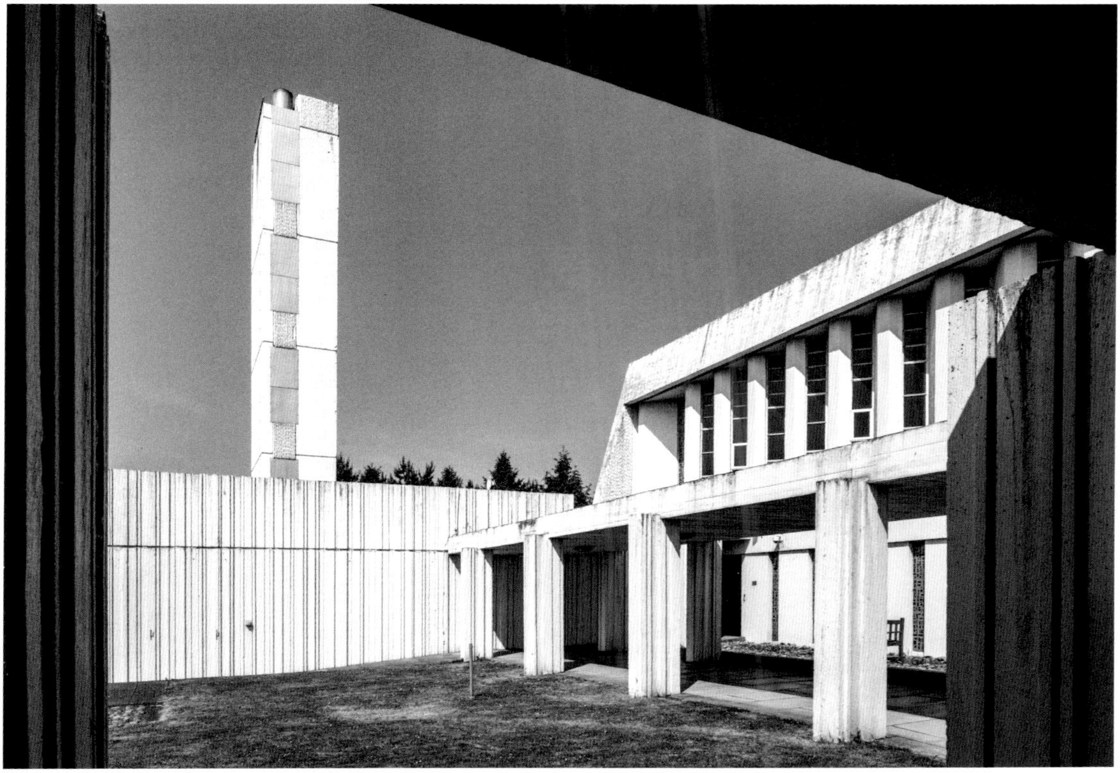

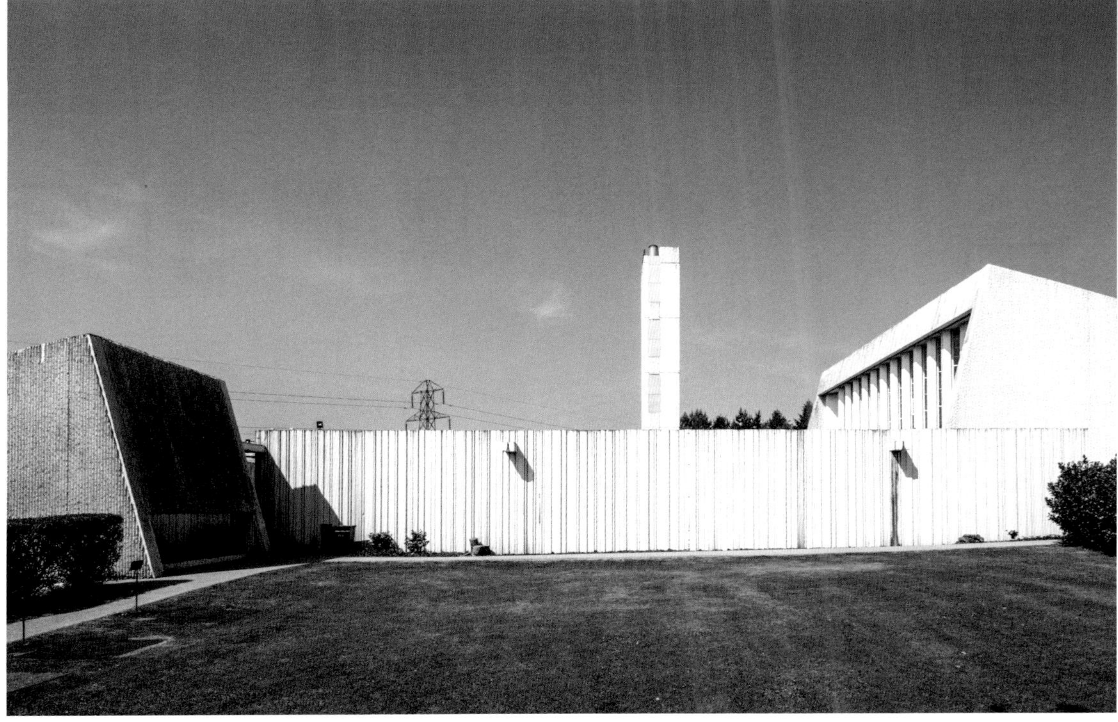

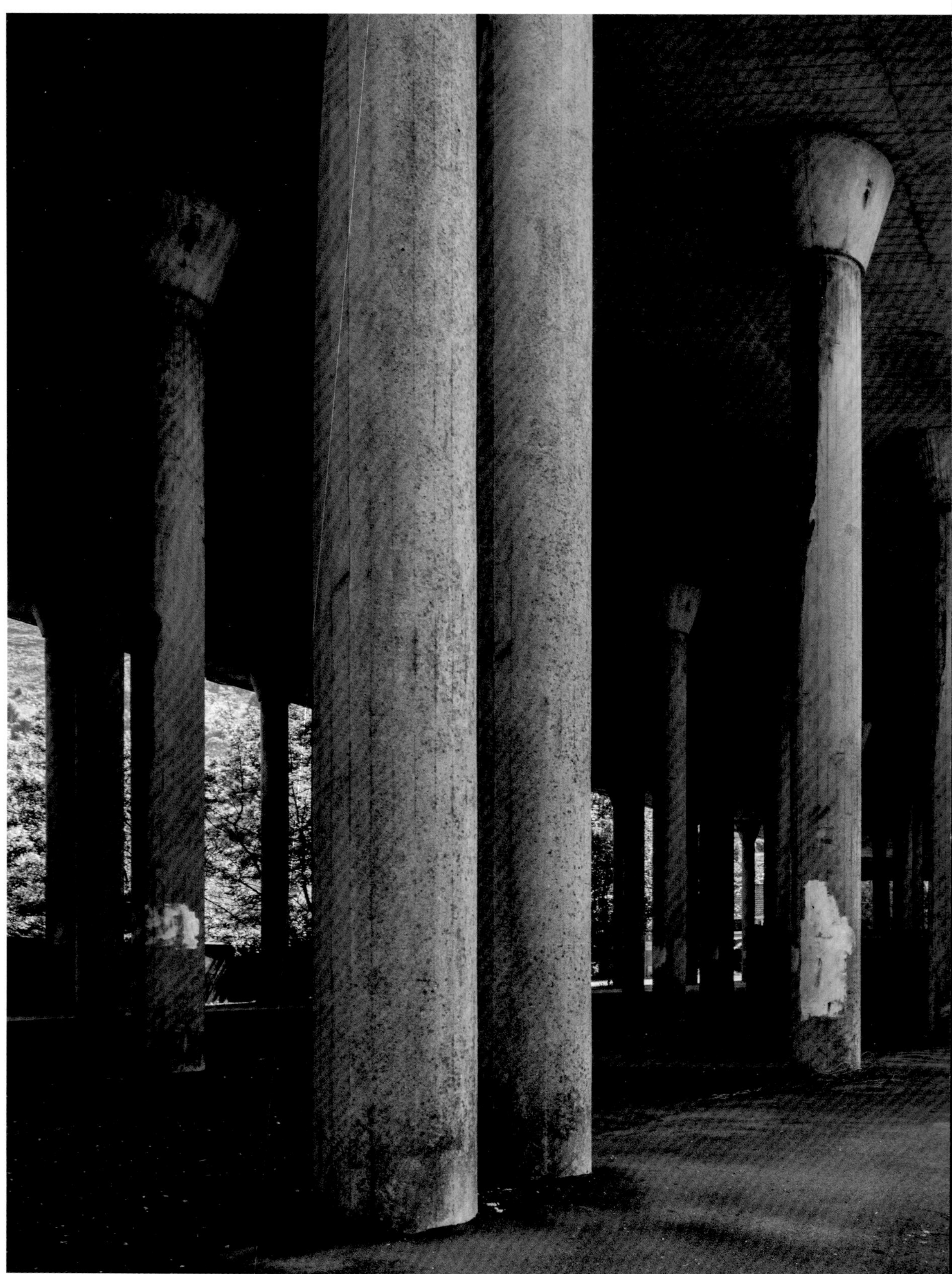

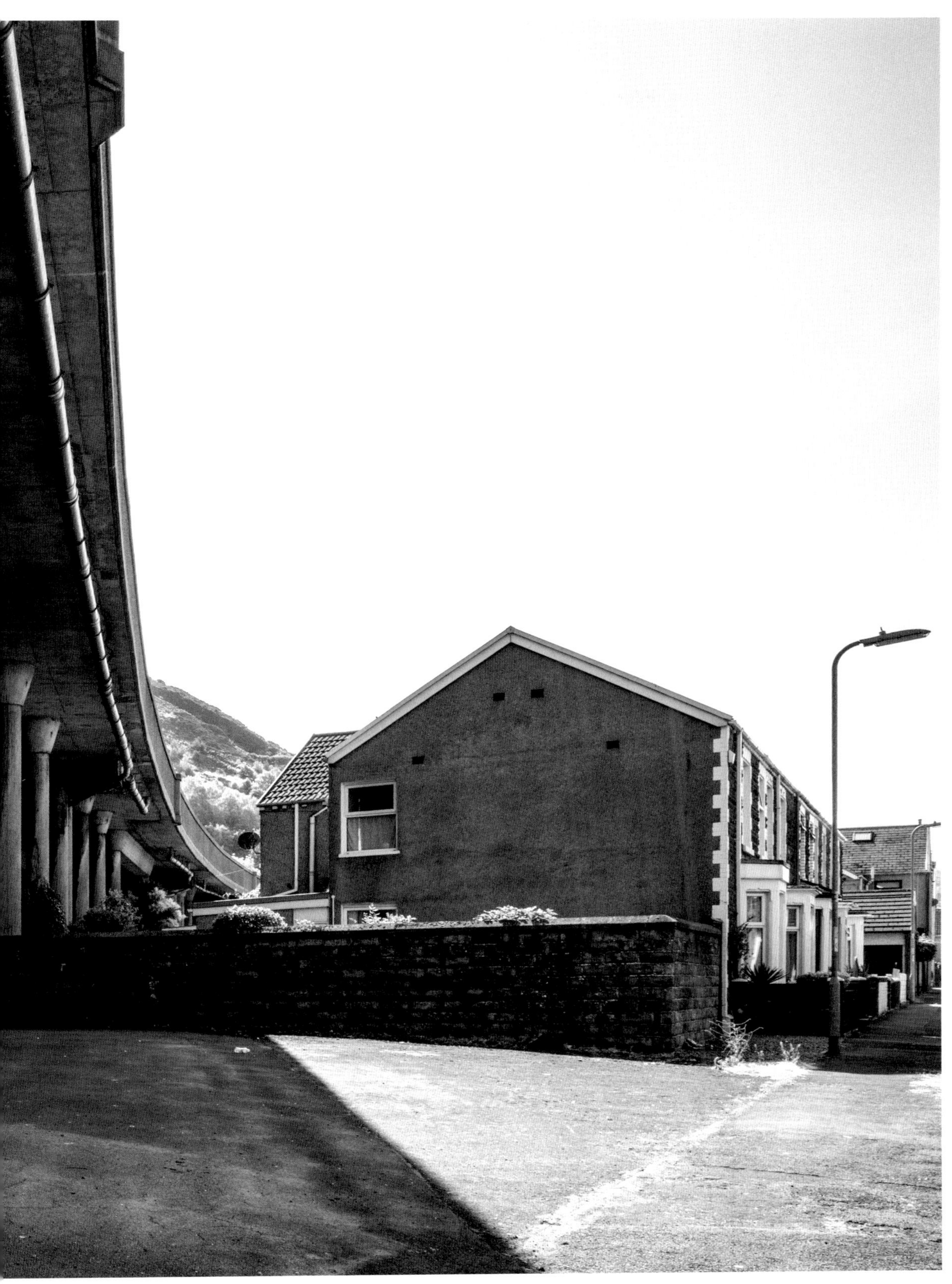

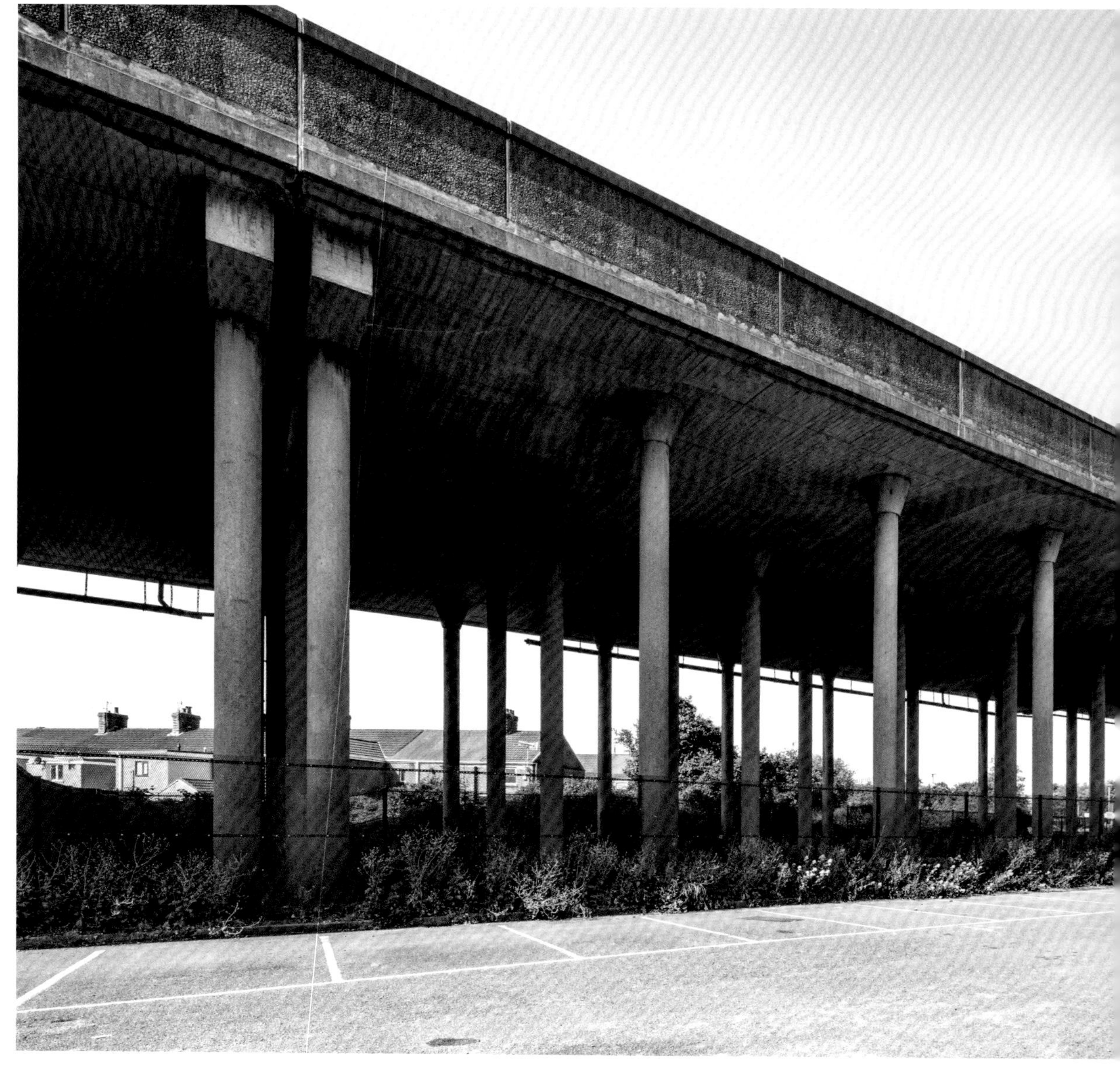

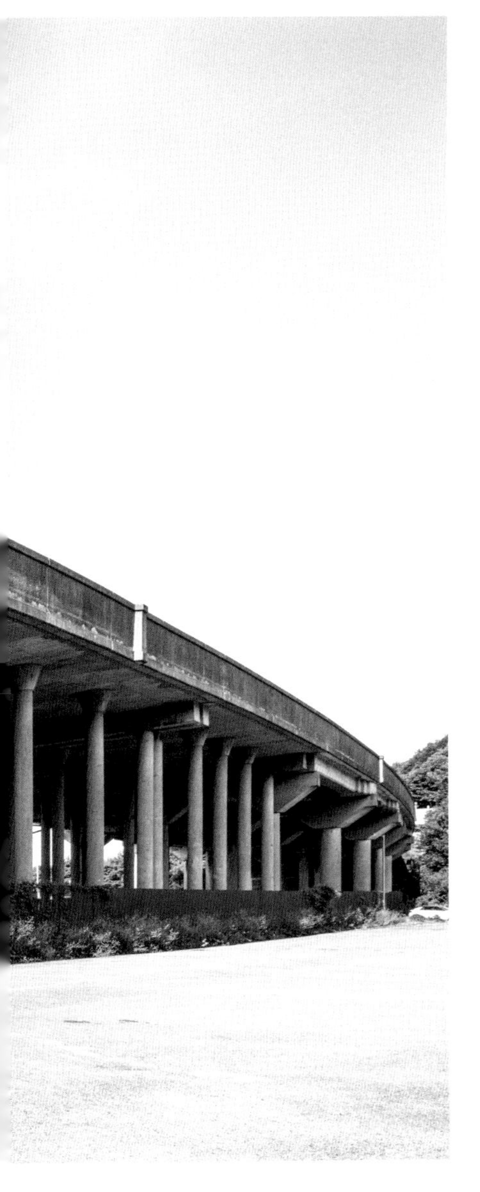

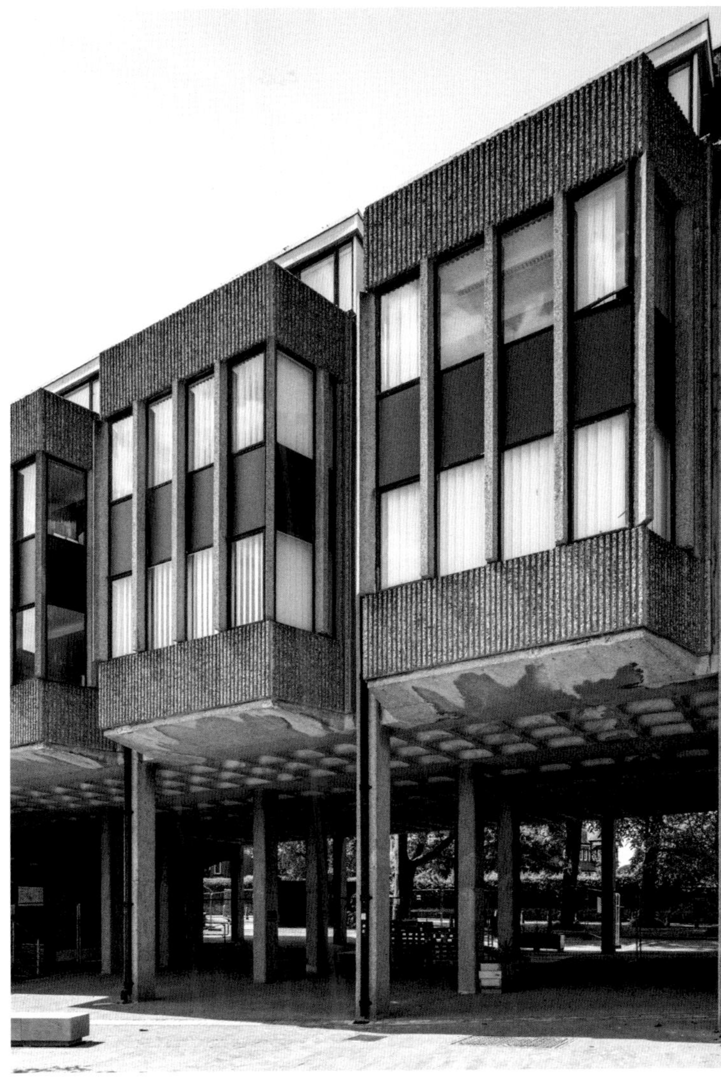

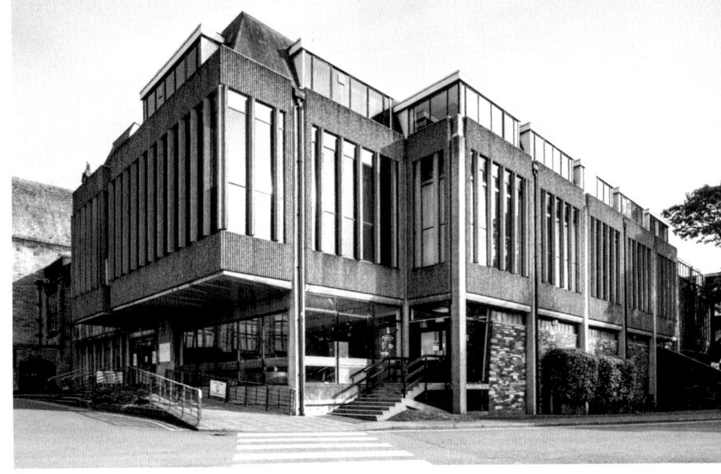

Maes-Y-Garreg Flats,
Merthyr Tydfil

Margam Crematorium,
Port Talbot

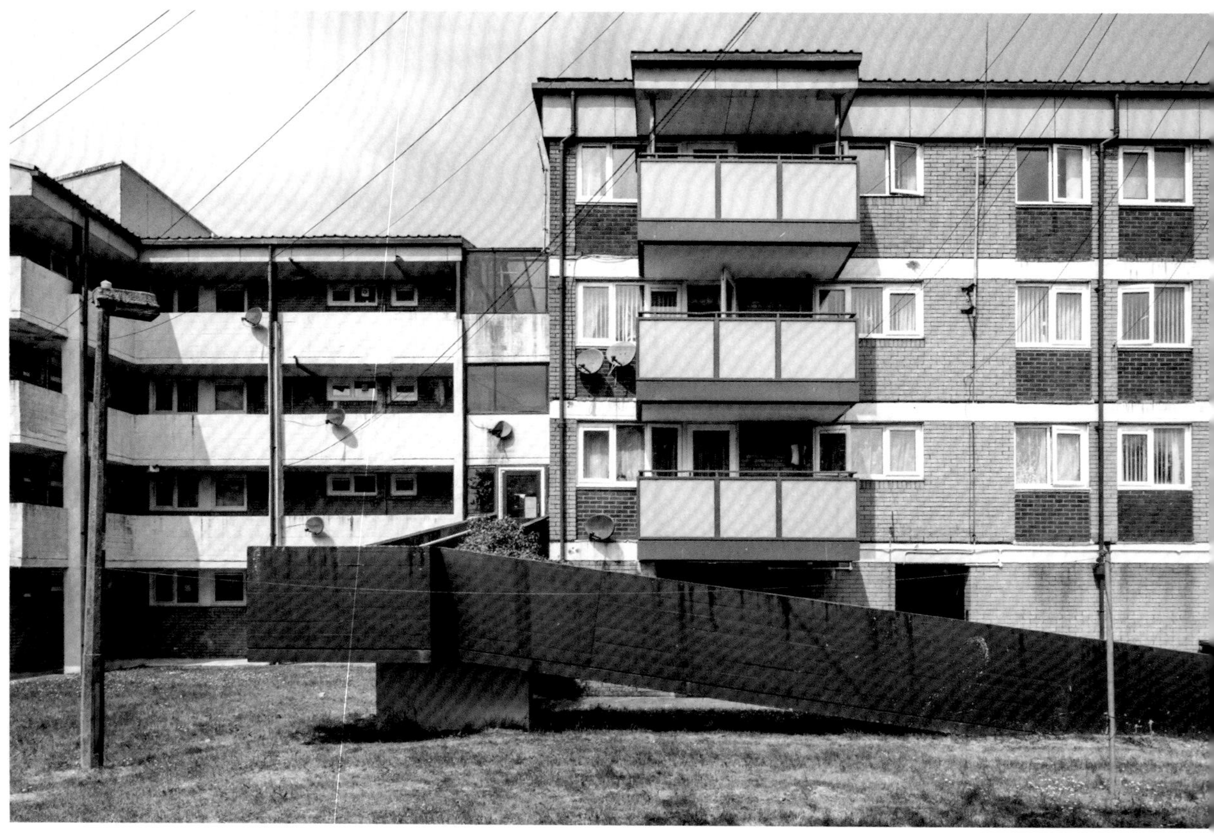

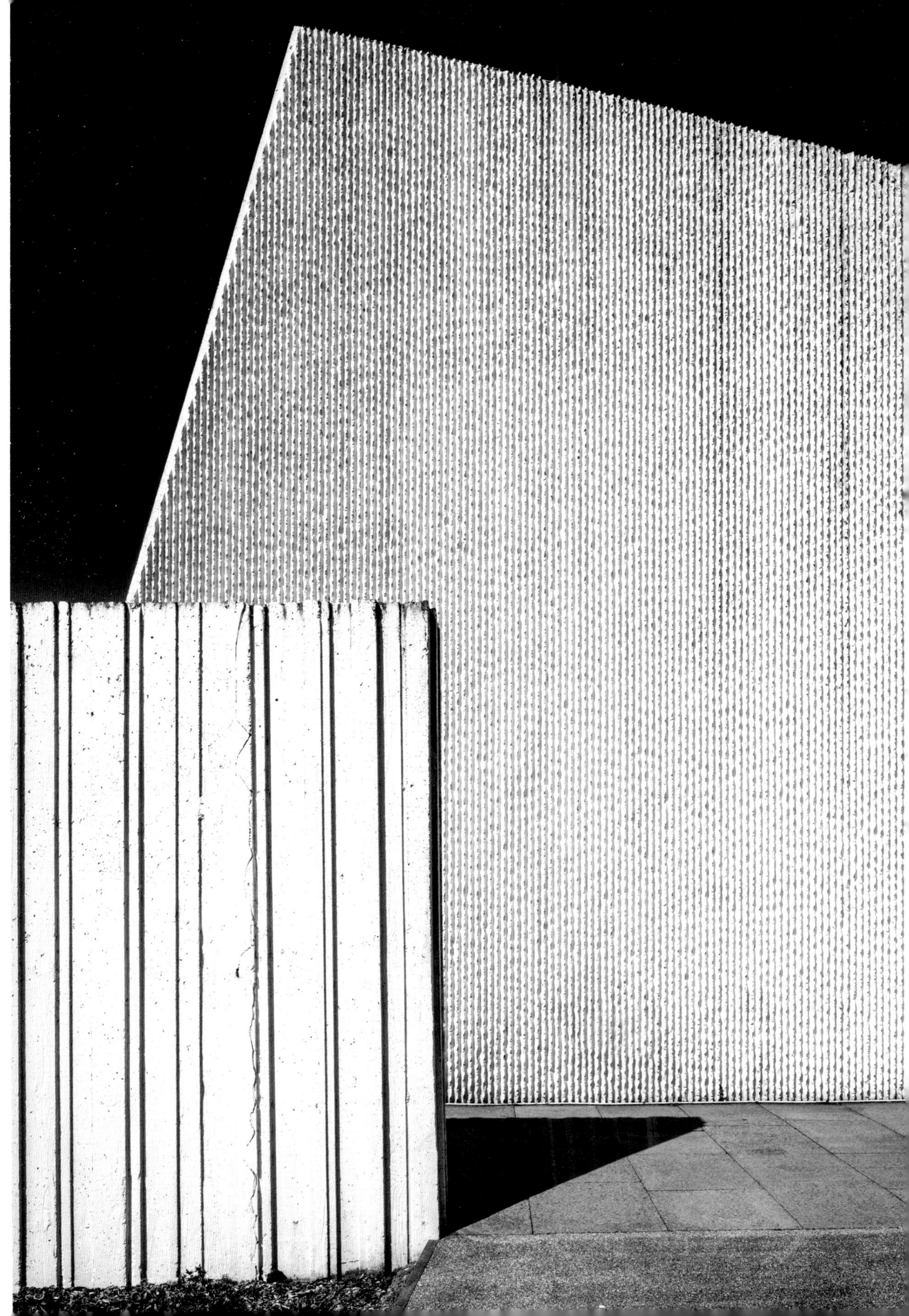

Edward Llwyd Centre,
Wrexham Glyndŵr University

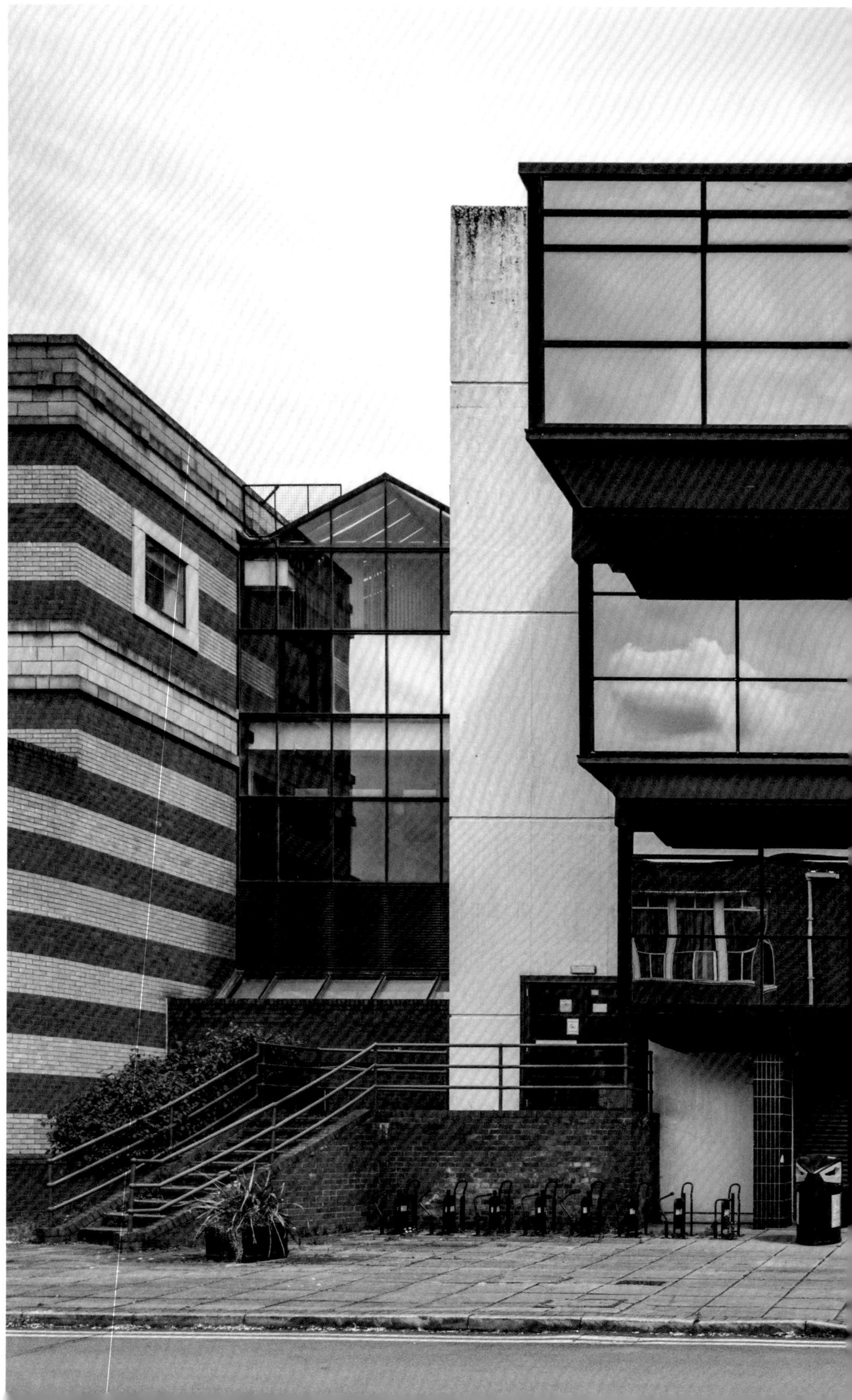

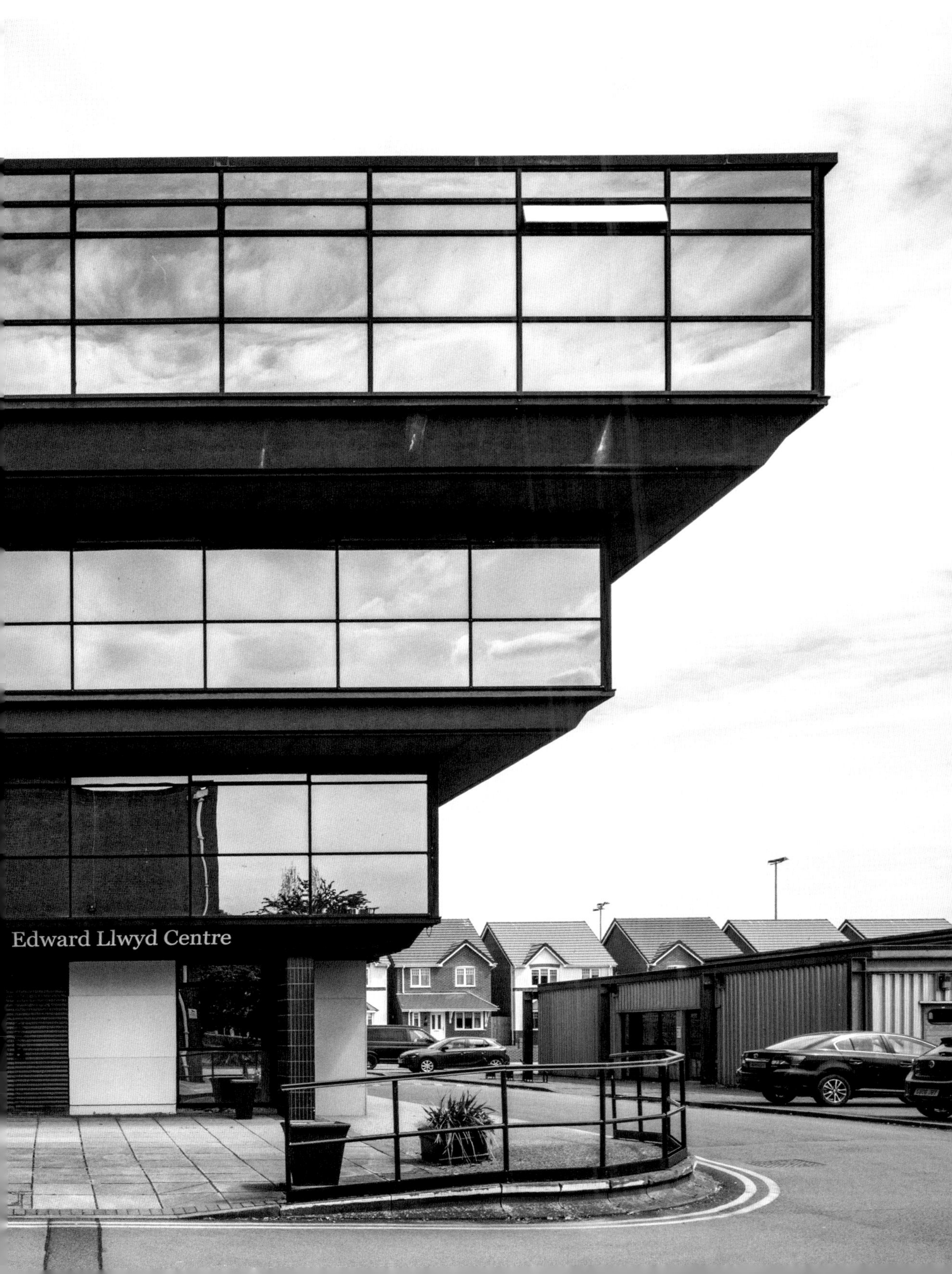
Edward Llwyd Centre

The Dolman Theatre,
Newport

Fairwater Shopping Precinct,
Cwmbran

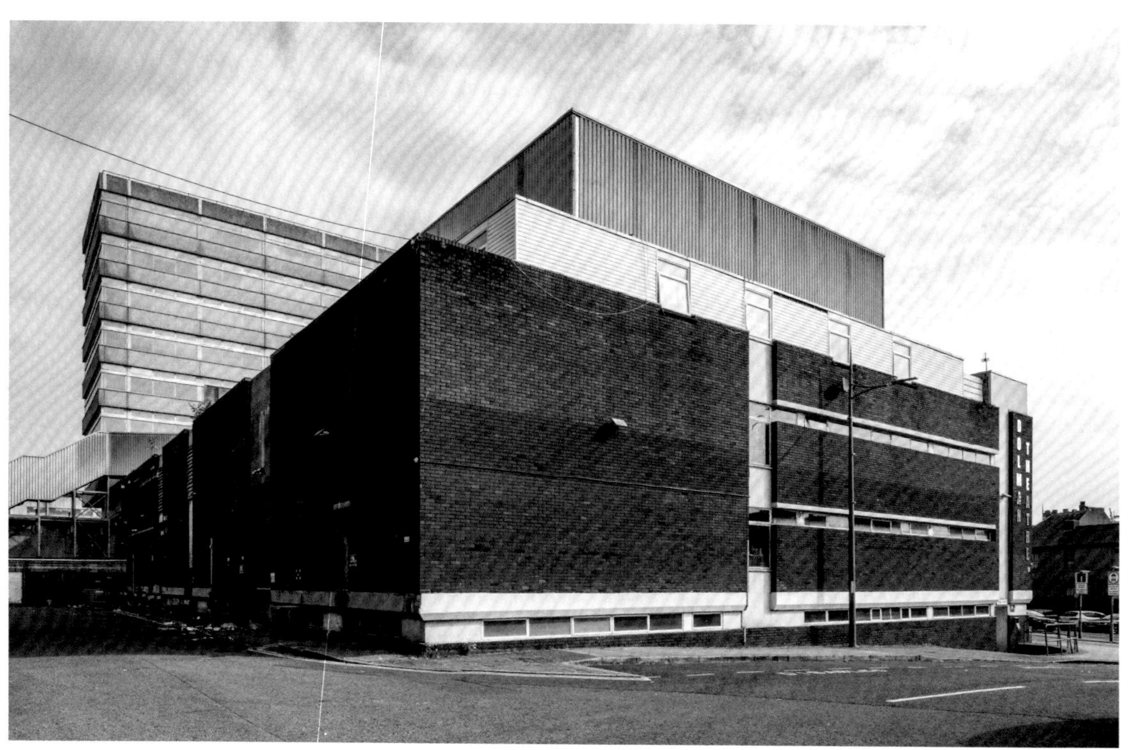

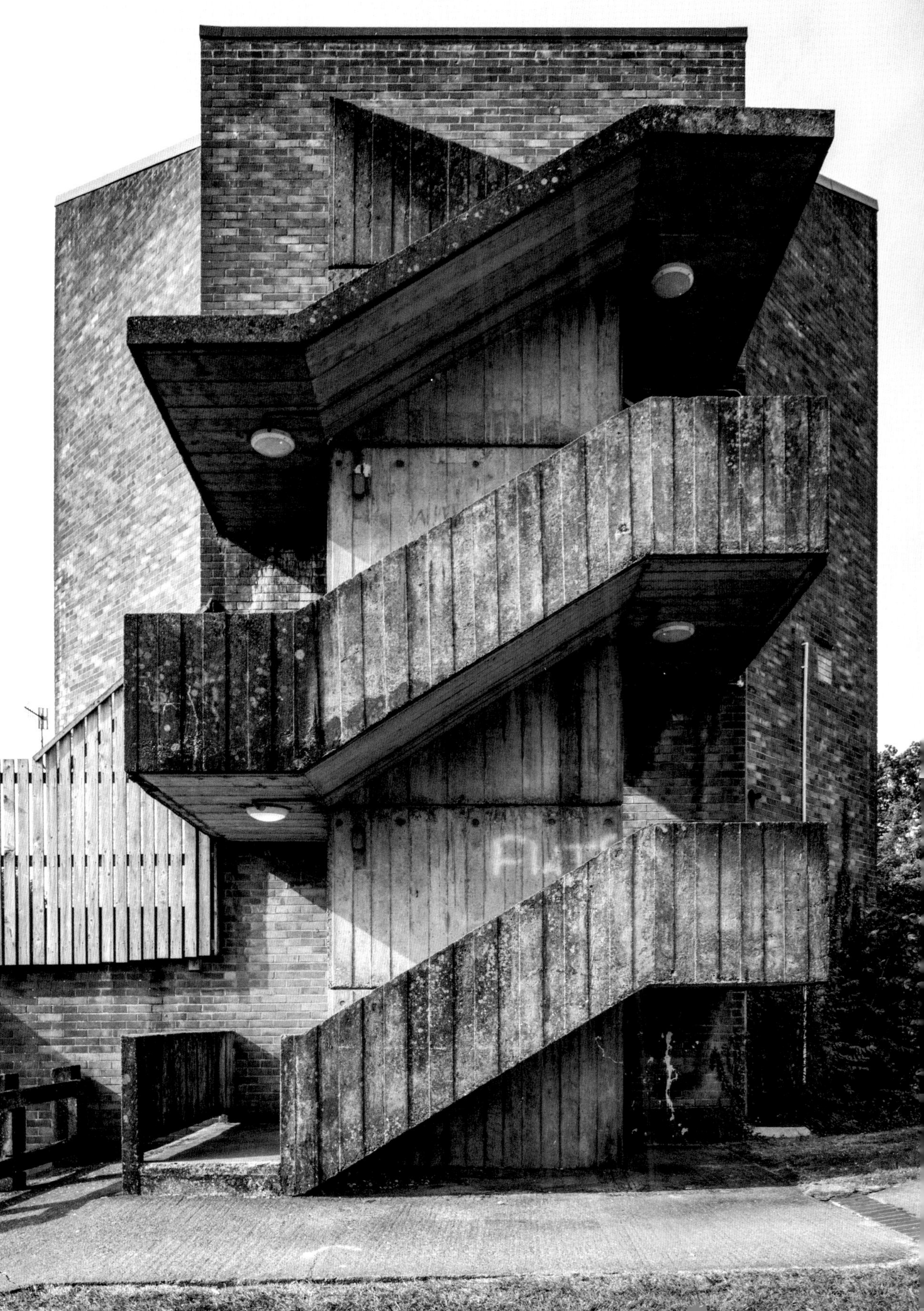

Inmos Factory (now Newport Wafer Fab
and Nexperia Newport), Duffryn

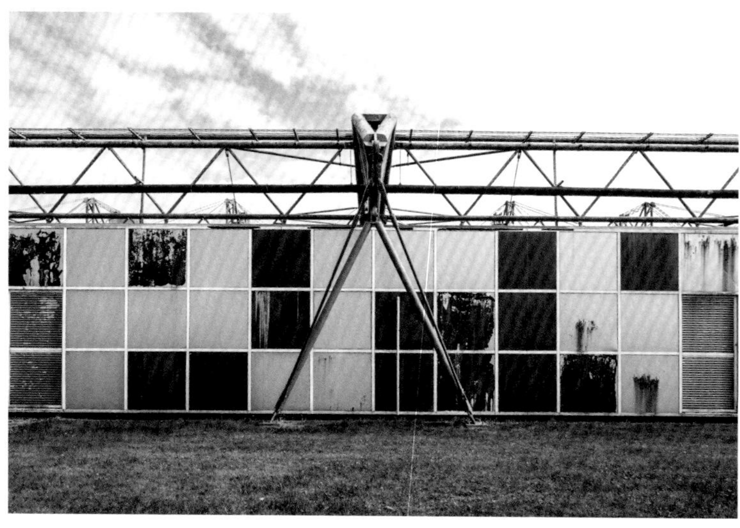

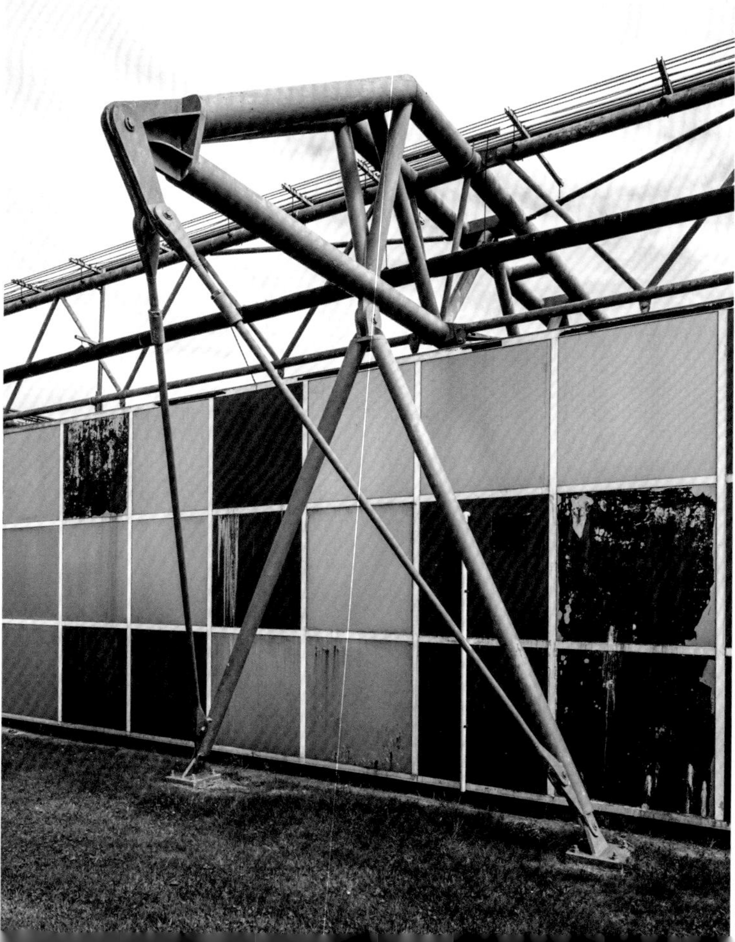

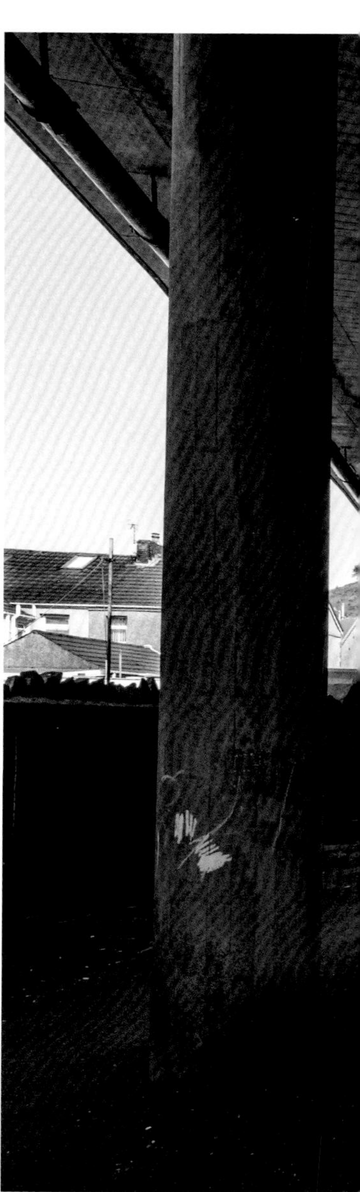

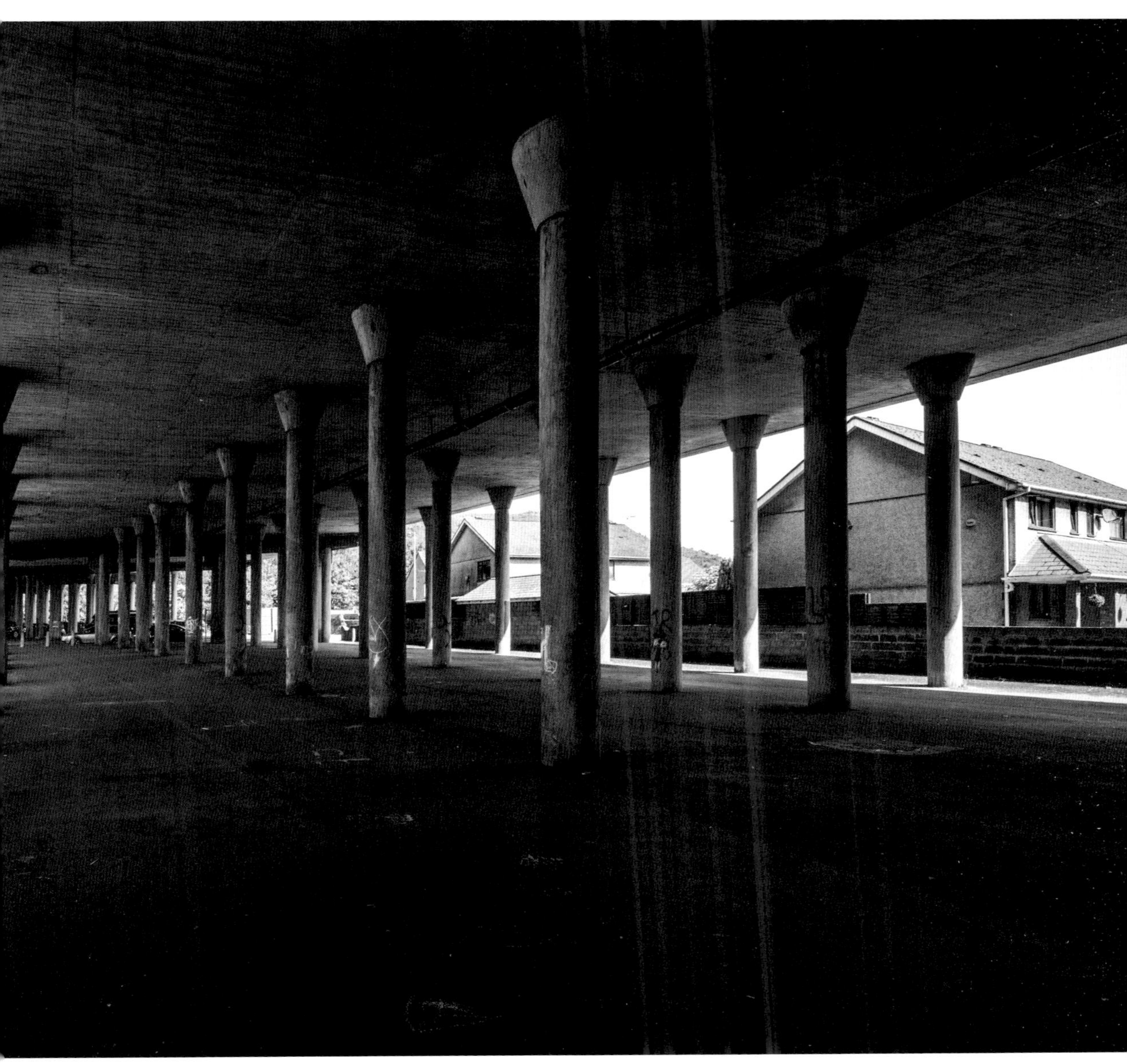

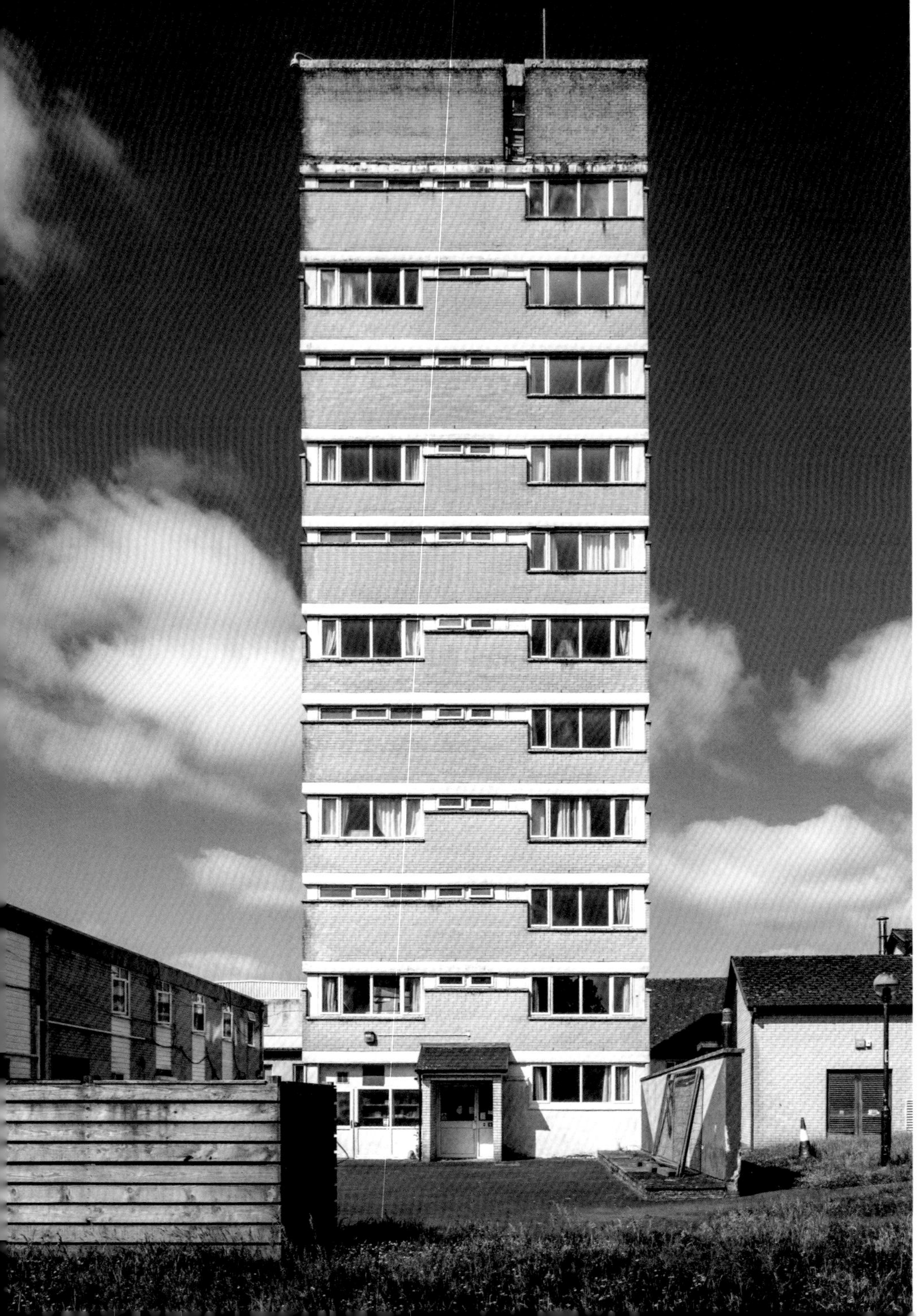

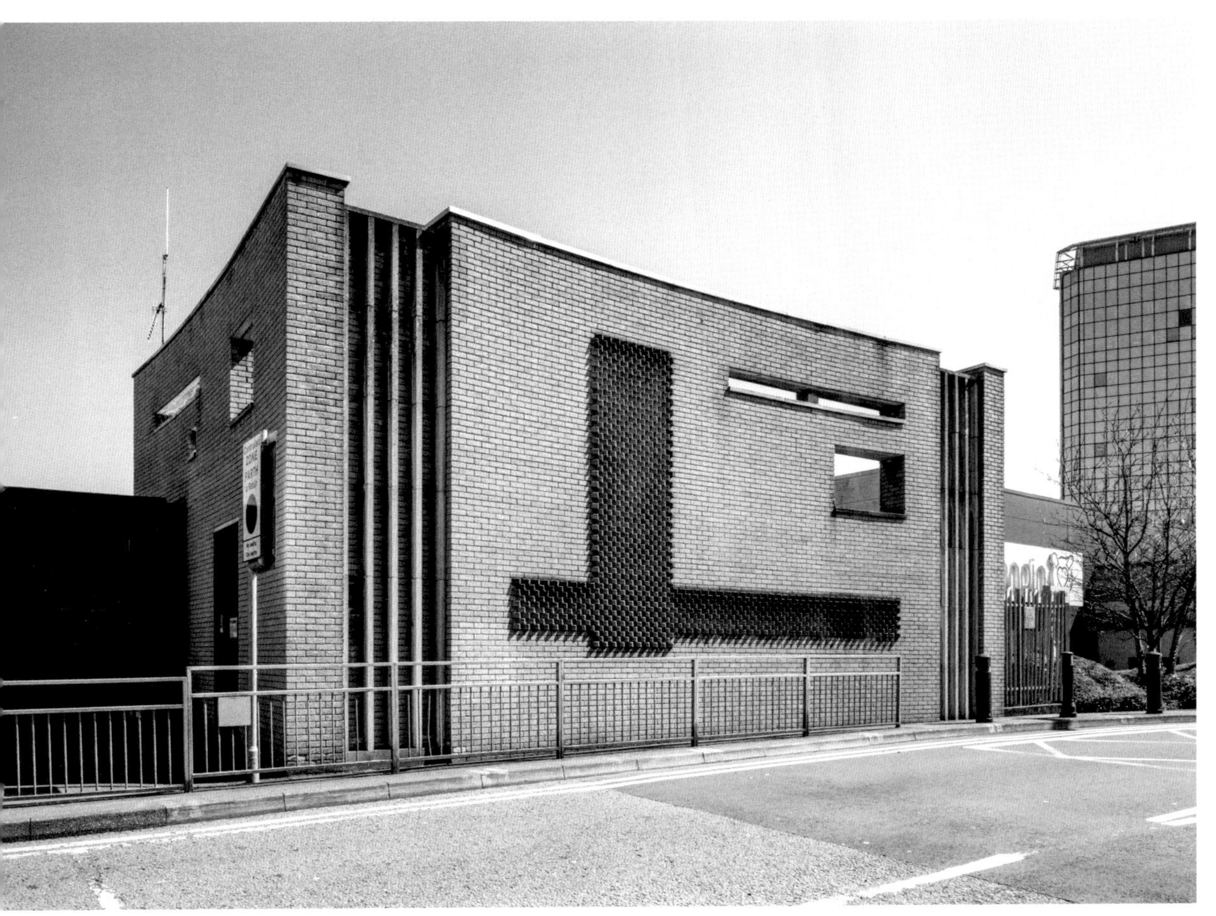

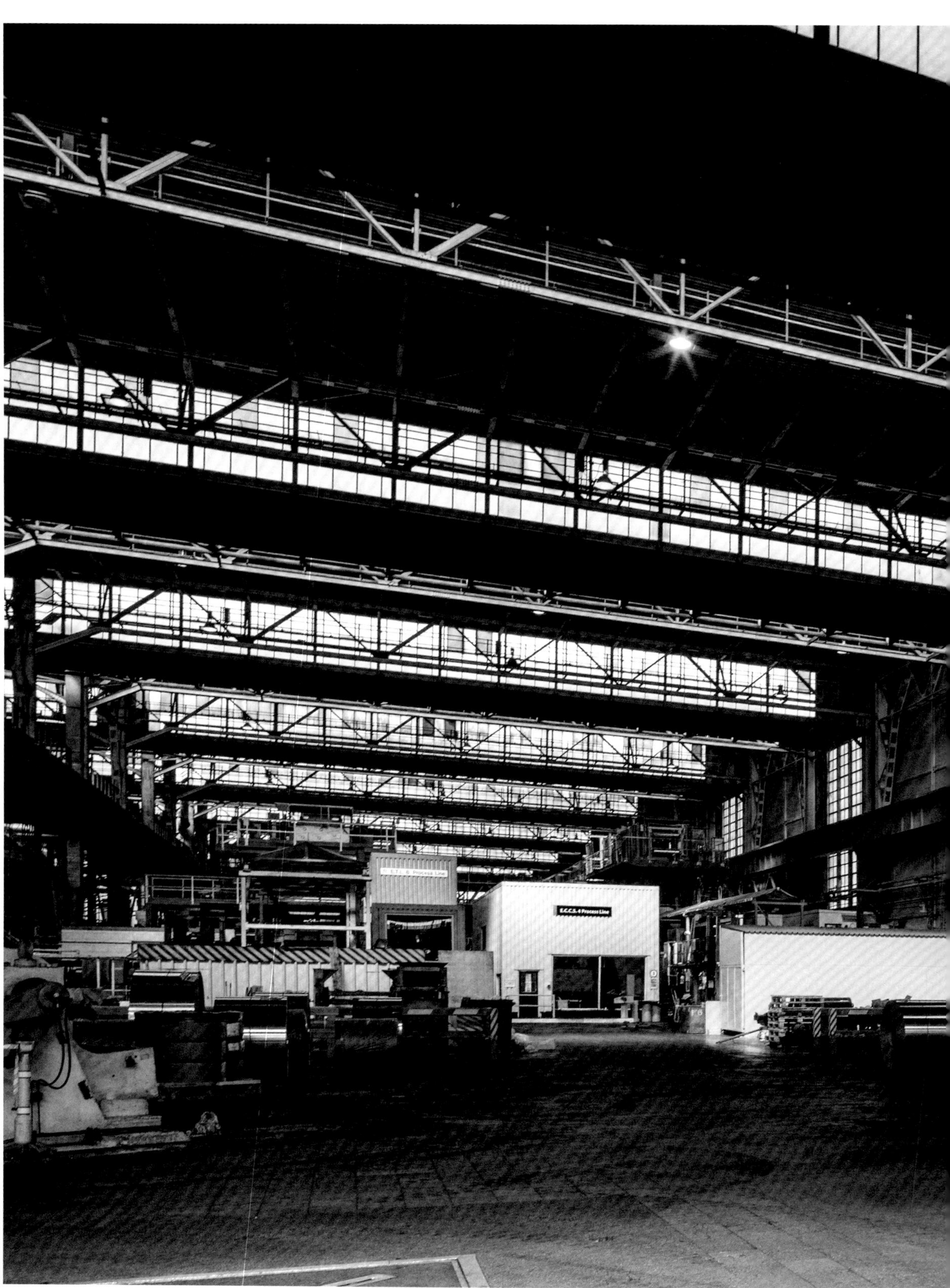

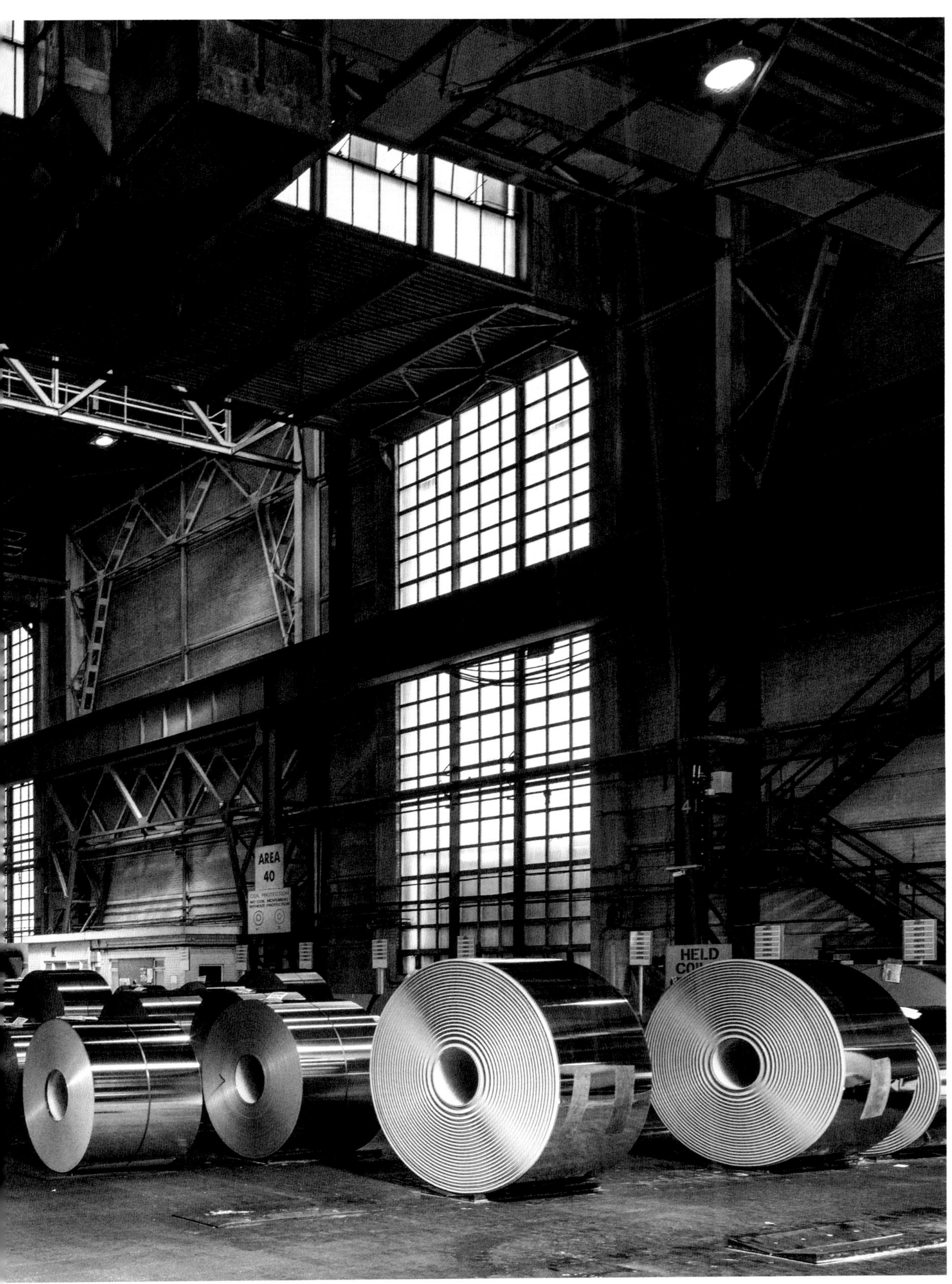
AREA
40
COIL PROTECTION
NO COIL MOVEMENT
WITHOUT PROTECTION
HELD
COIL

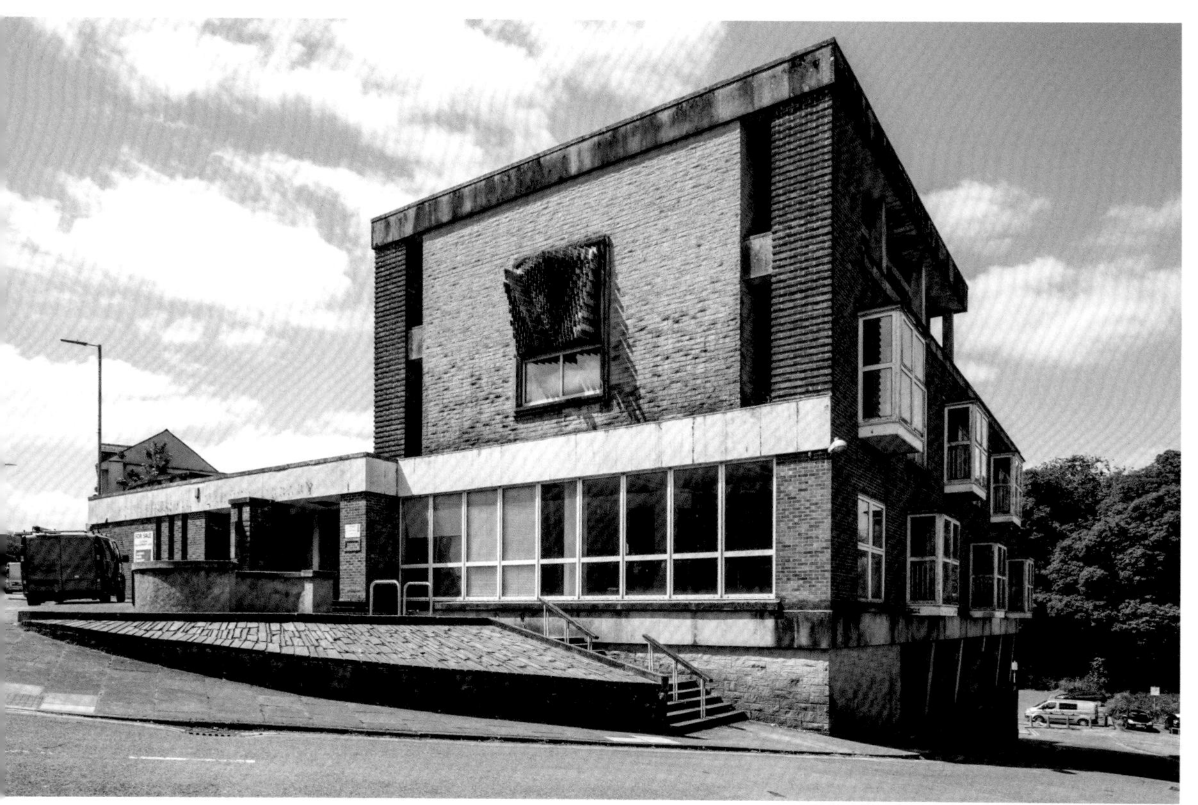

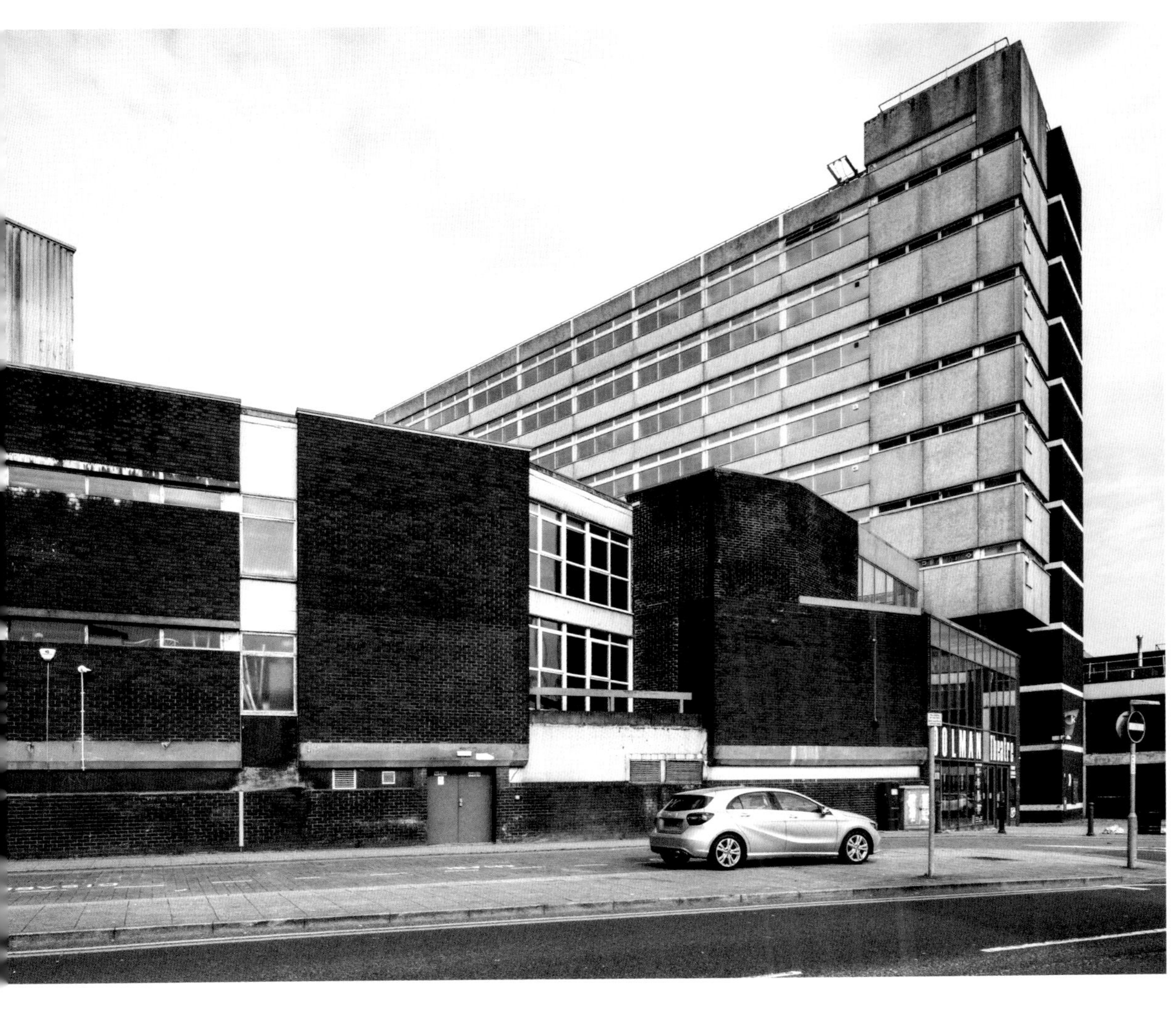

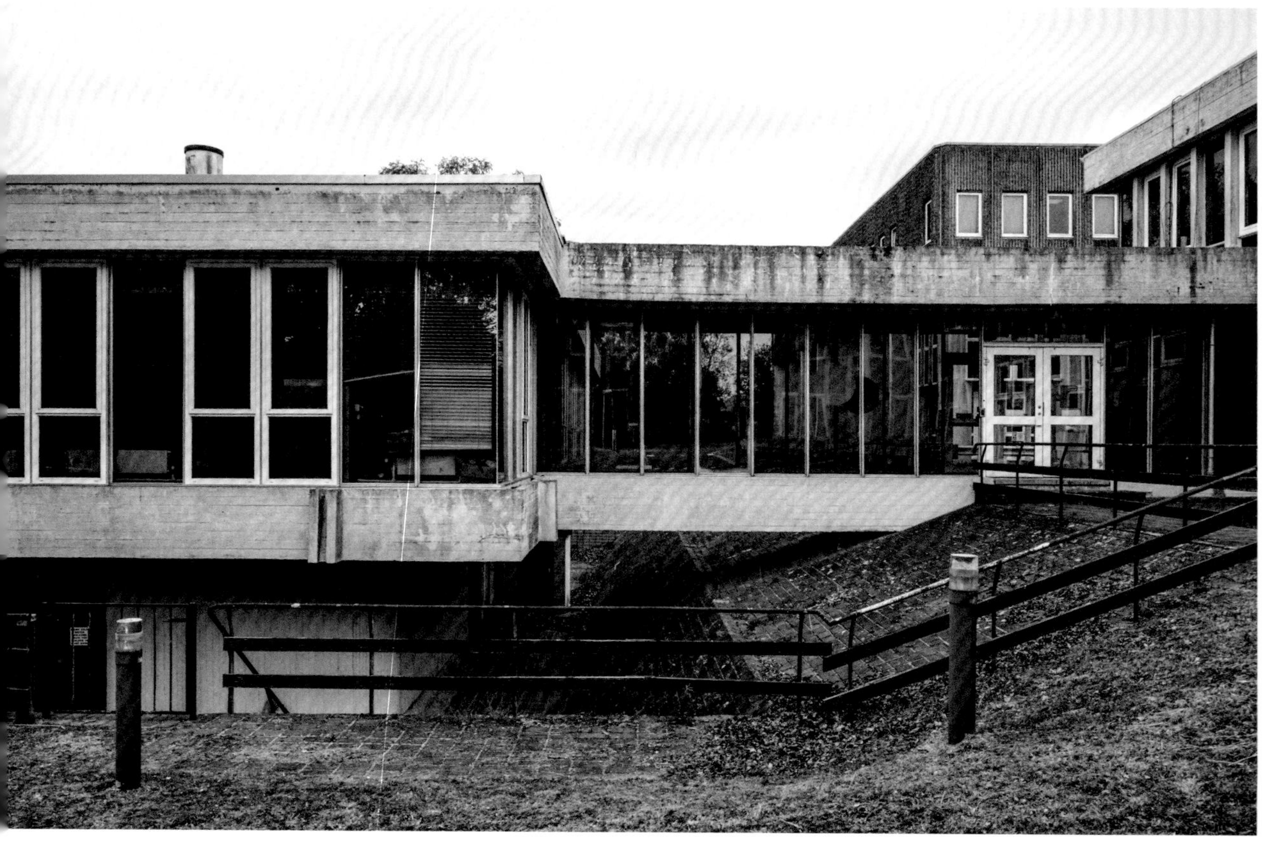

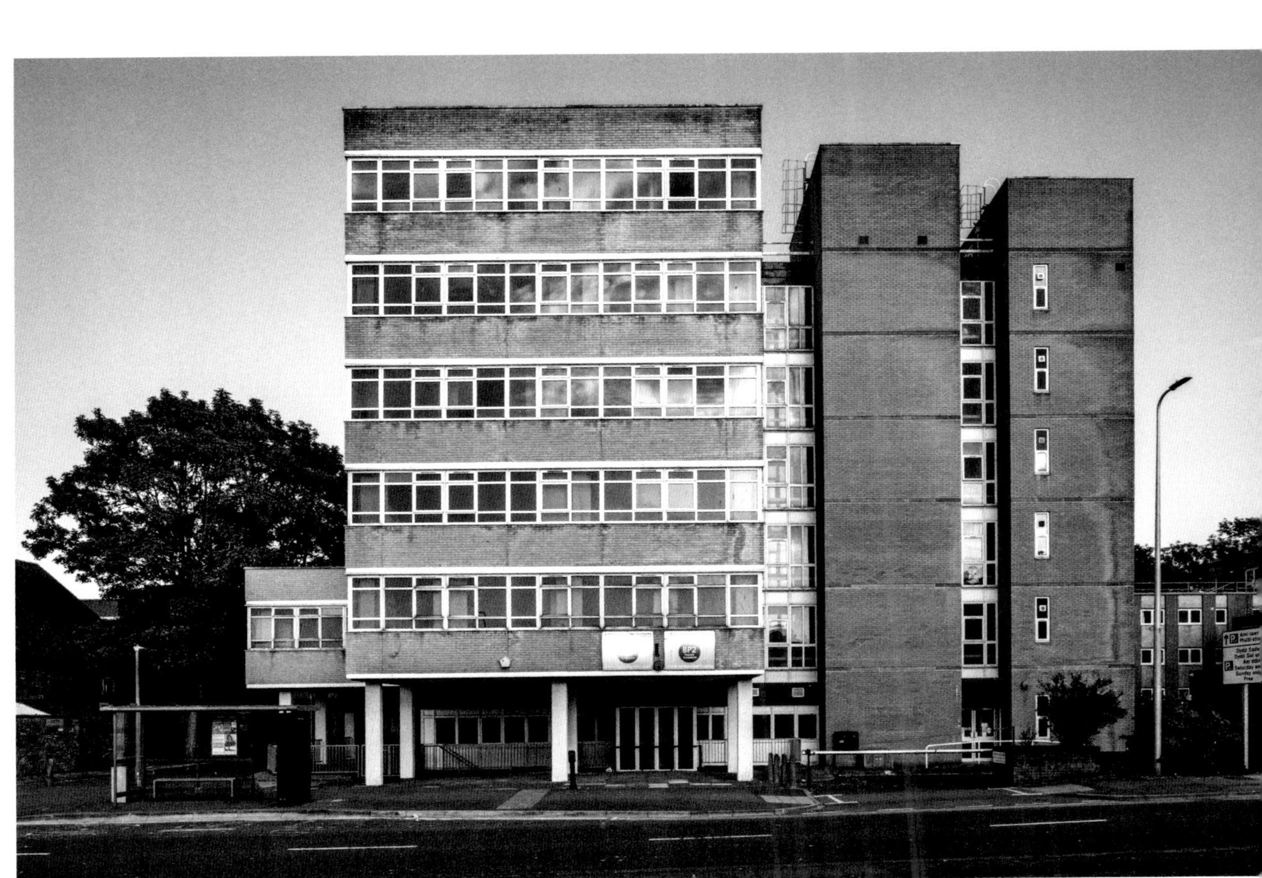

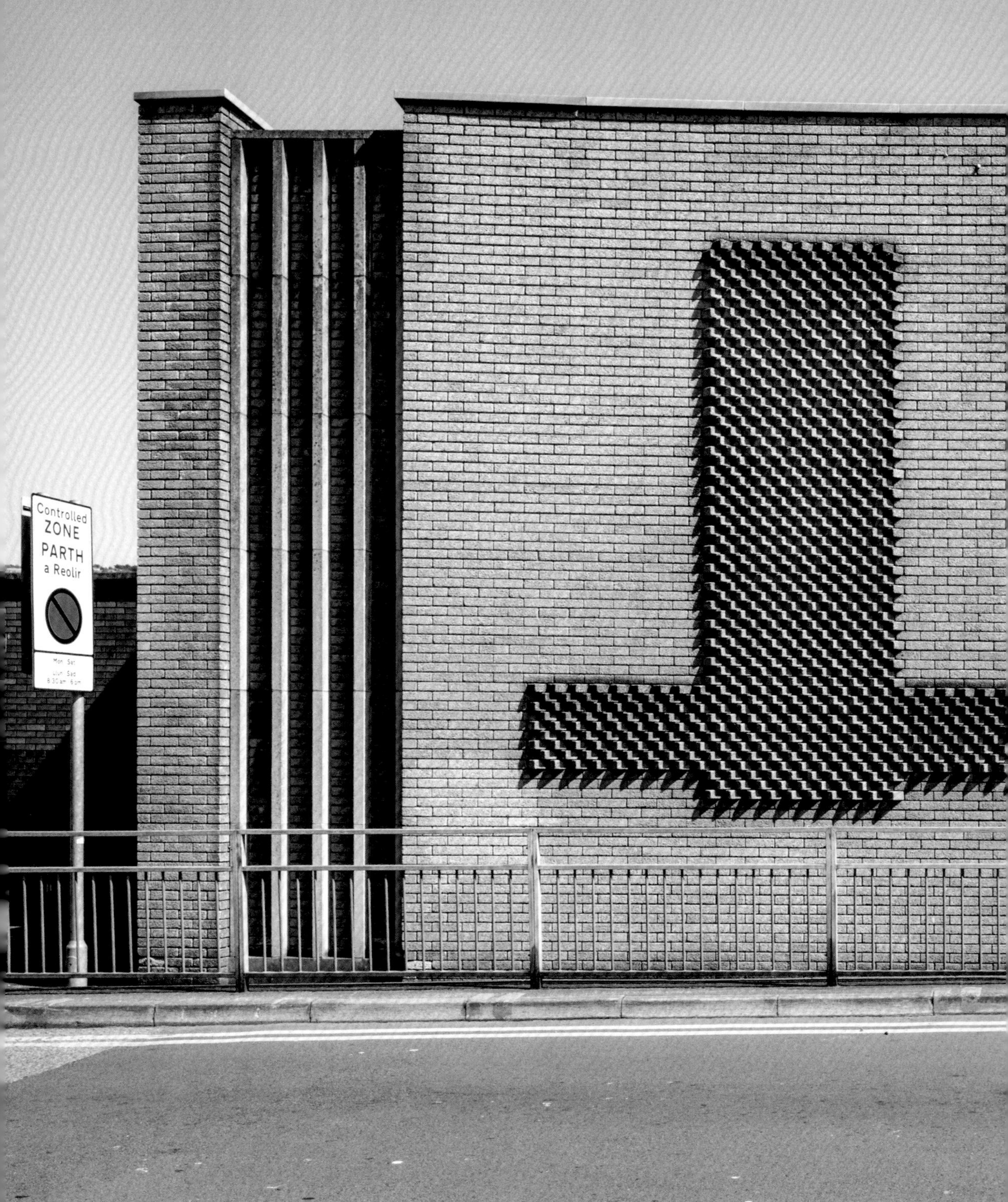
Controlled
ZONE
PARTH
a Reolir
Mon - Sat
8.30 am - 6 pm

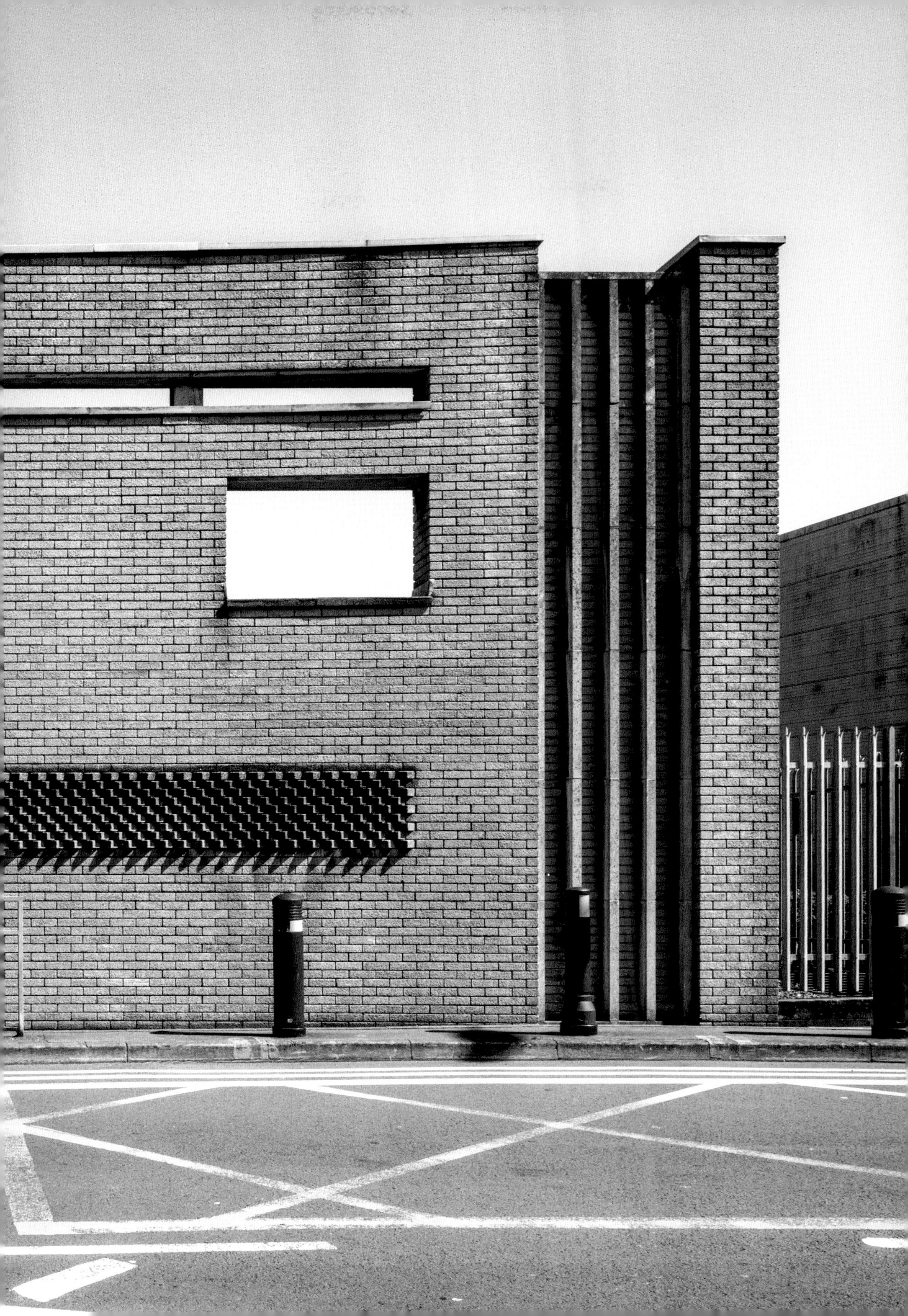

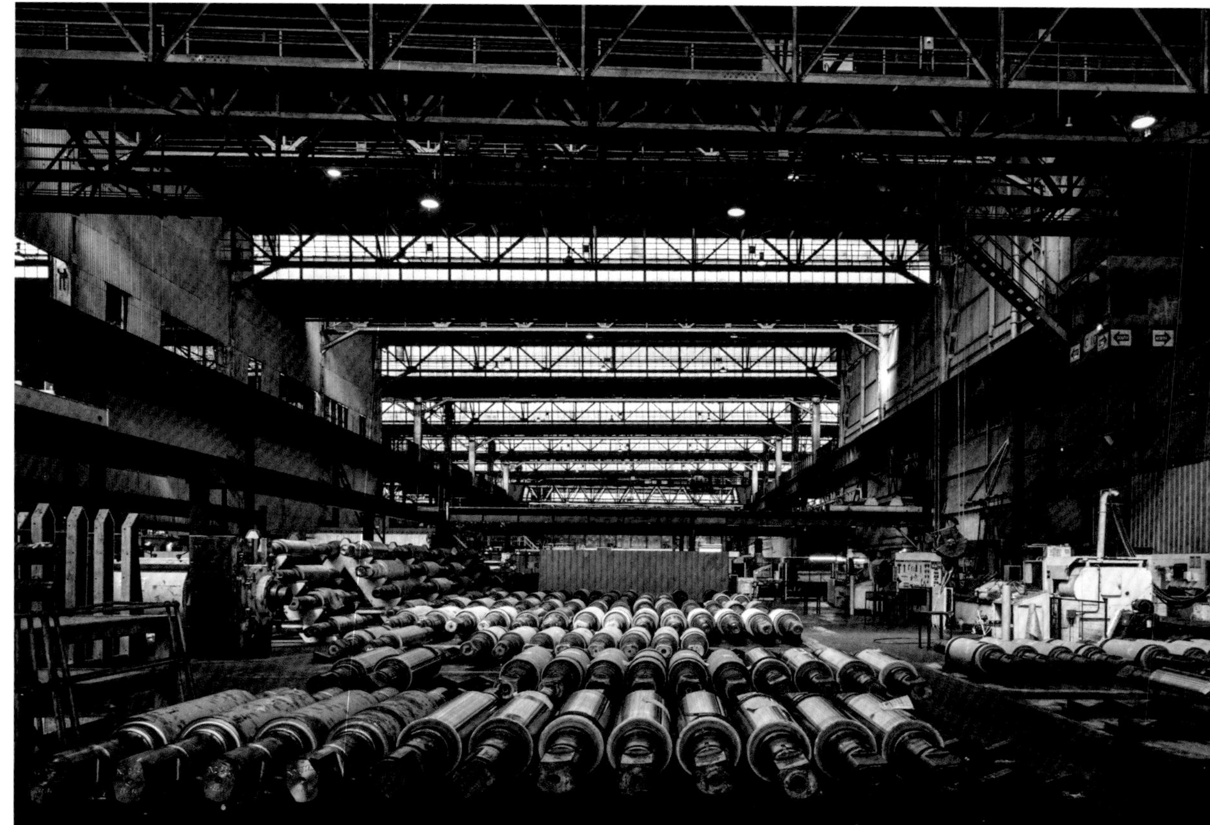

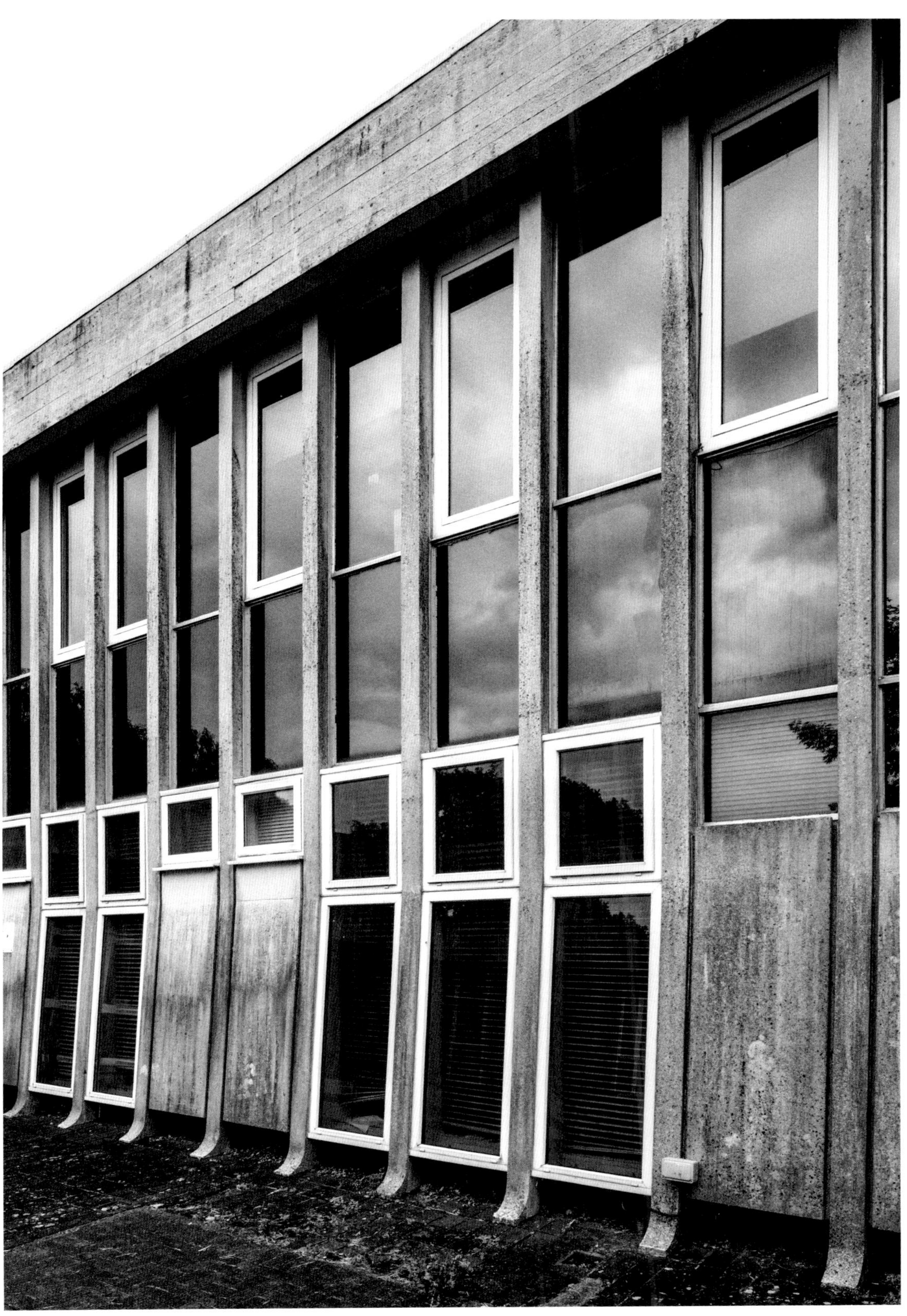

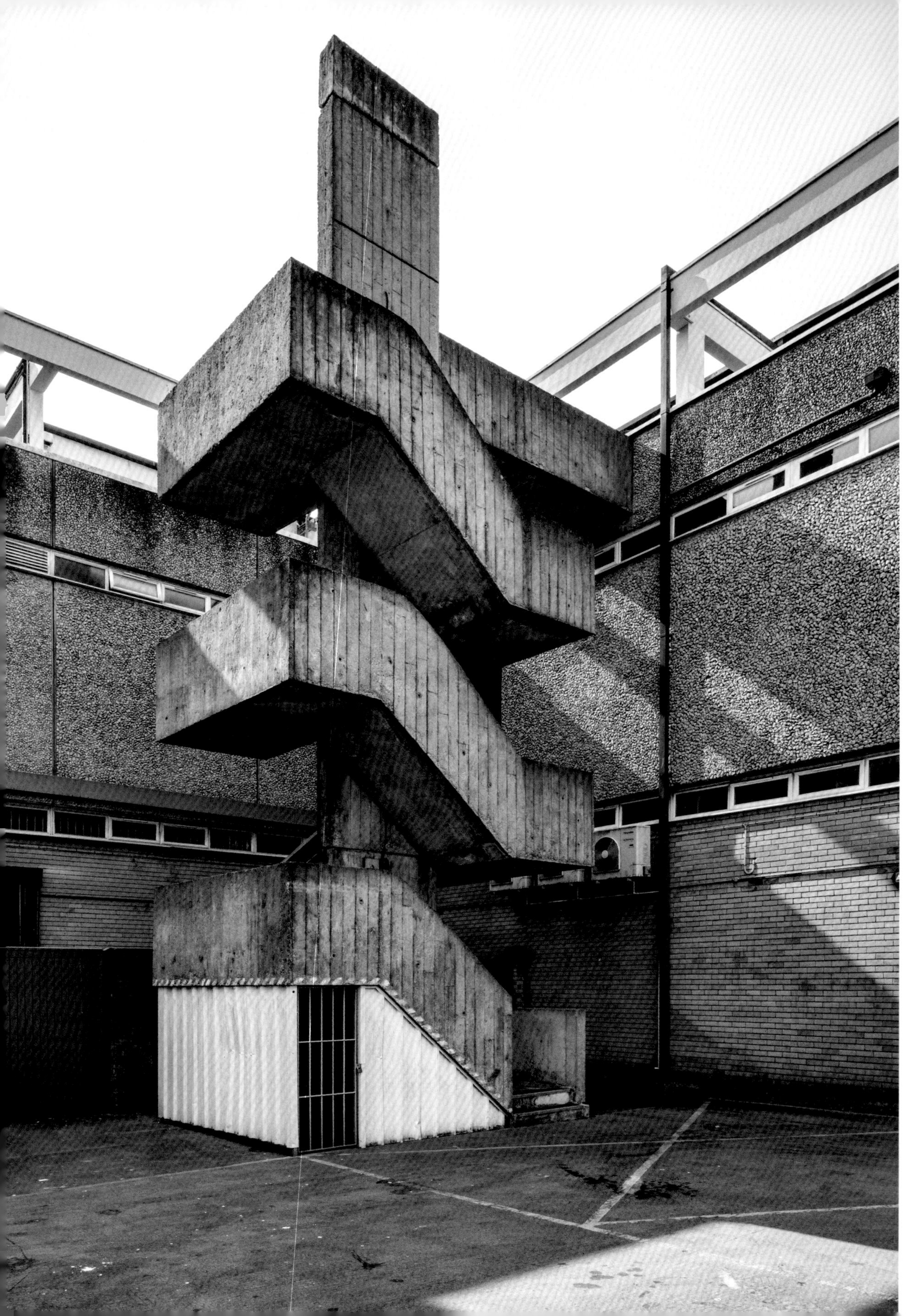

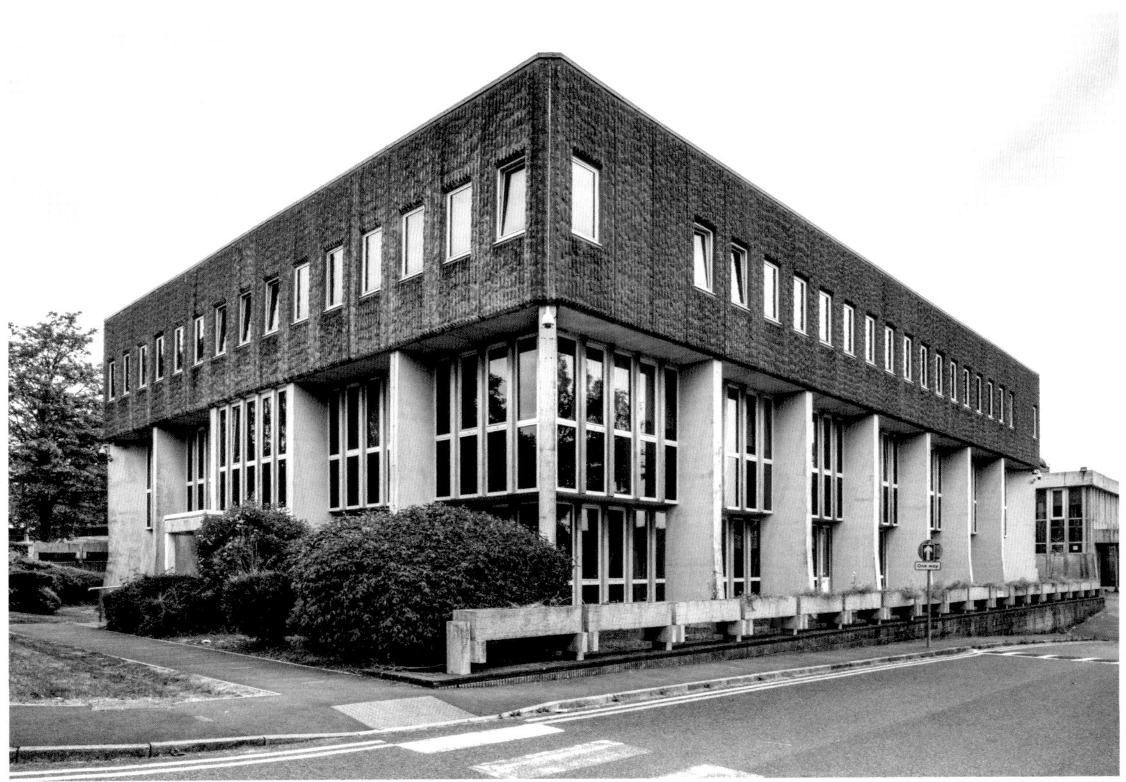

Inmos Factory (now Newport Wafer Fab
and Nexperia Newport), Duffryn

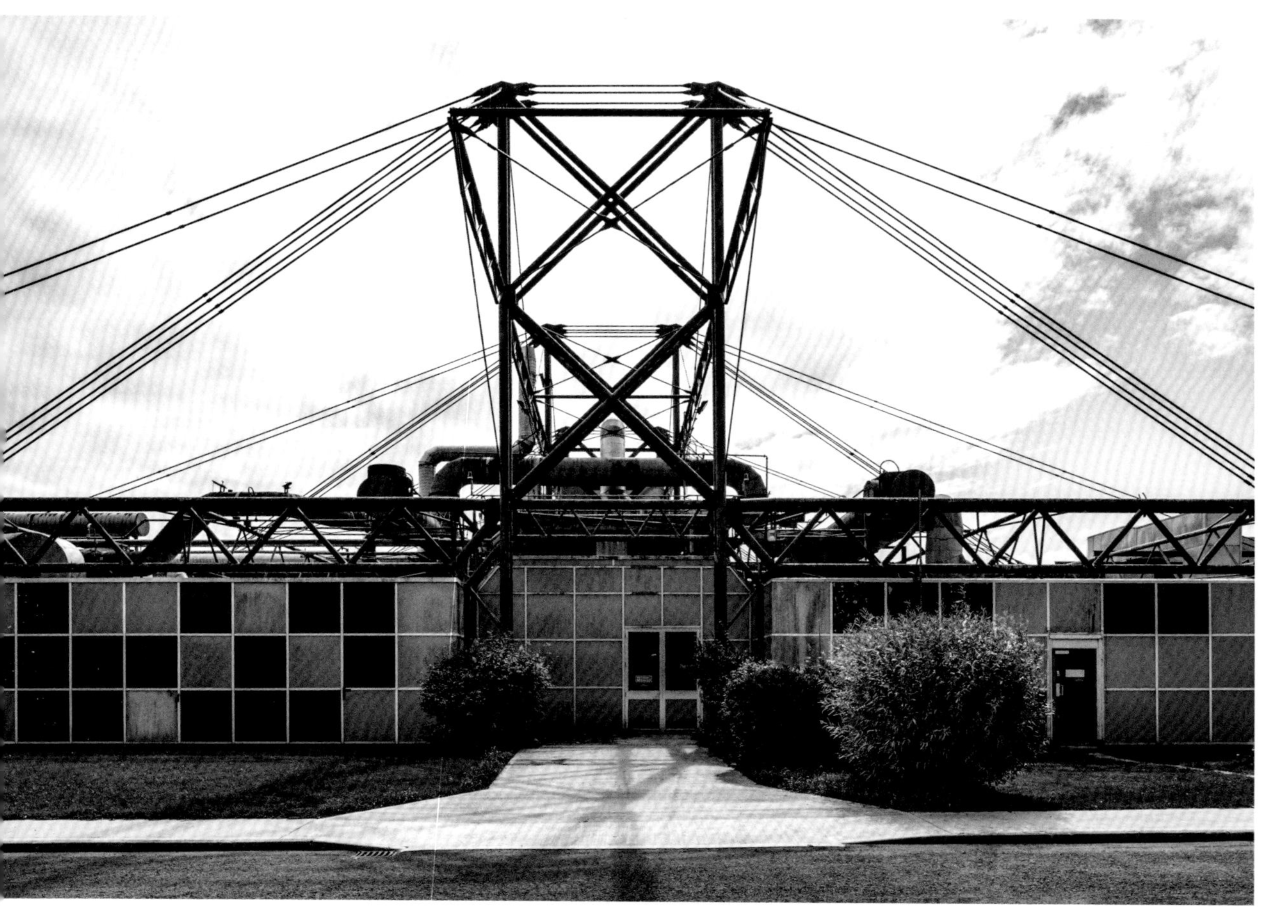

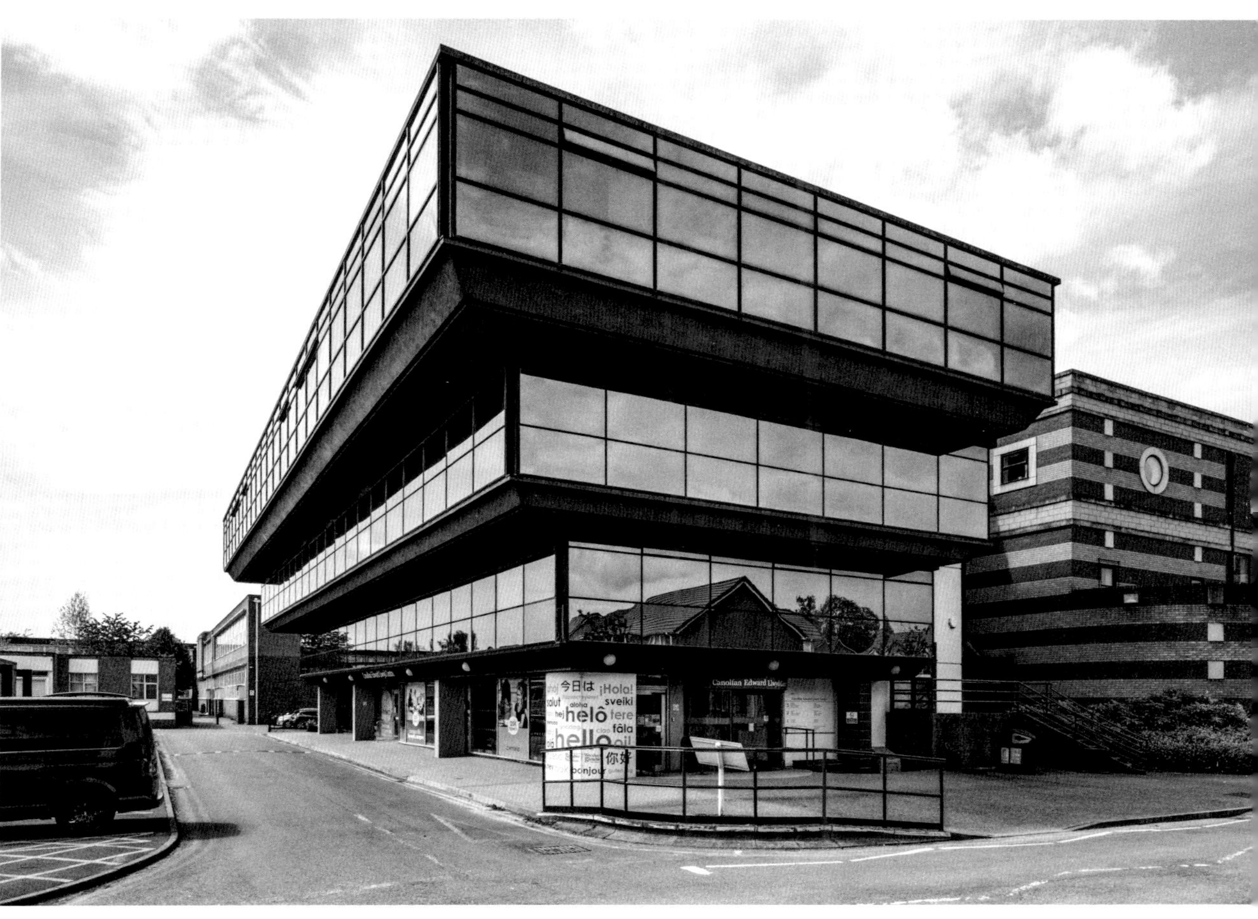
¡Hola!
今日は
sveiki
salut
aloha
helô
tere
bej
fâla
hello
oil
你好
bonjour
Canolfan Edward Llwyd

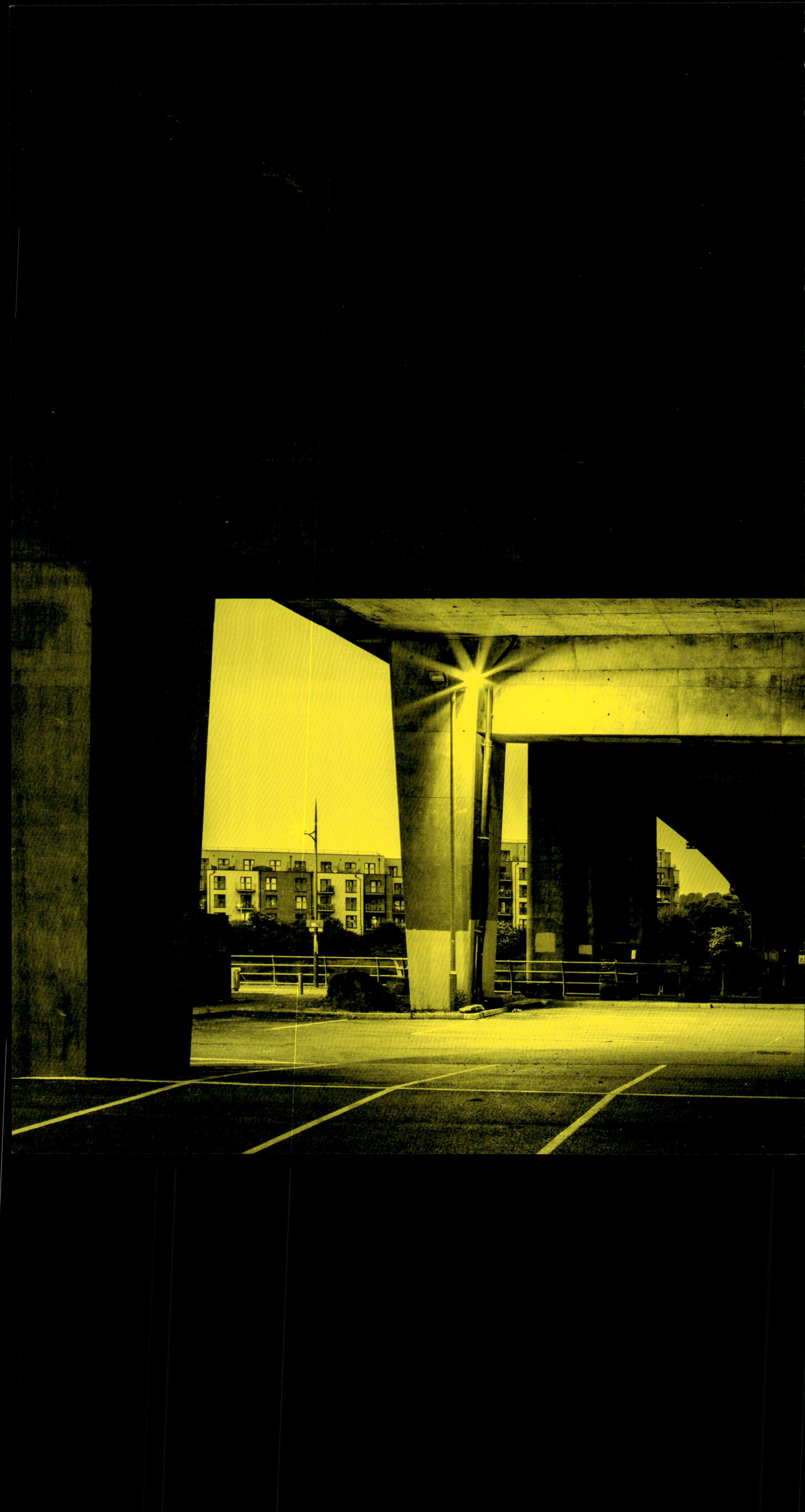

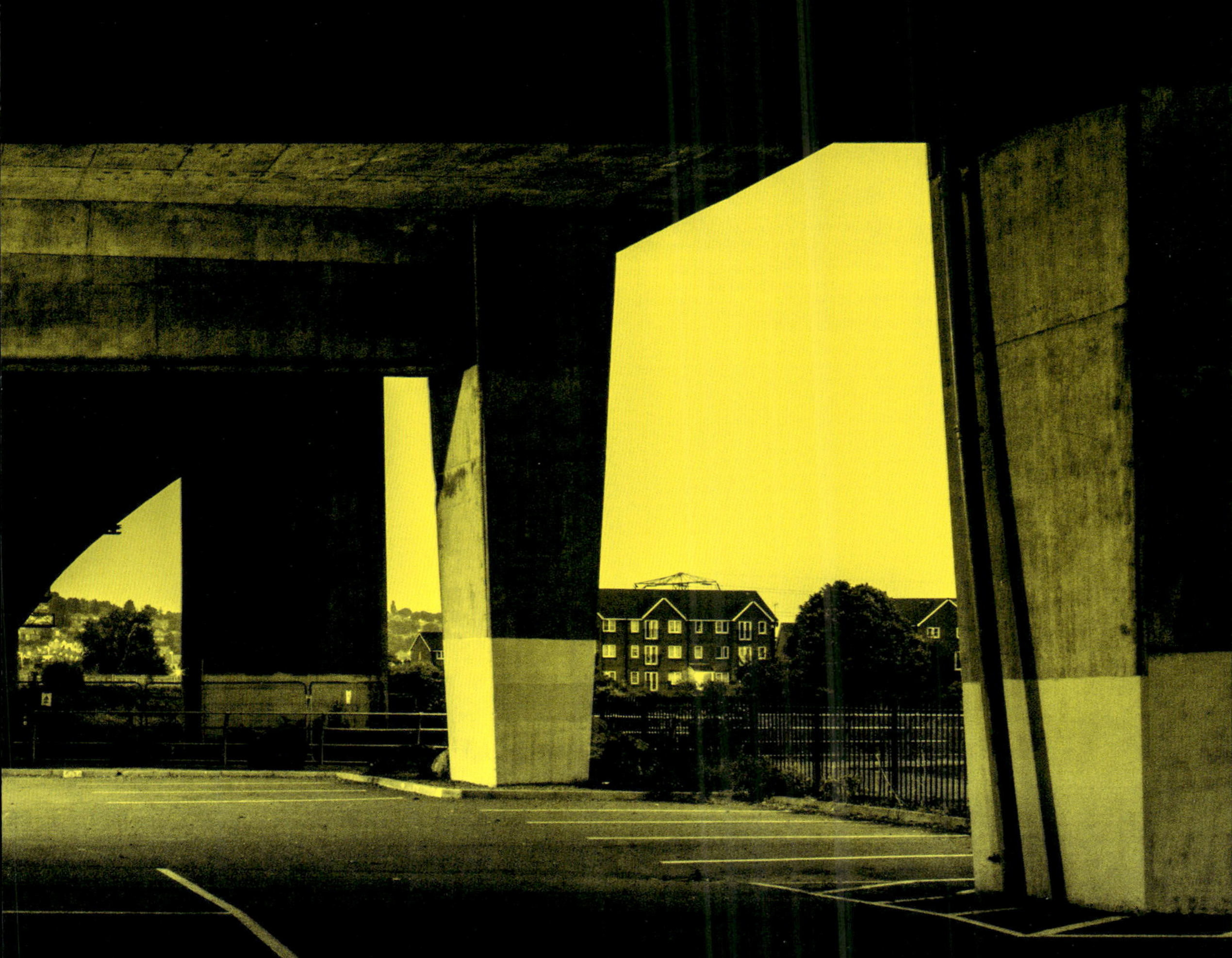

'WELSH MODERNISM OFTEN DOES NOT REMAKE THE LANDSCAPE WHOLE, IT SITS WITHIN IT, CONNECTING TO THE COUNTRY'S LONG HERITAGE OF MAKING AND DOING, OF FORTIFICATIONS AND RELICS, OF MATERIALS BROUGHT FROM DEEP IN THE EARTH OR WEATHERED FOR MILLENNIA.'
JOHN GRINDROD

Library extension,
Swansea University

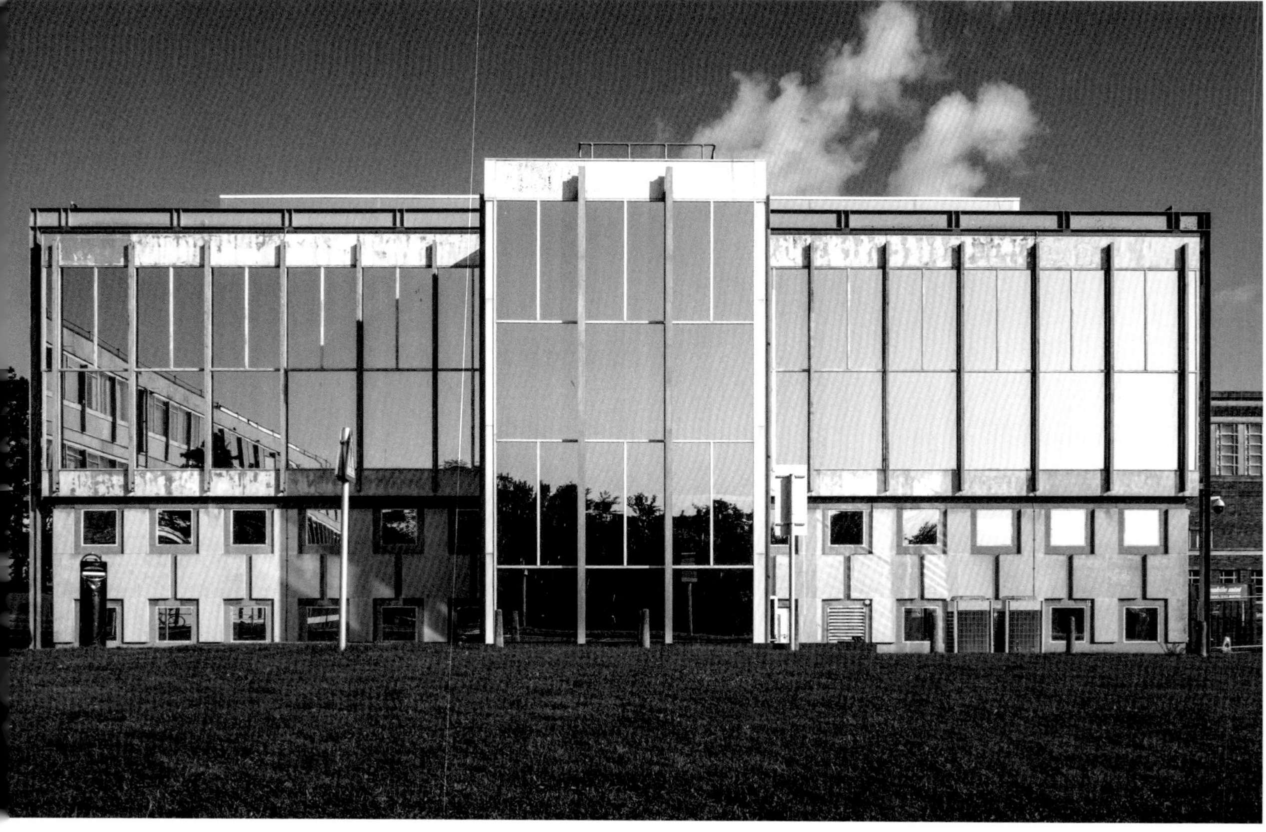

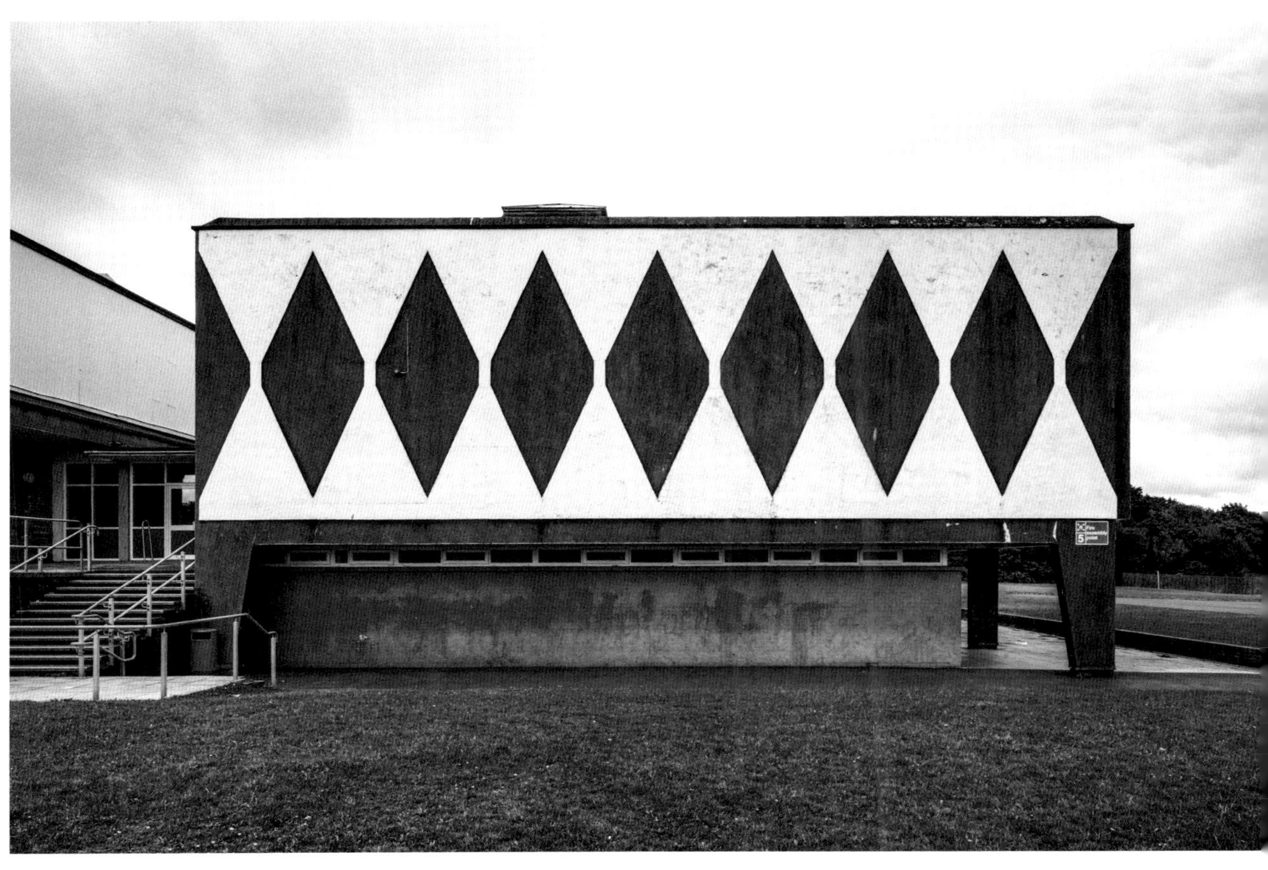

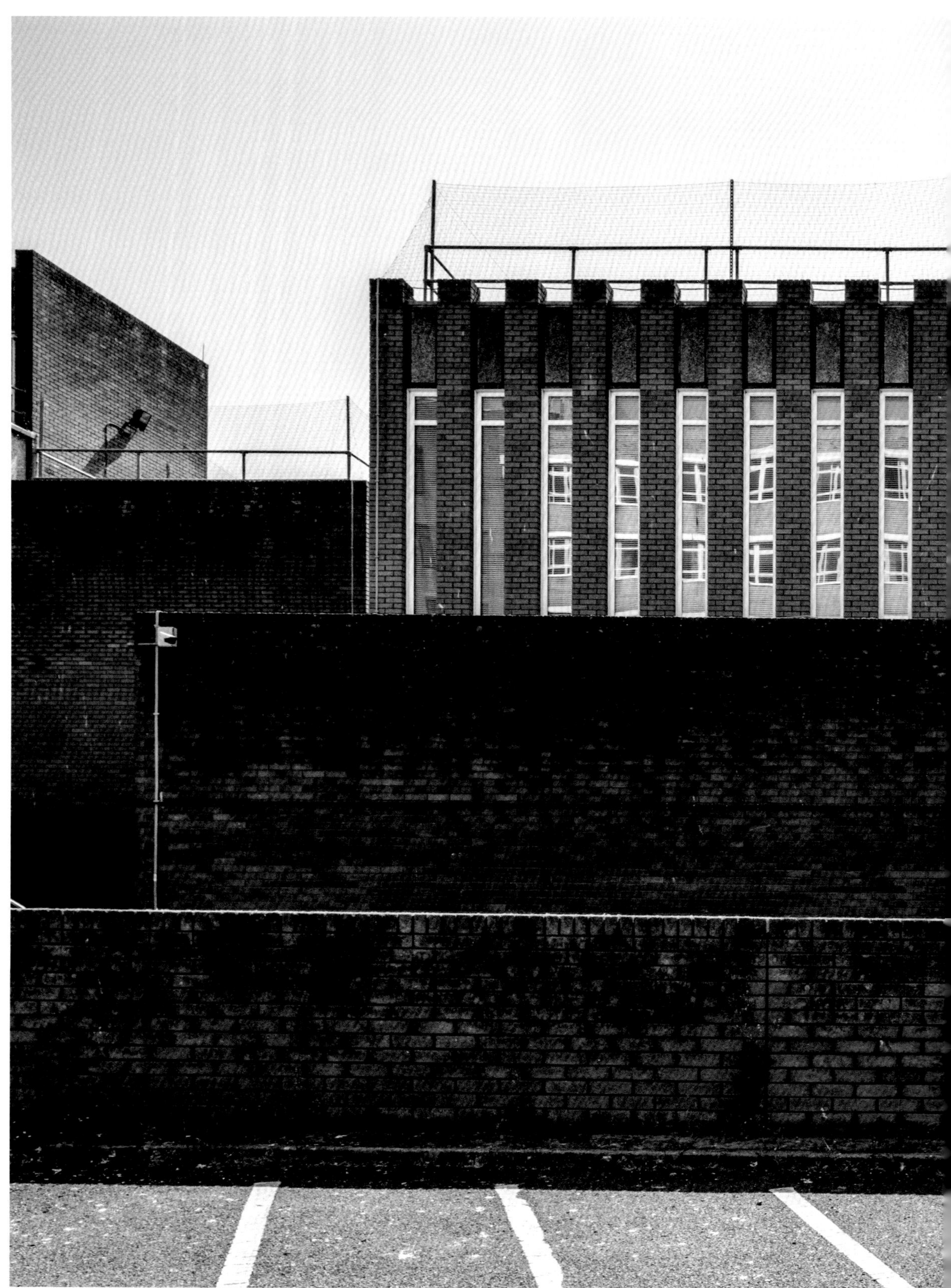

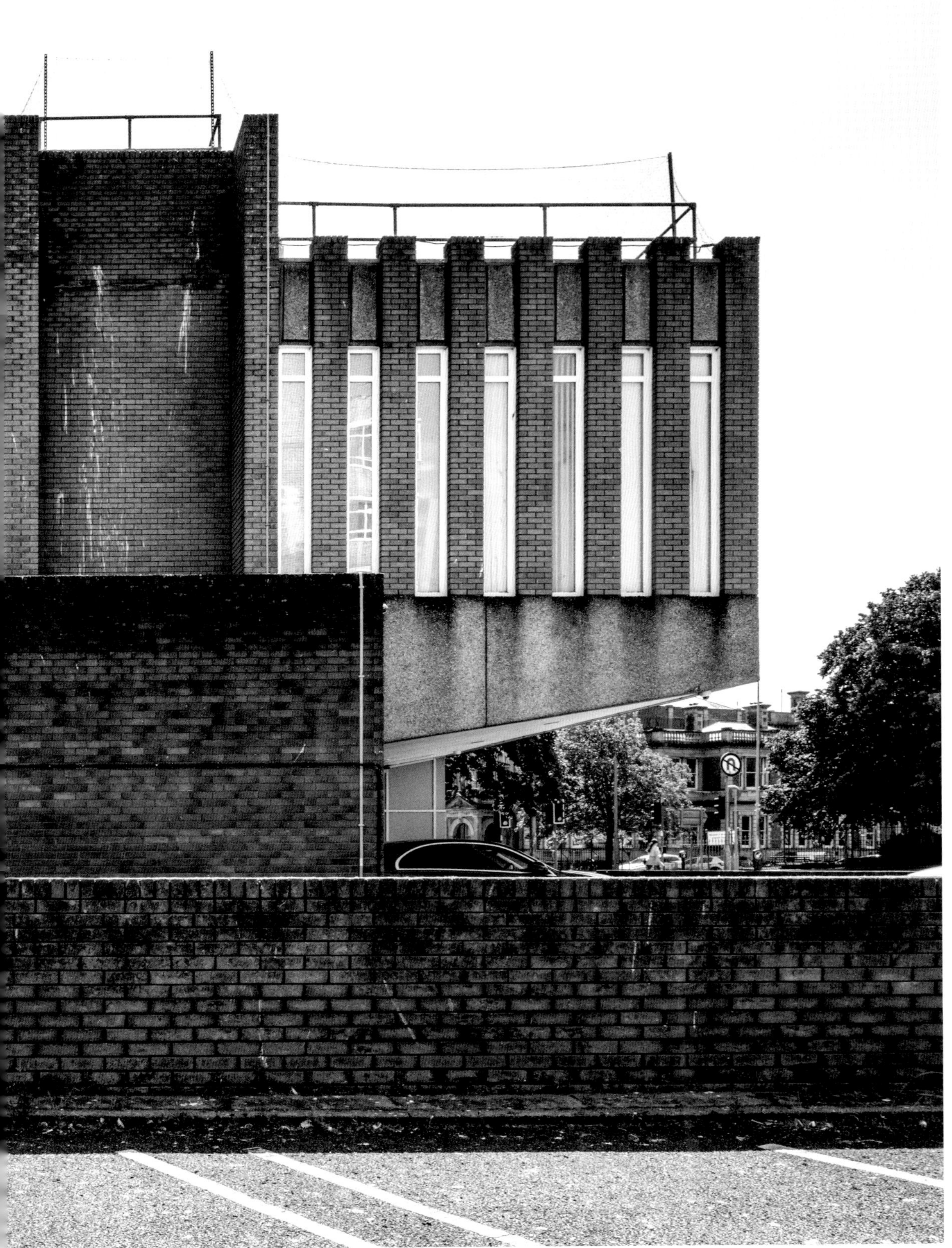

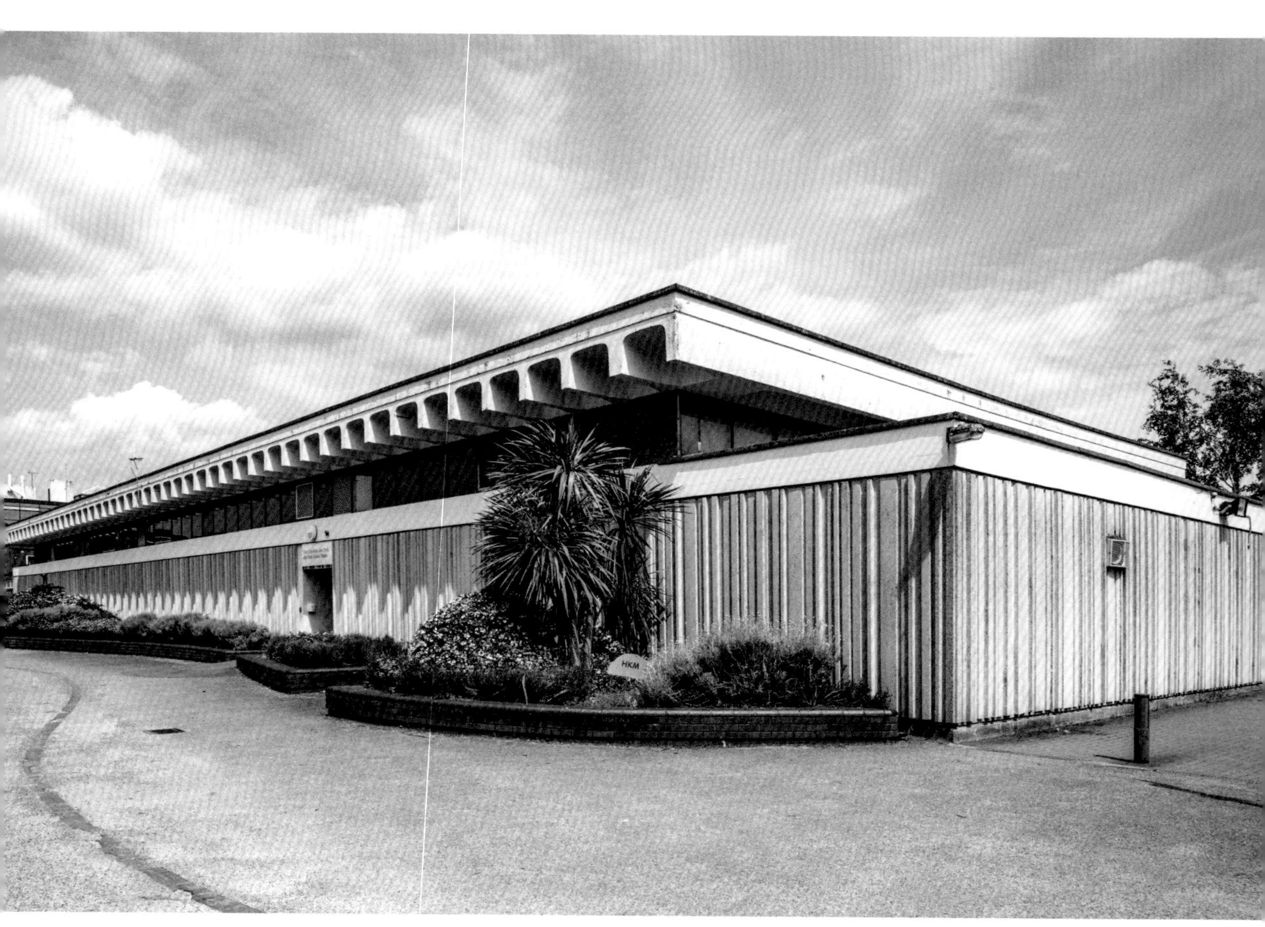

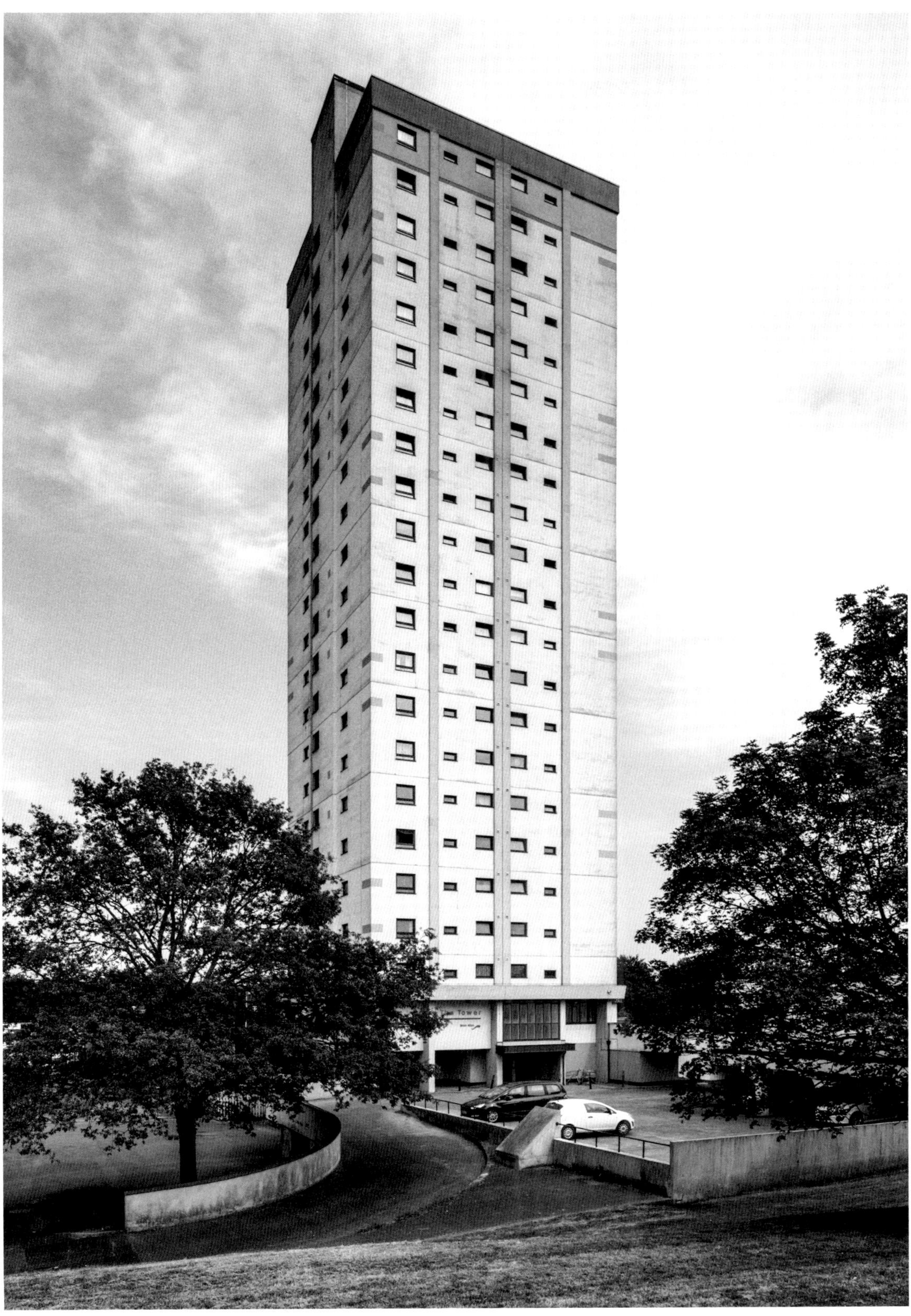

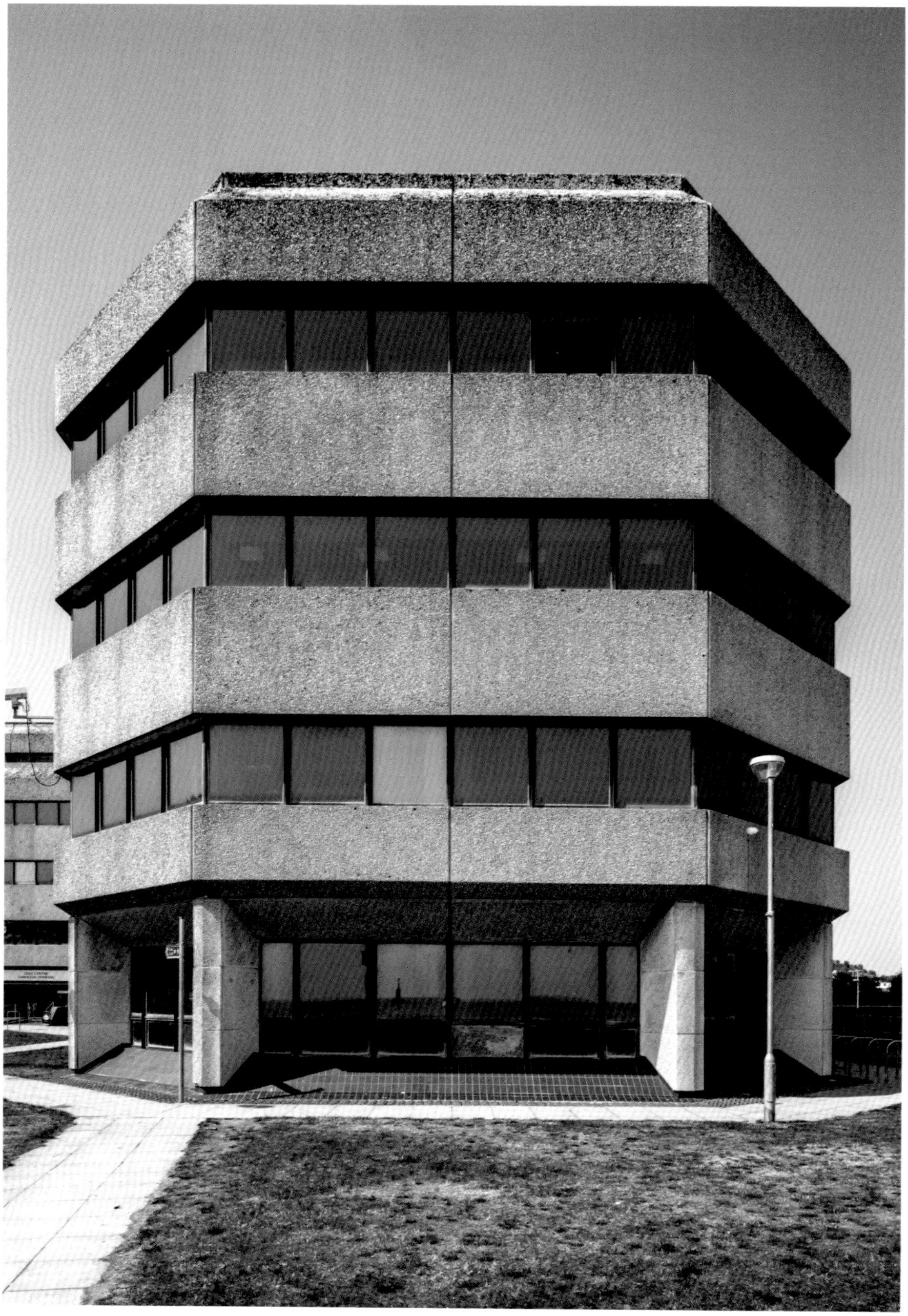

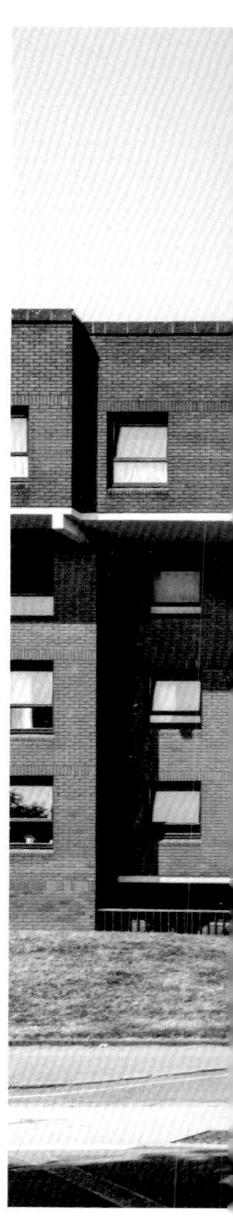

West Glamorgan County Hall

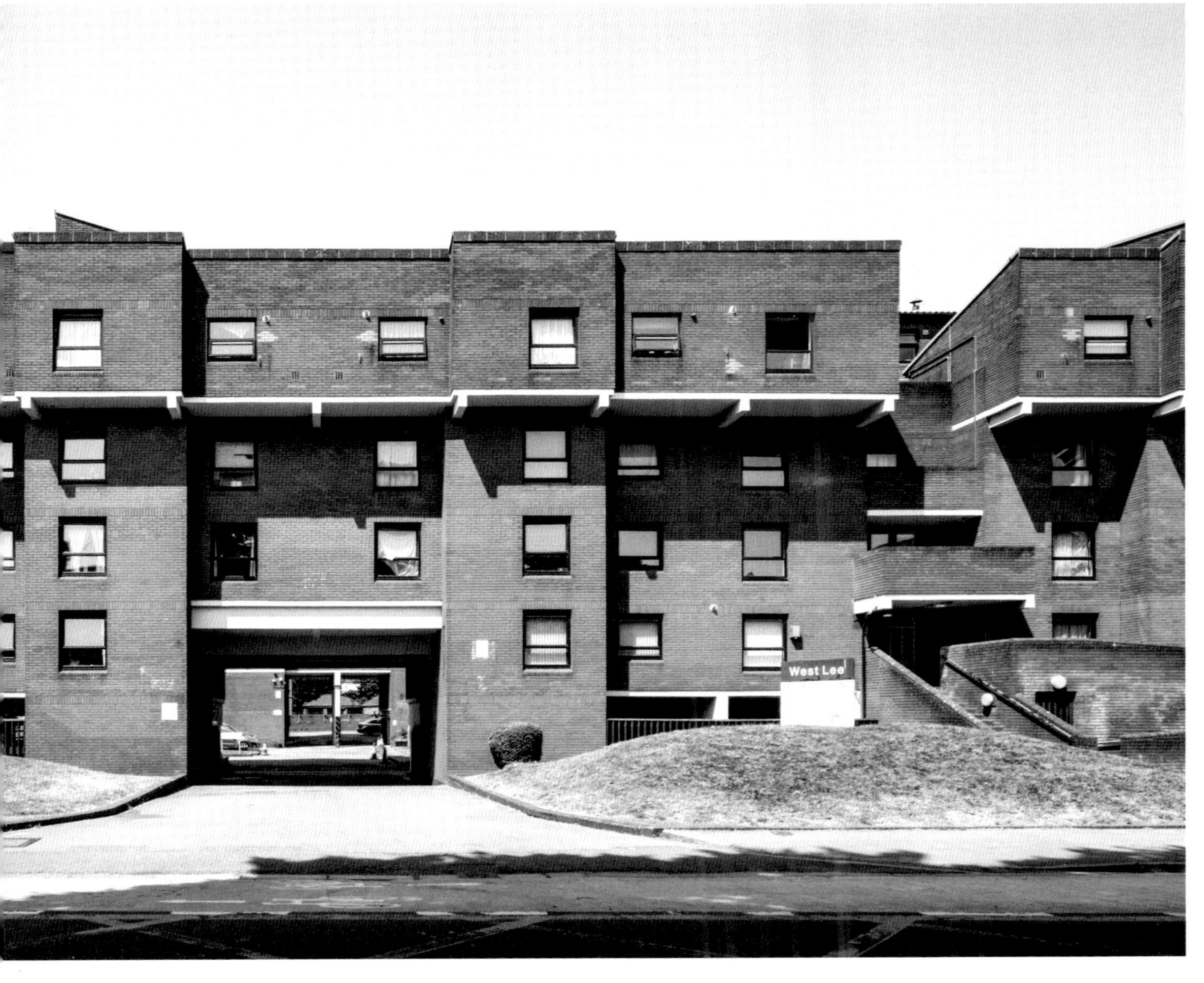West Lee

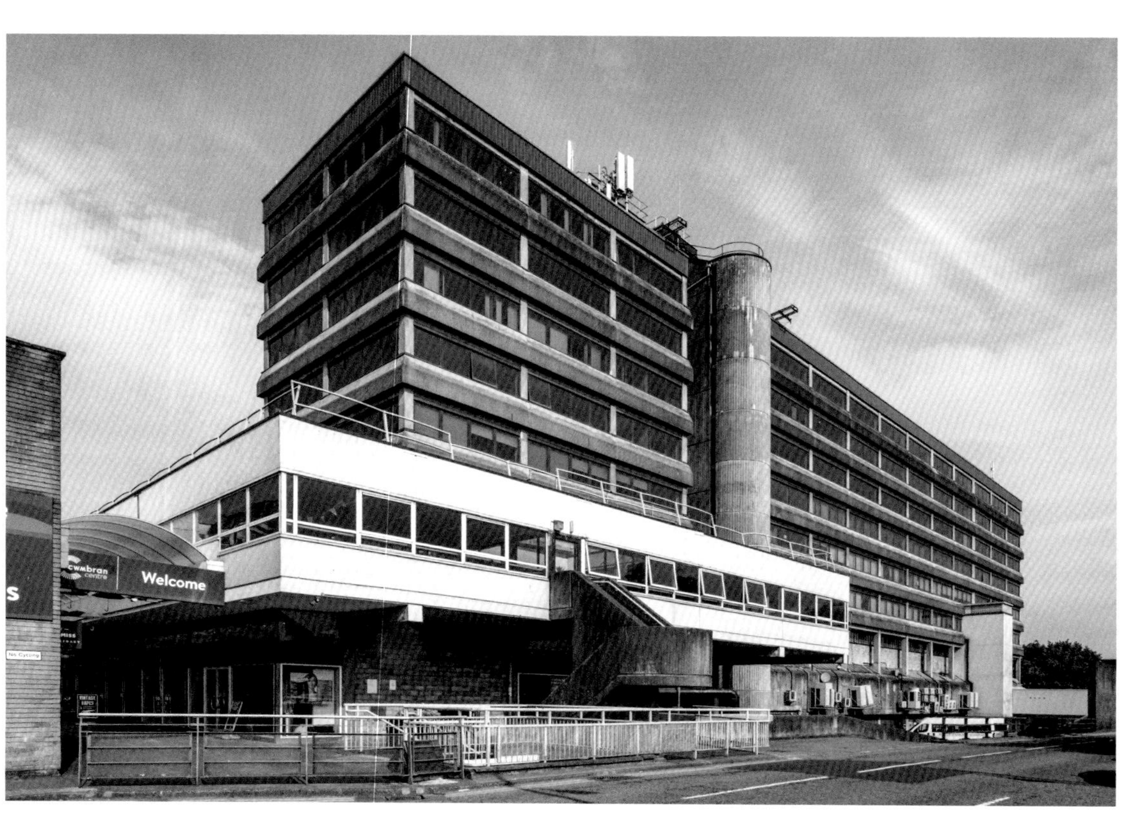

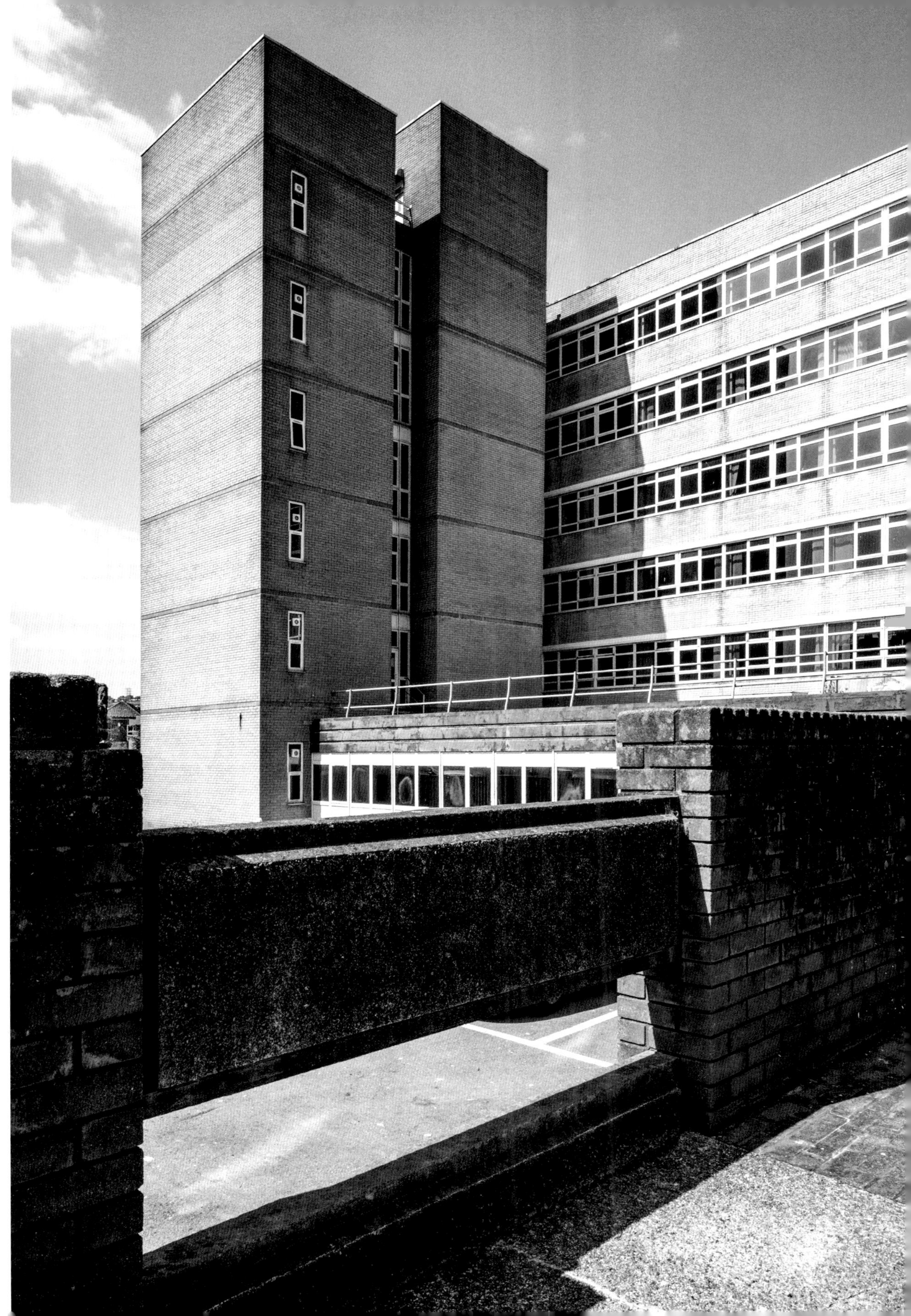

George Street Bridge,
Newport

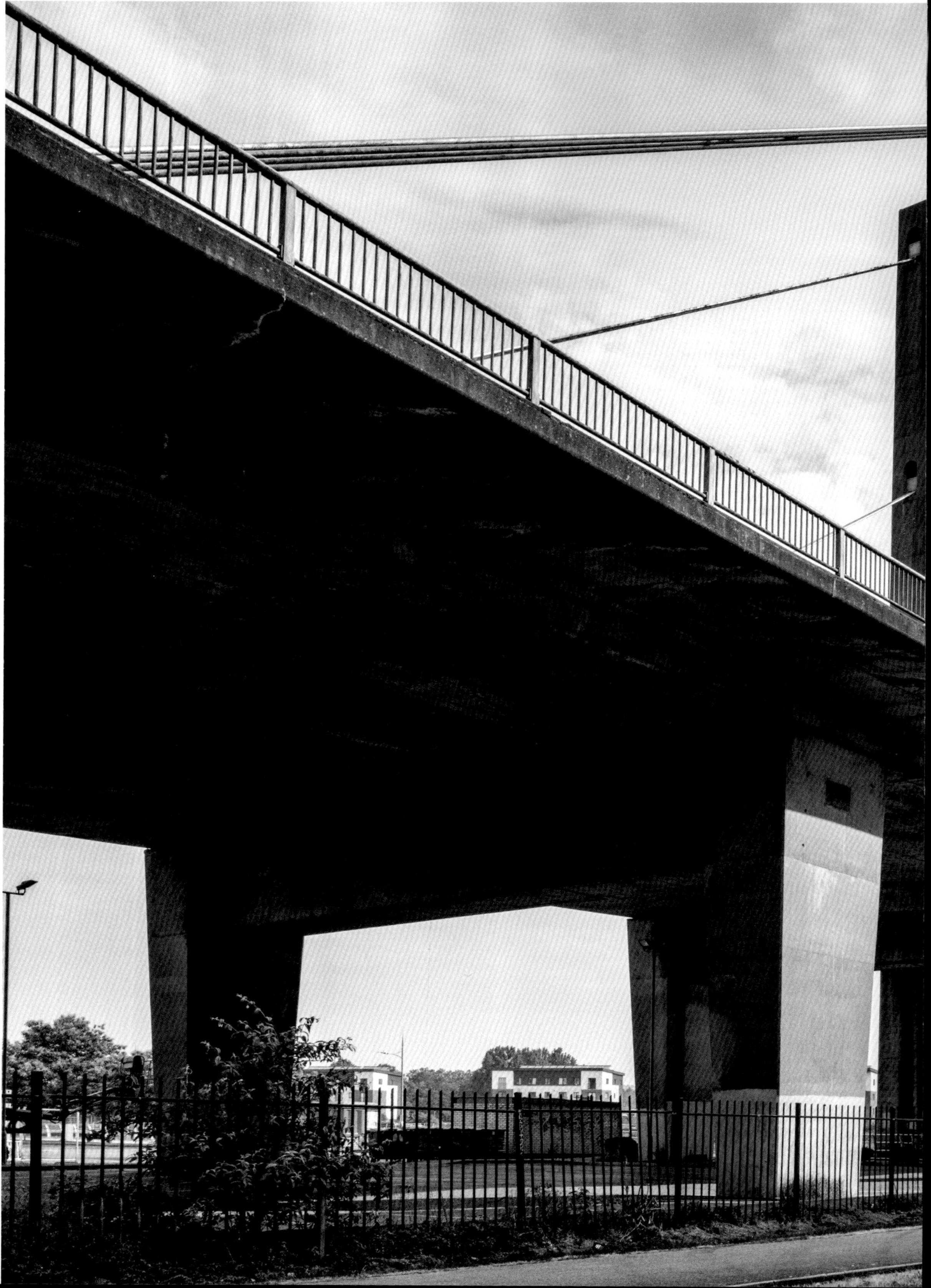

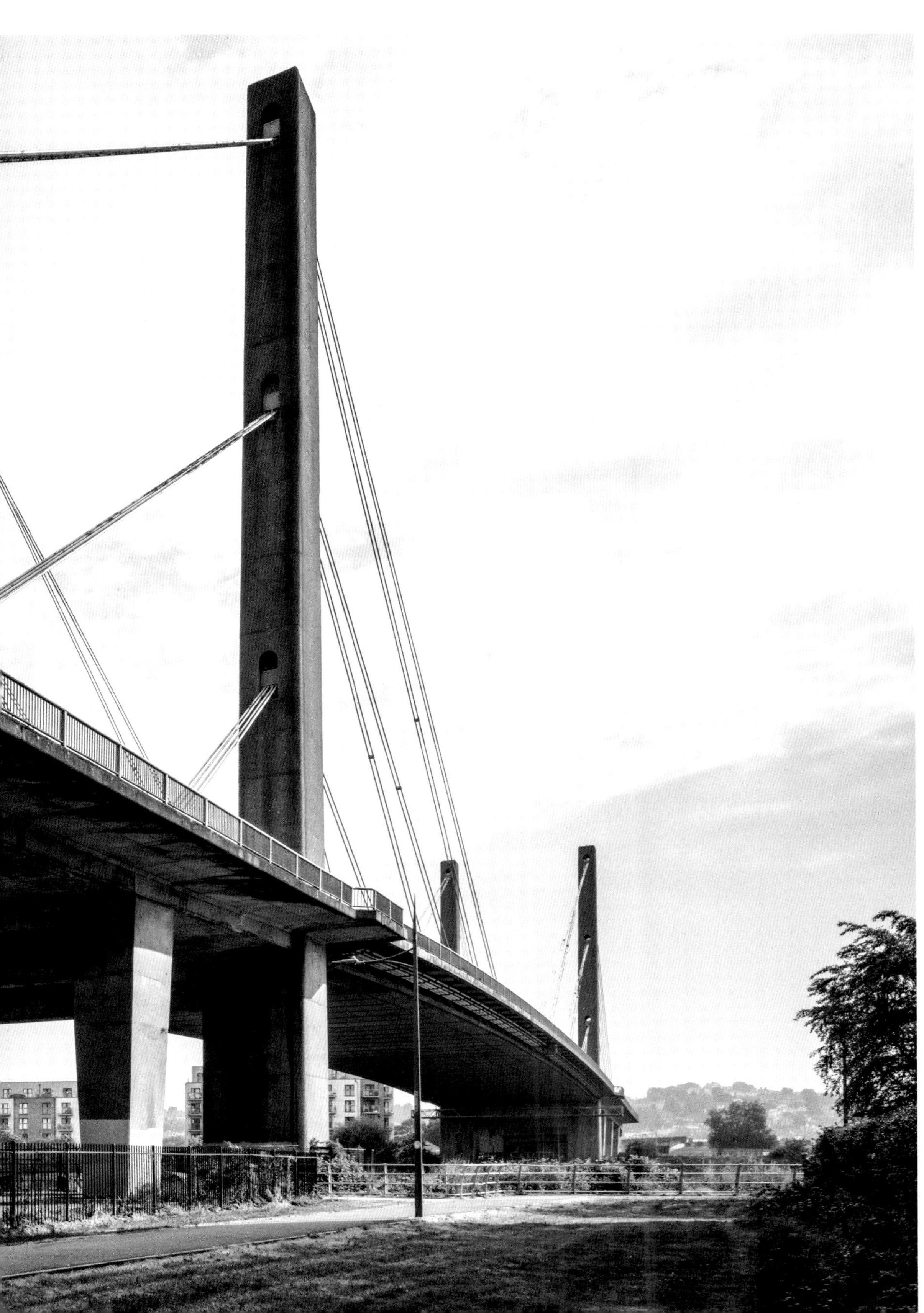

Dŵr Cymru Welsh Water,
Nelson

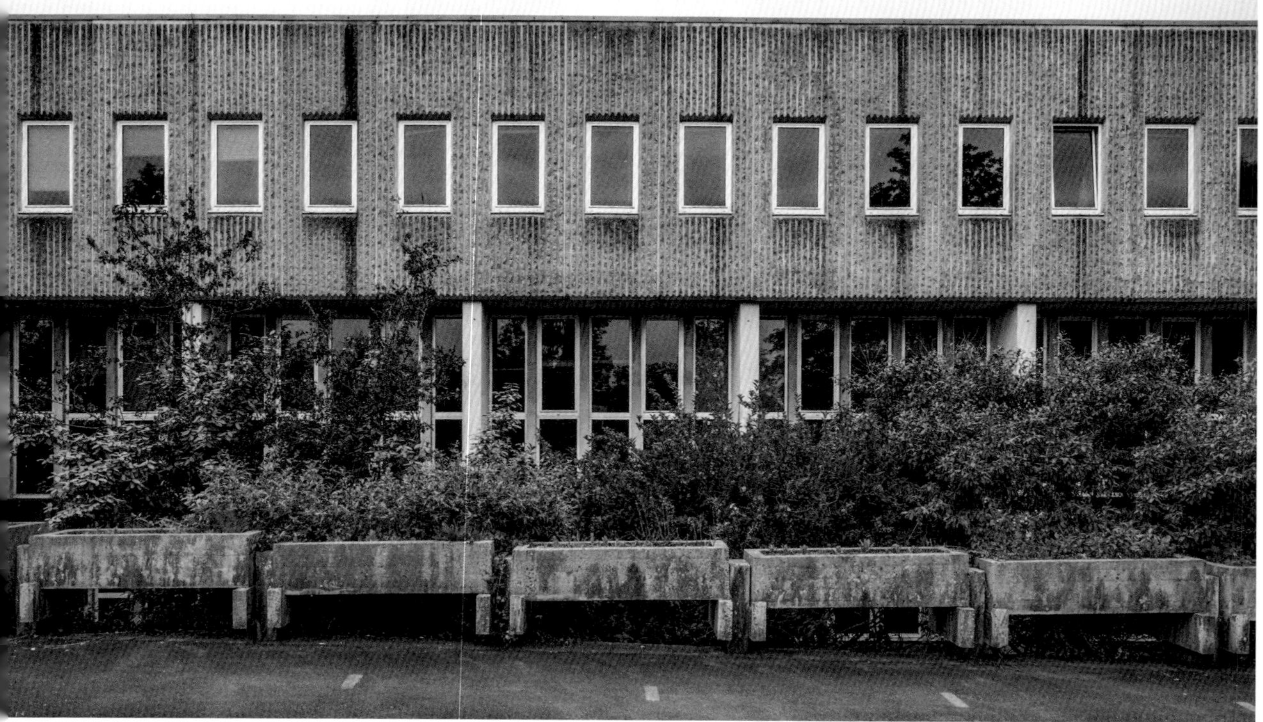

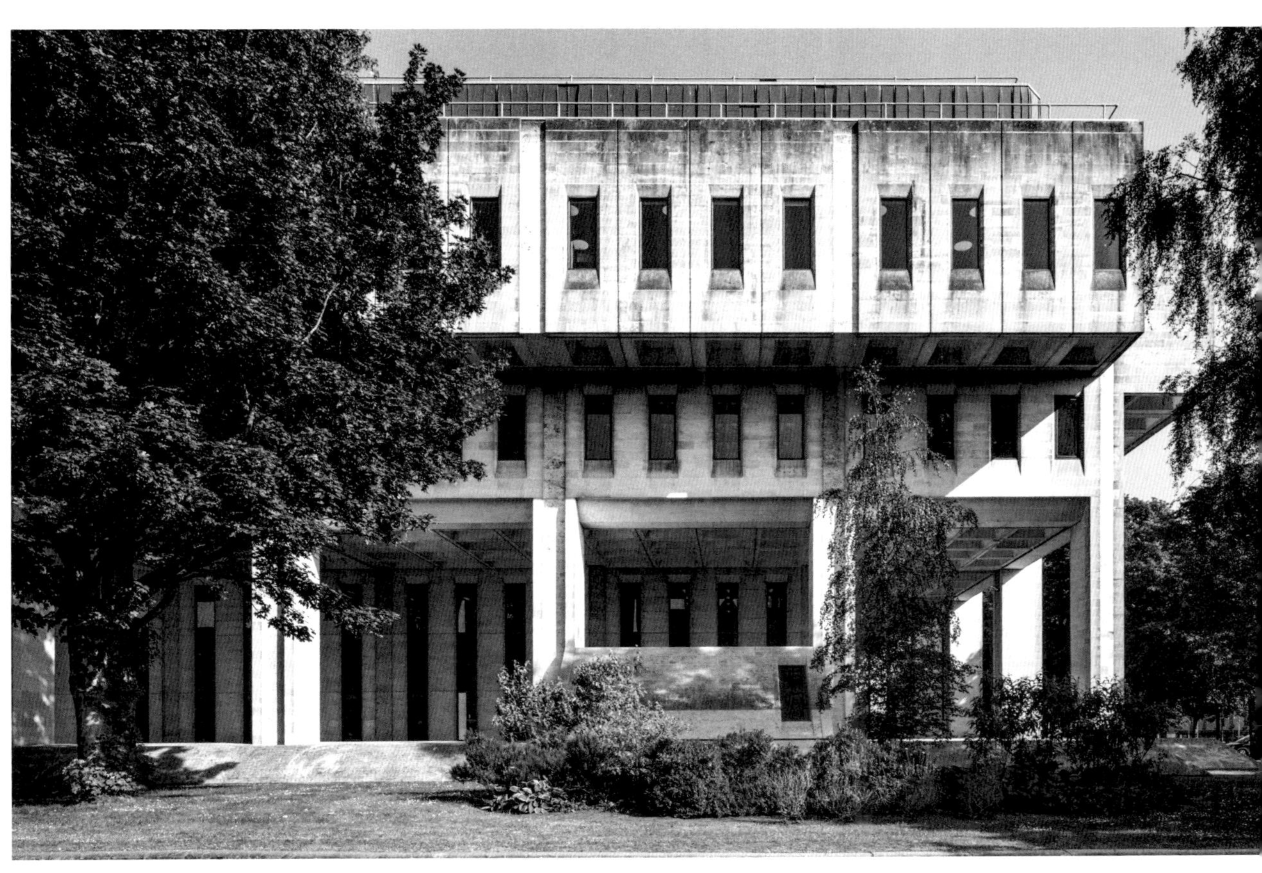

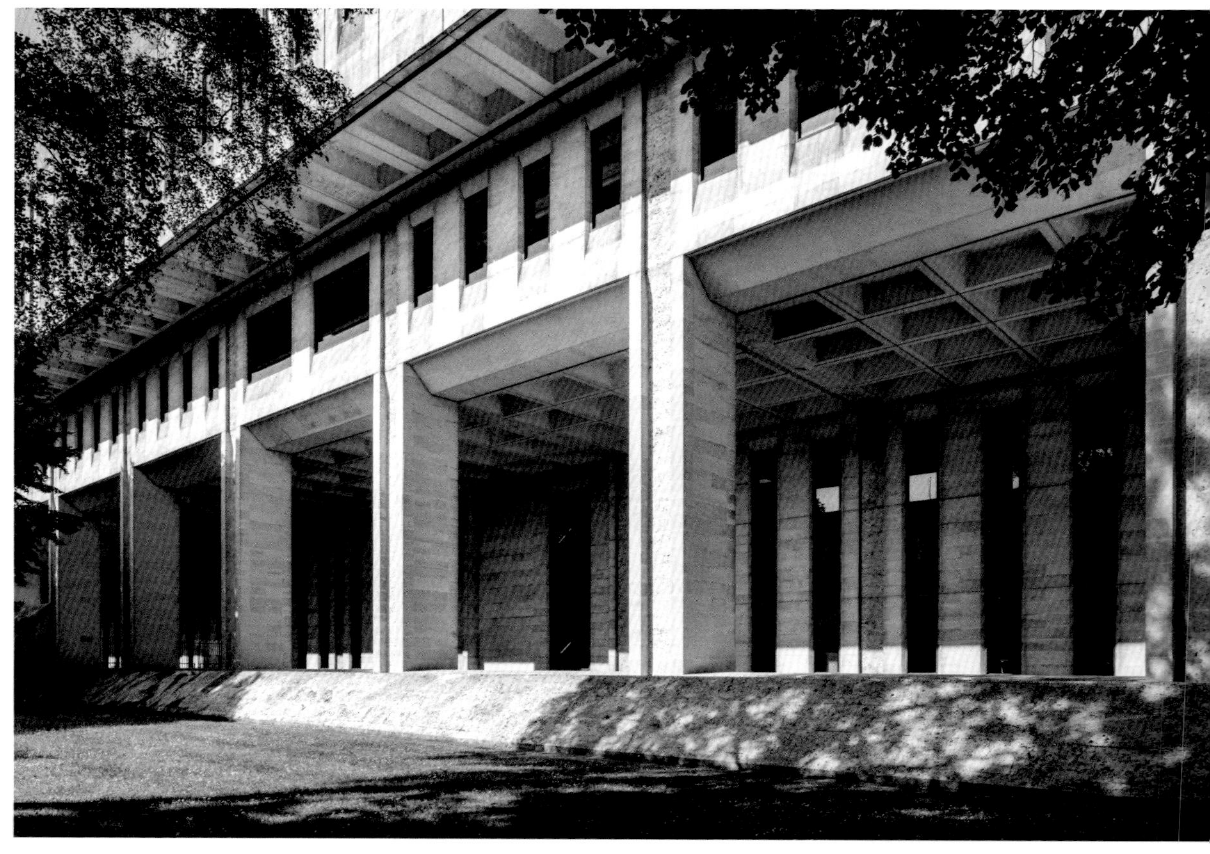

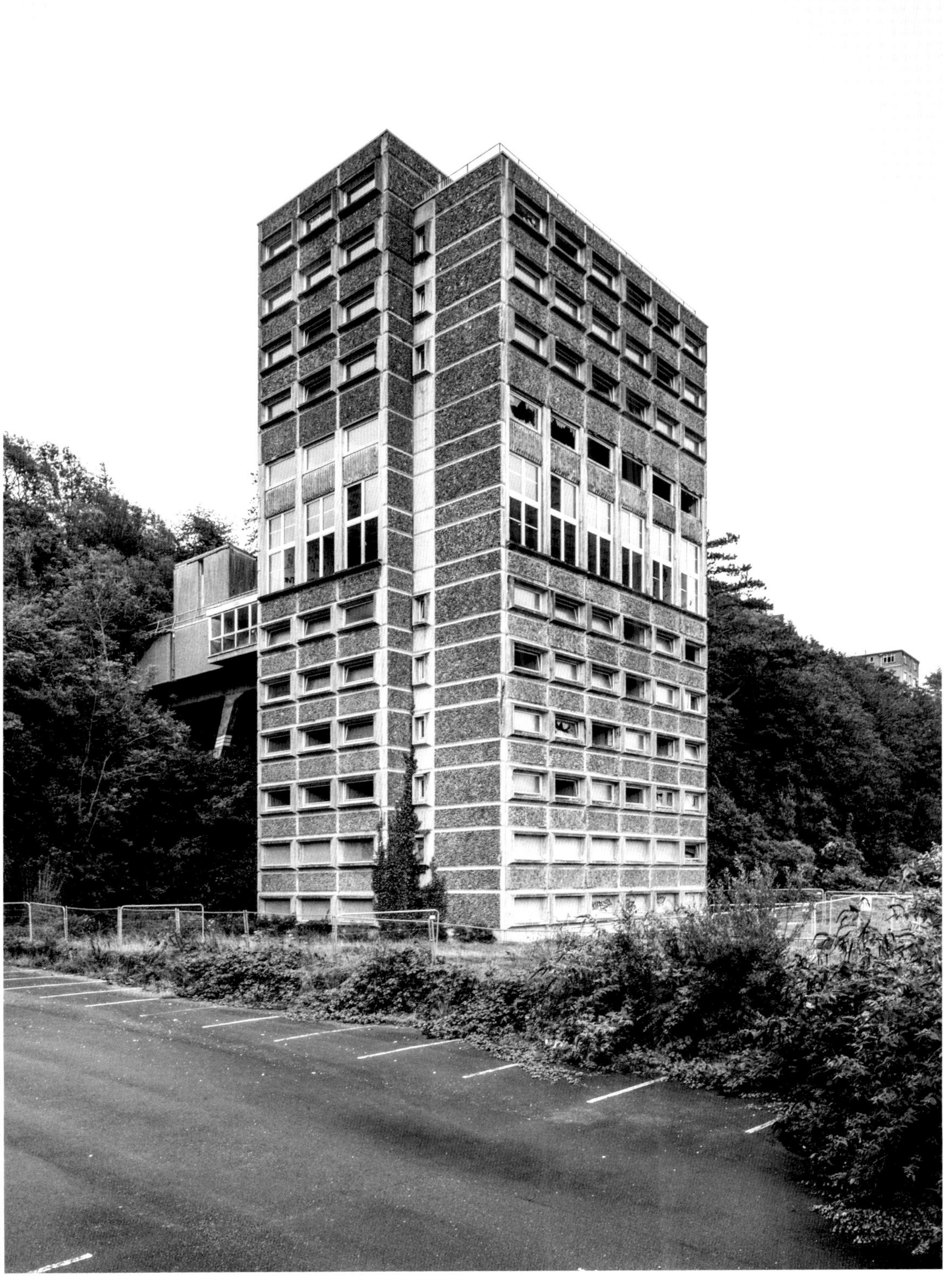

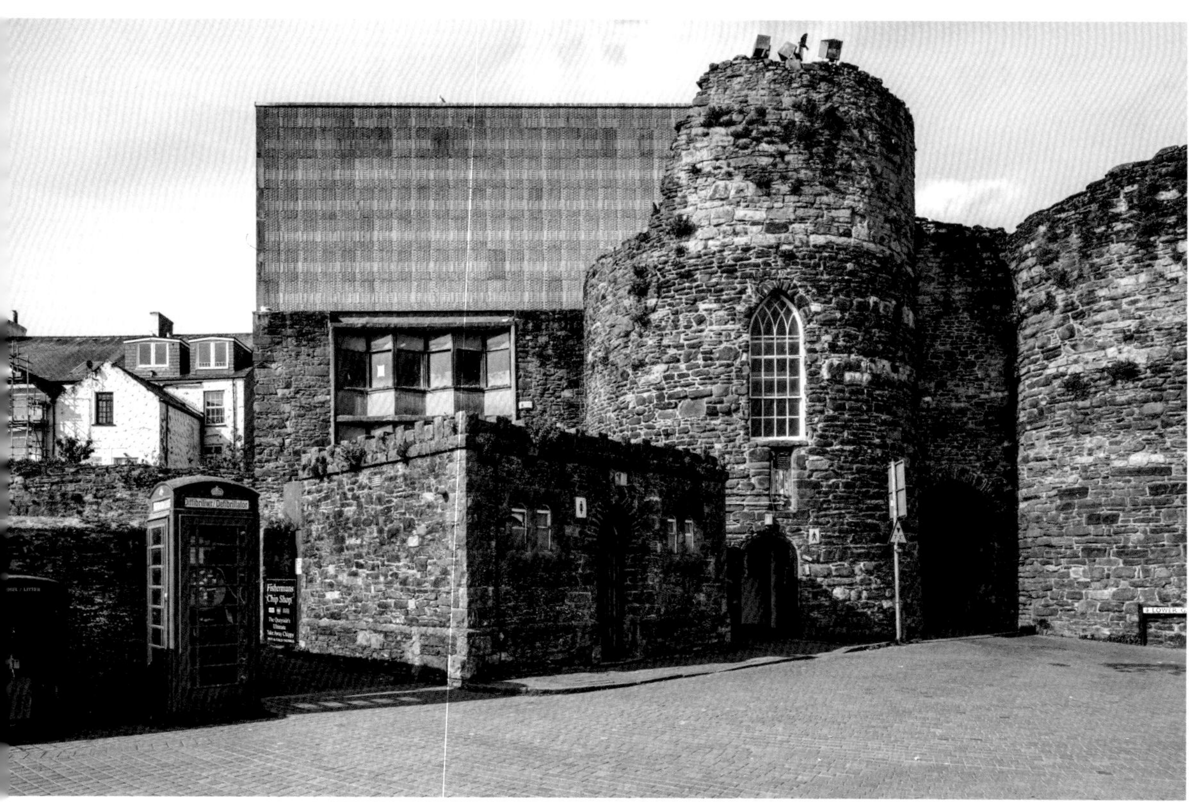

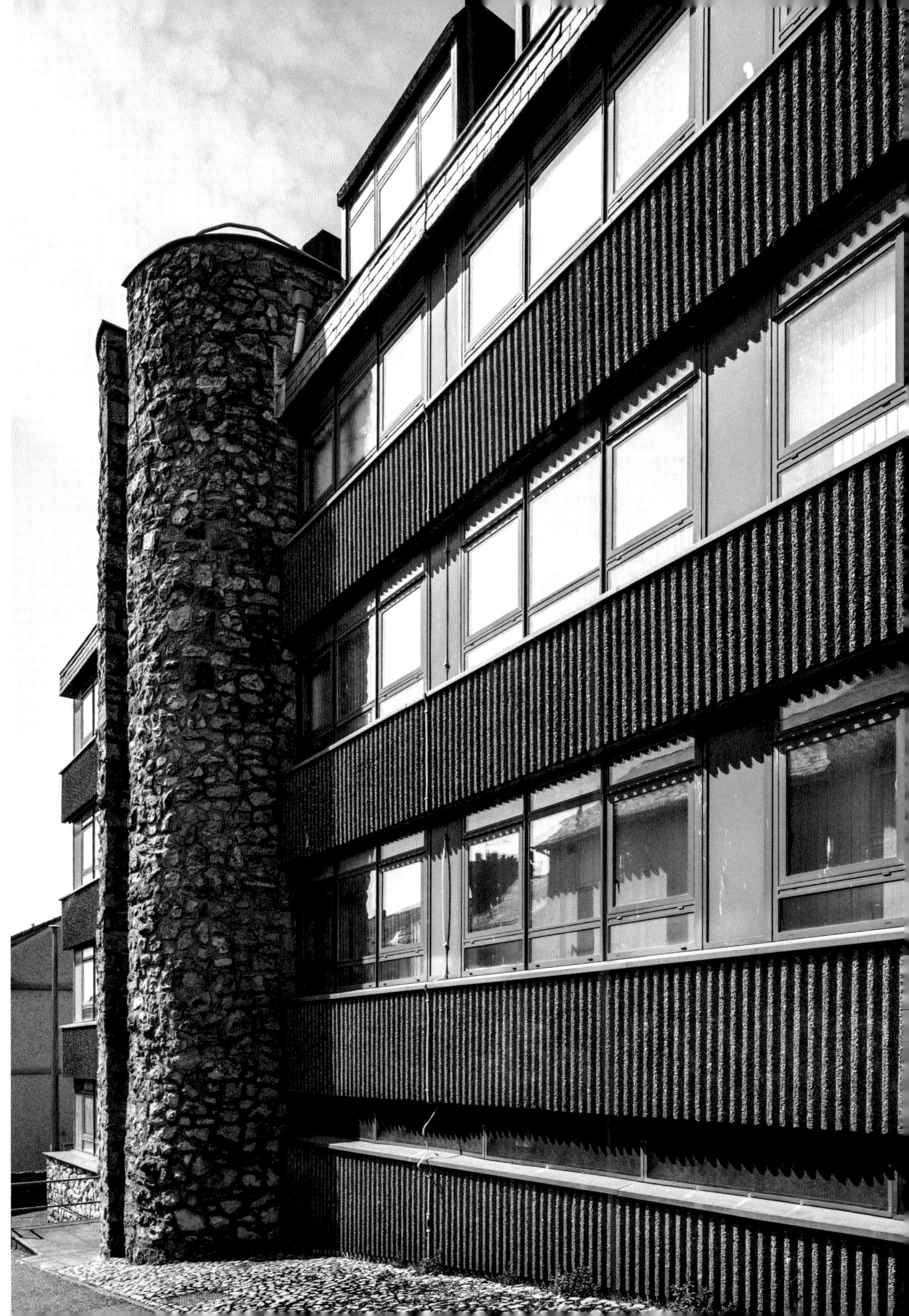

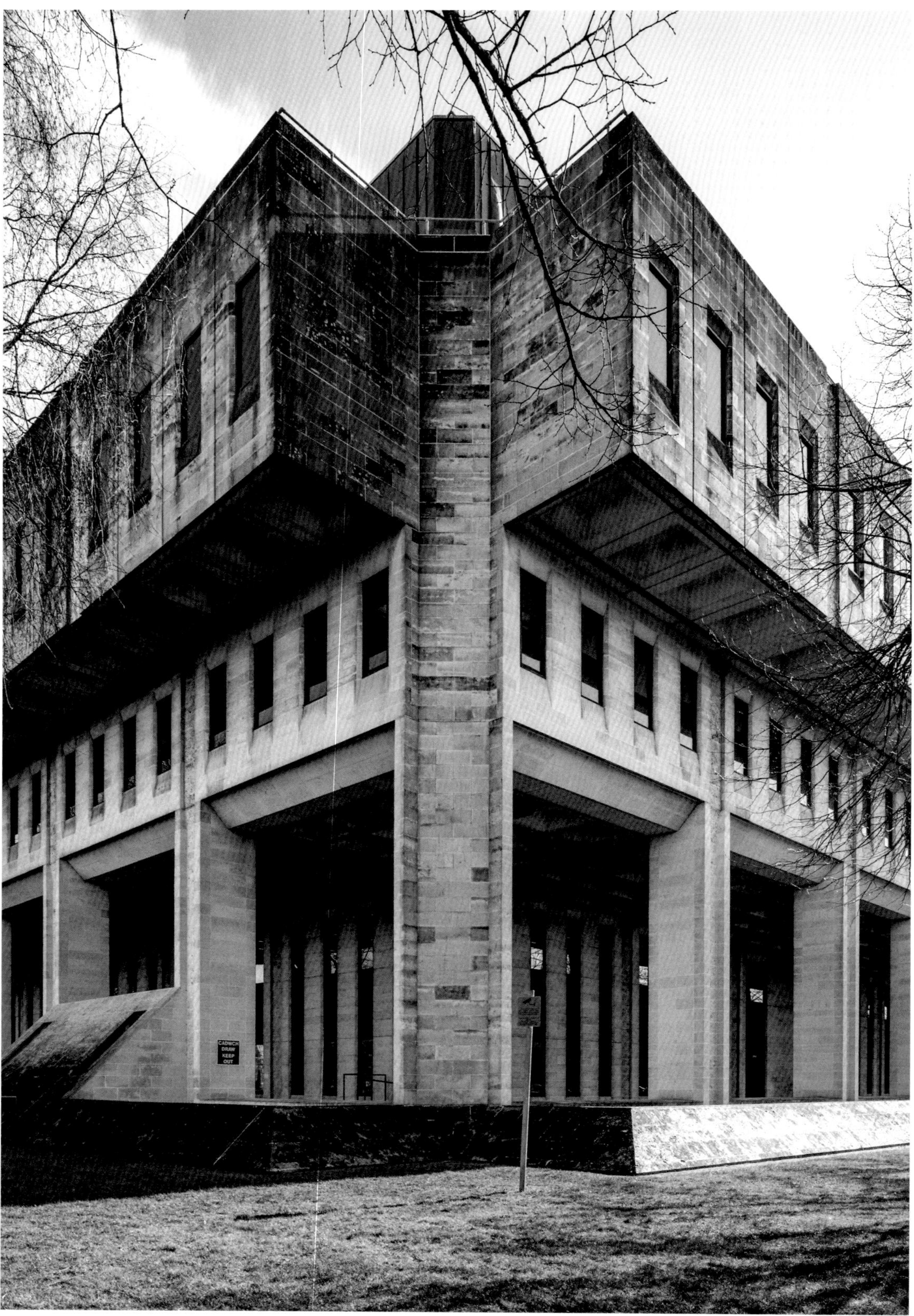
CADWCH
DRAW
KEEP
OUT

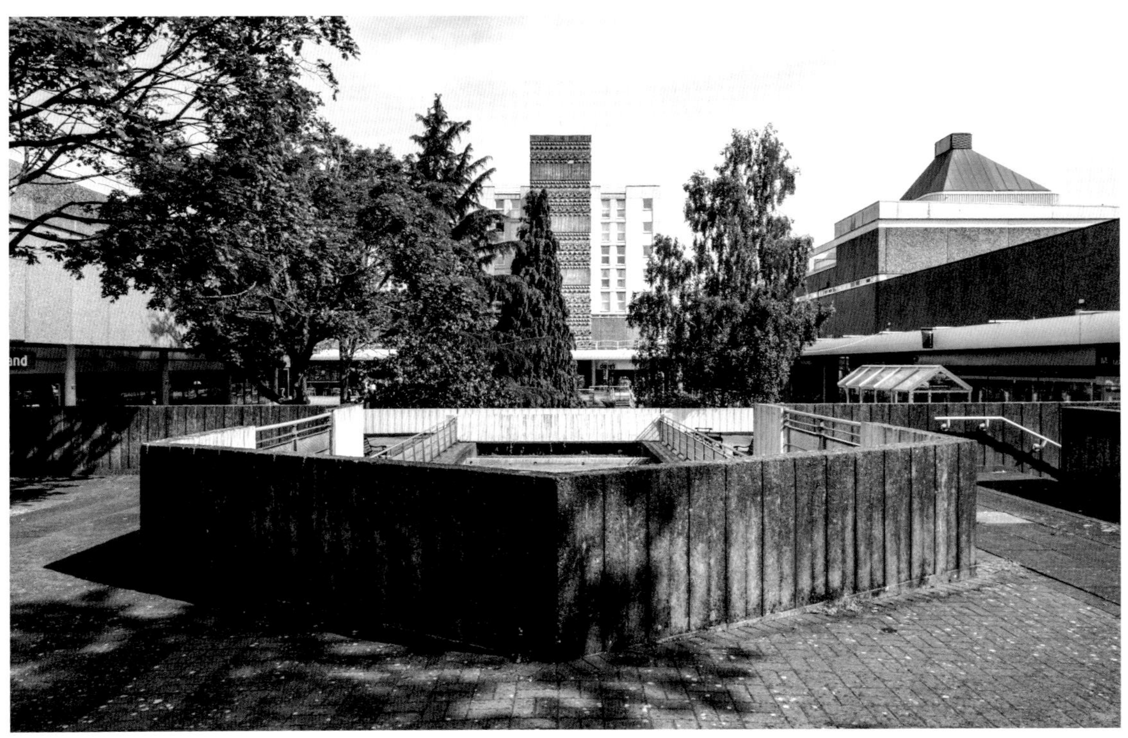

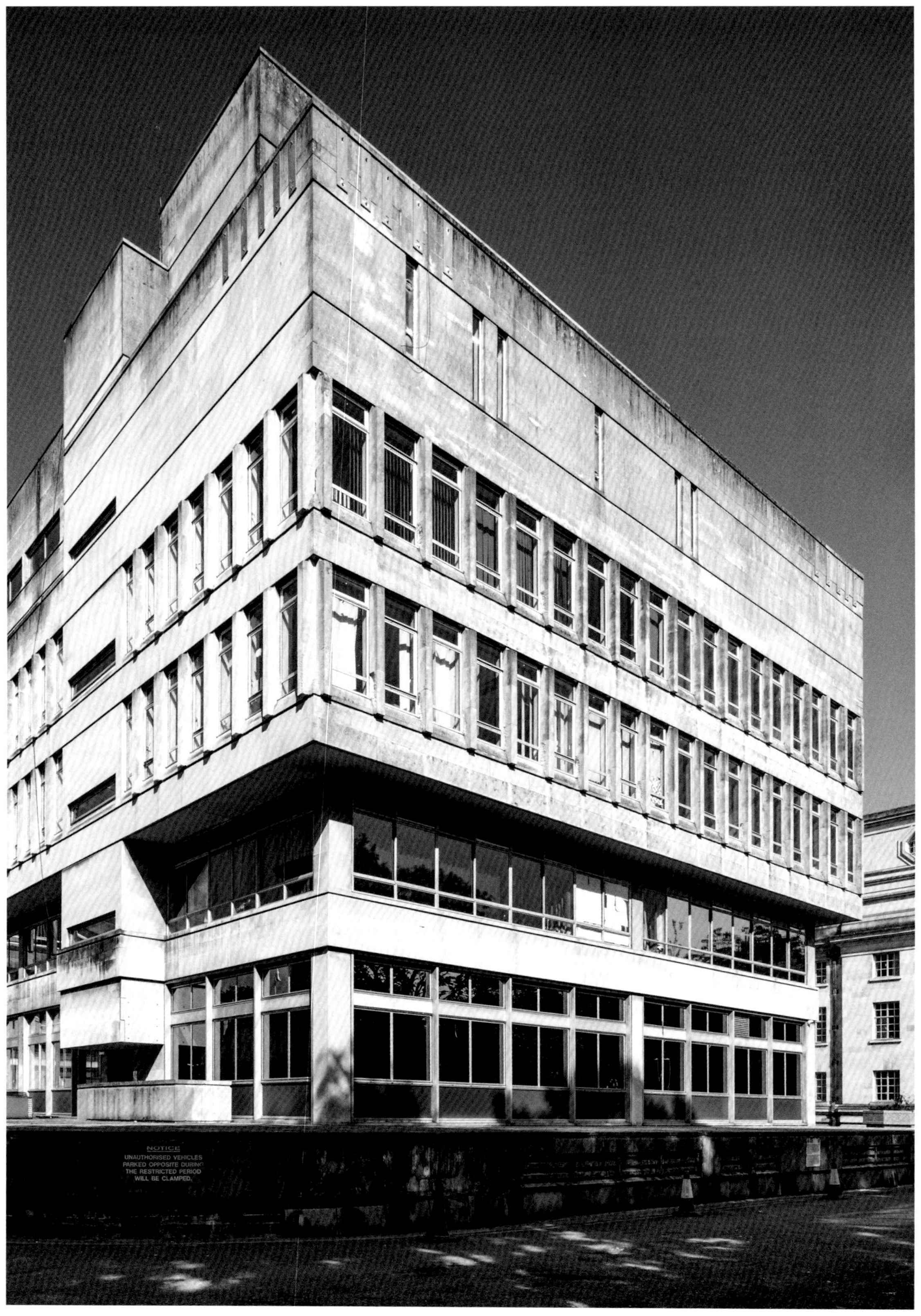

NOTICE
UNAUTHORISED VEHICLES
PARKED OPPOSITE DURING
THE RESTRICTED PERIOD
WILL BE CLAMPED.

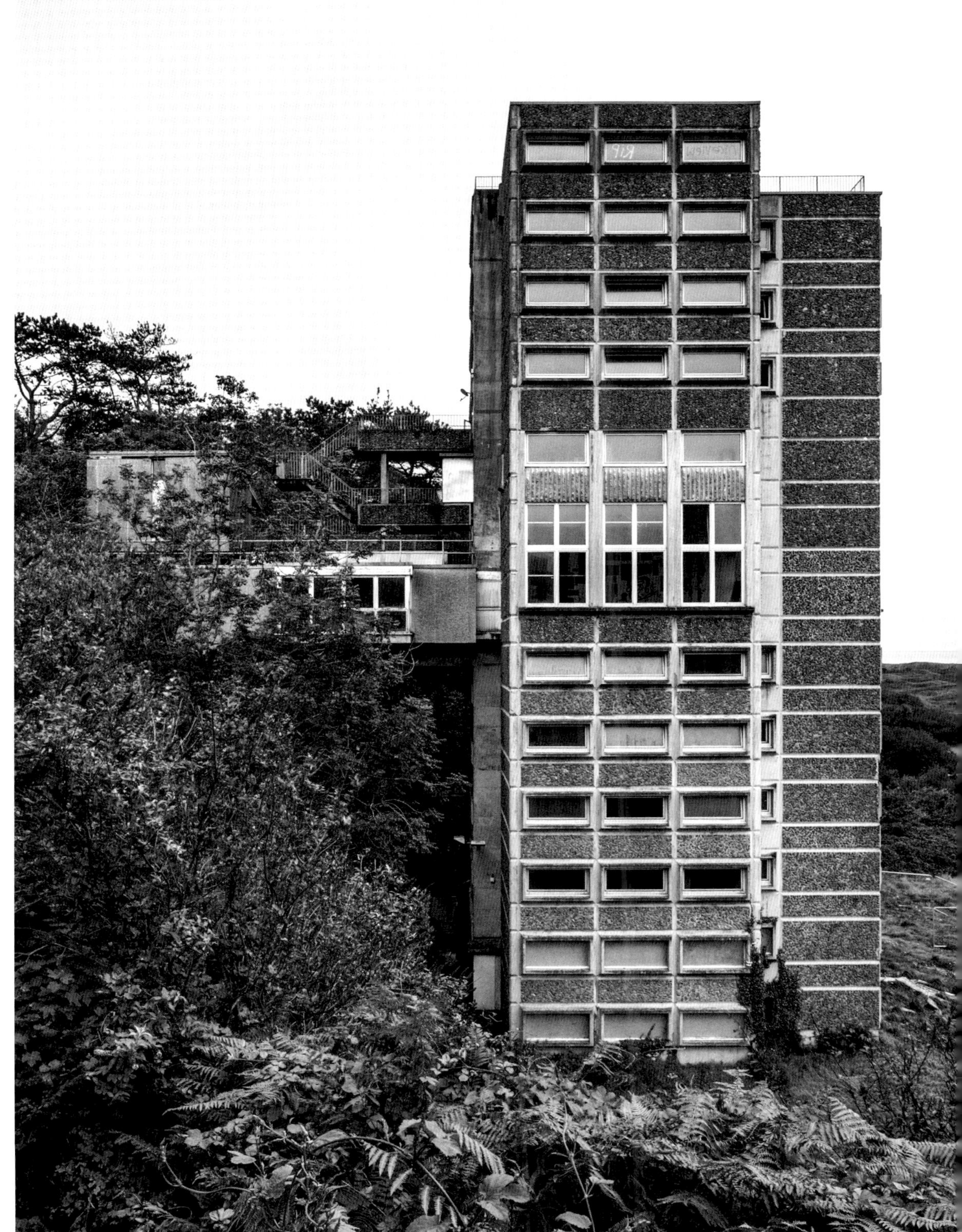

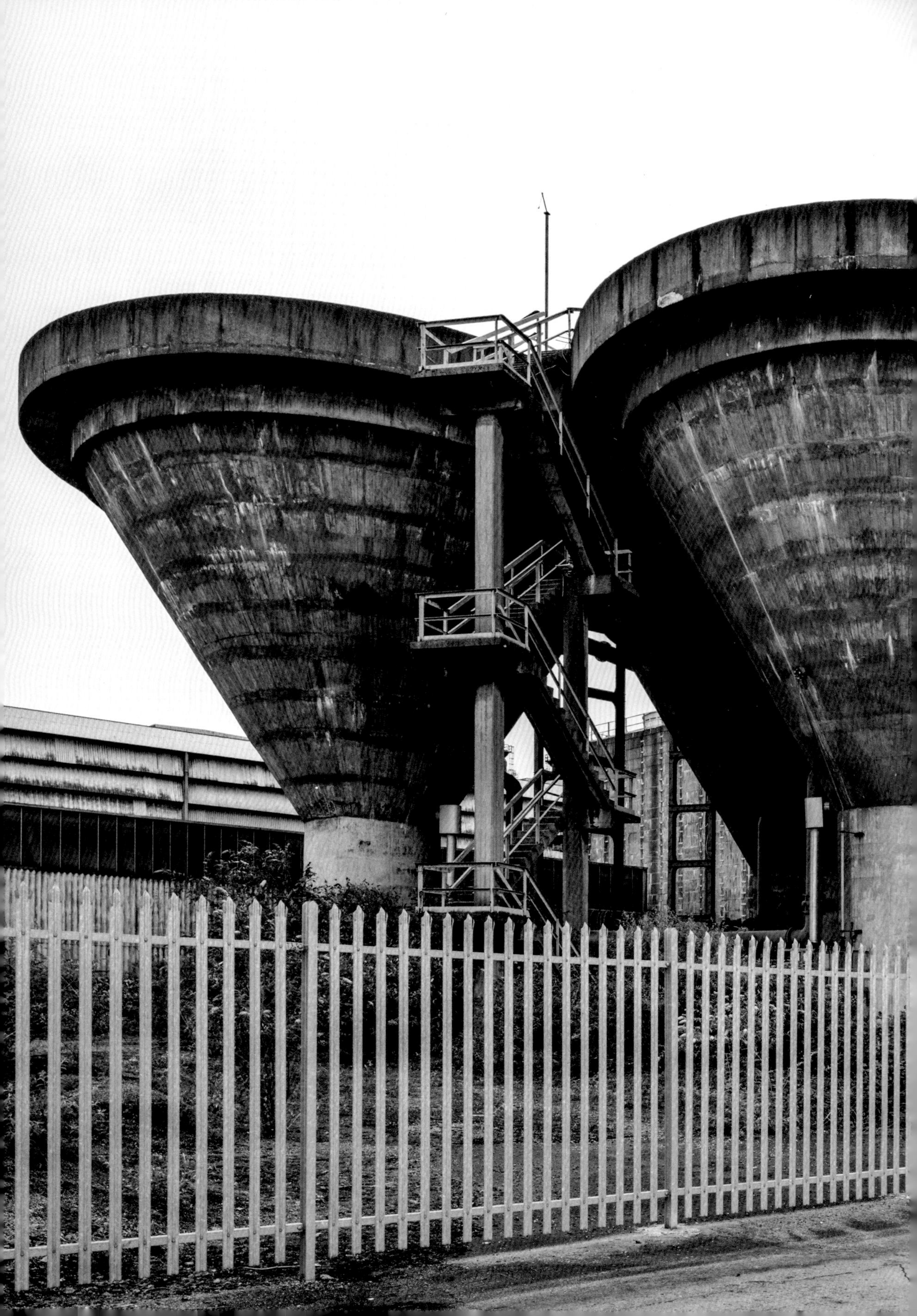

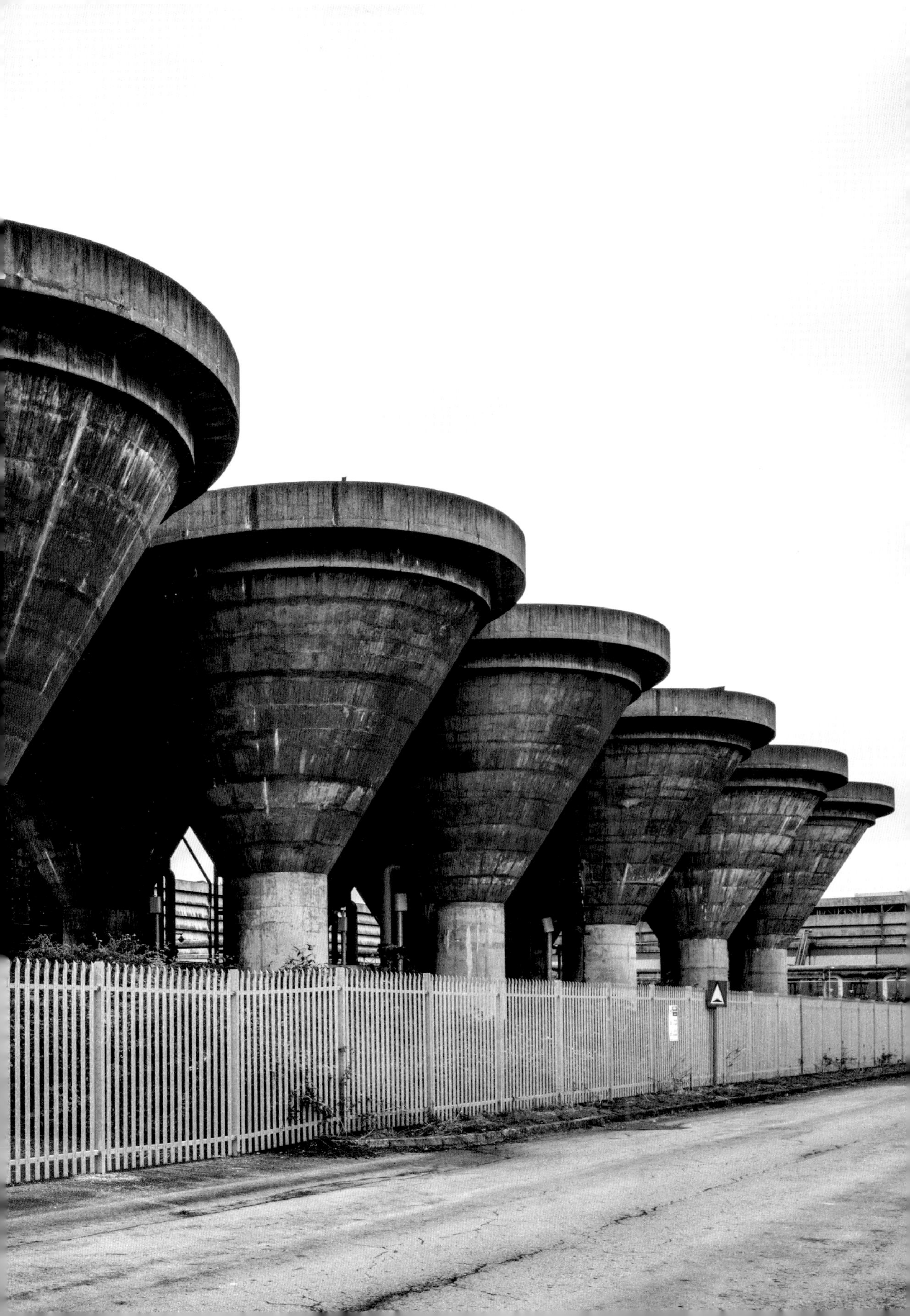

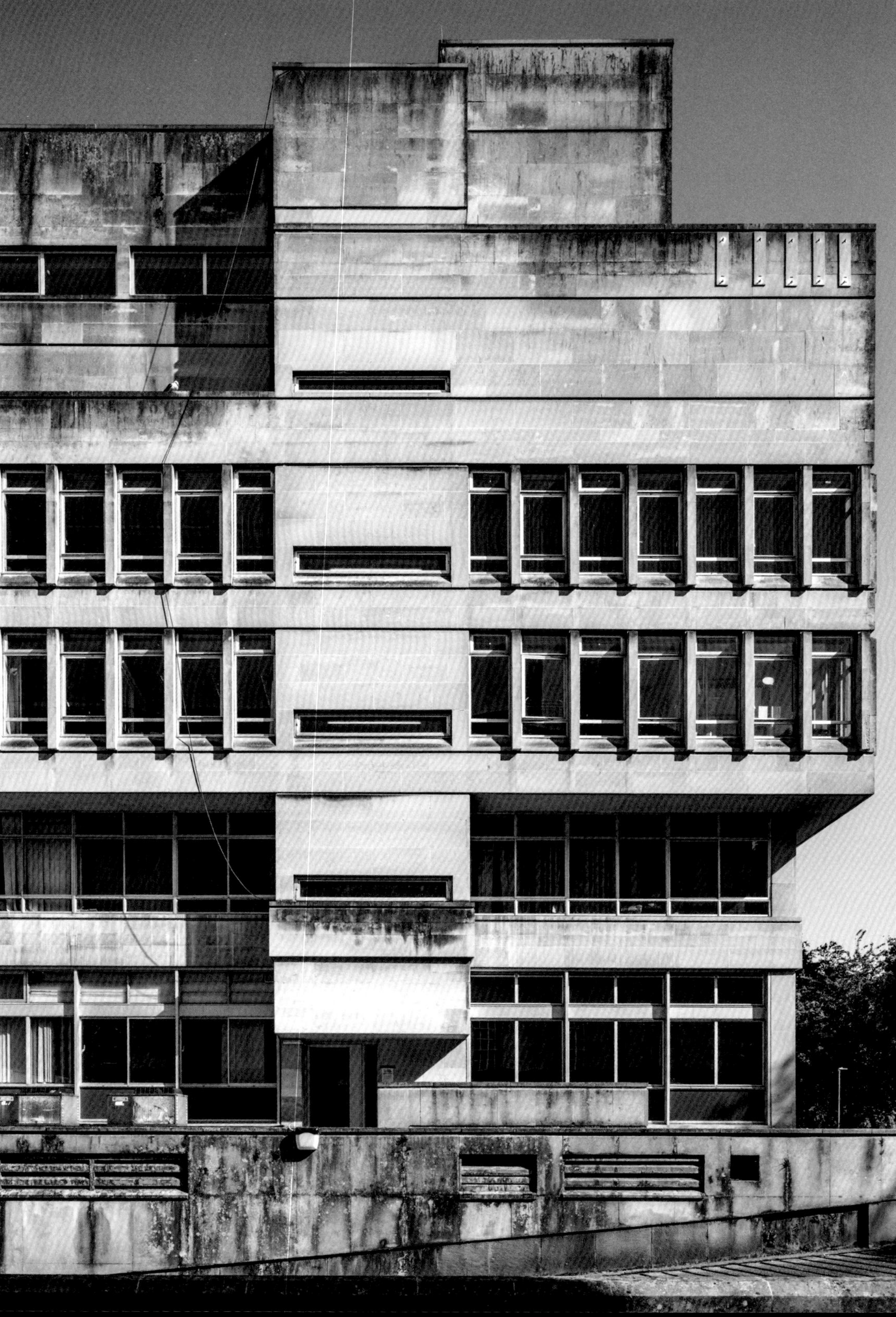

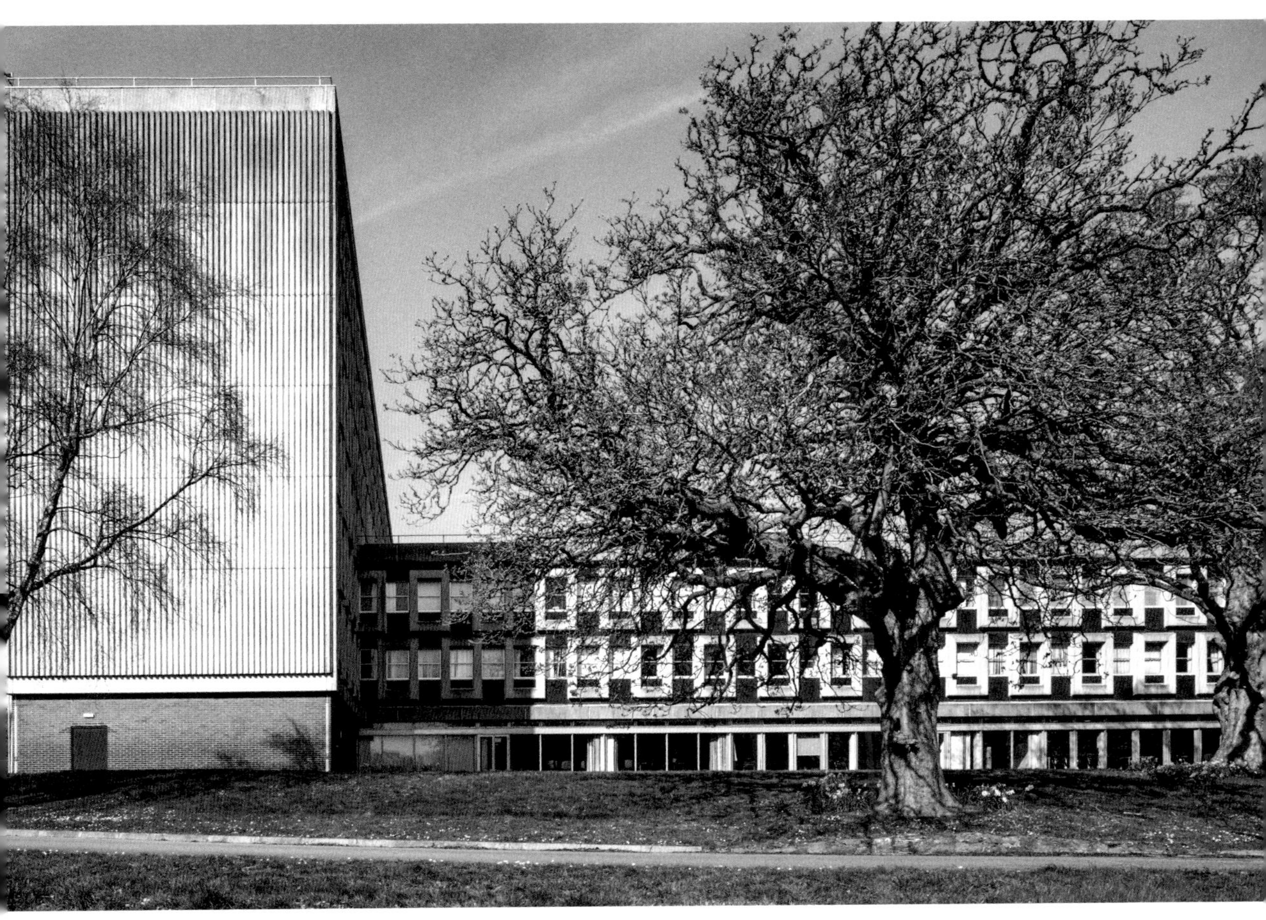

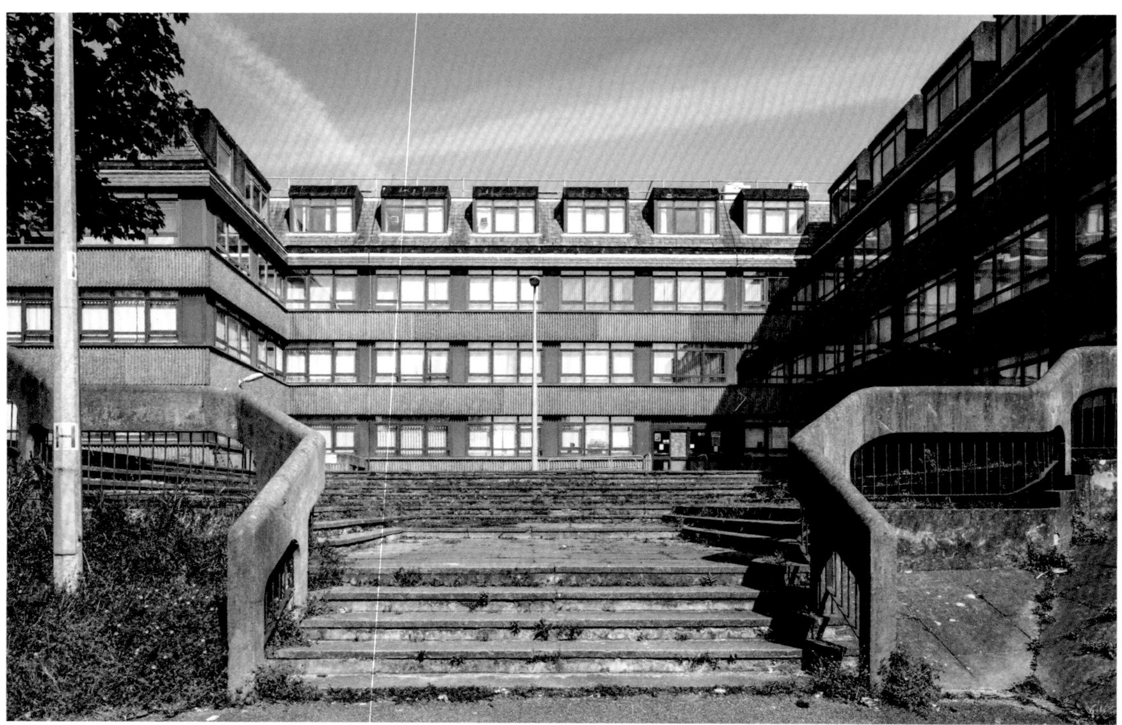

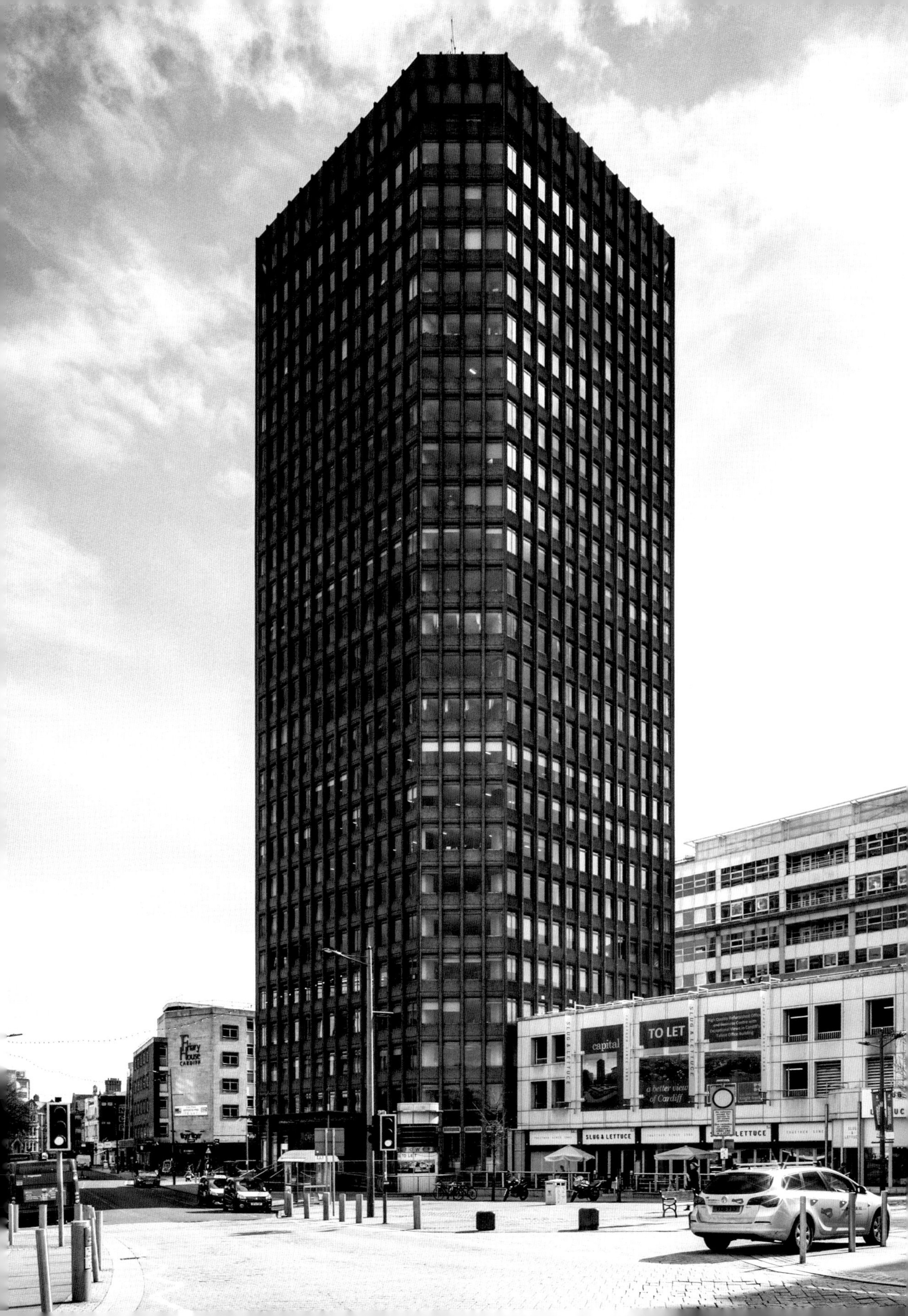
Friary House
CARDIFF
capital
TO LET
a better view of Cardiff
SLUG & LETTUCE
LETTUCE

Monmouth House,
Cwmbran

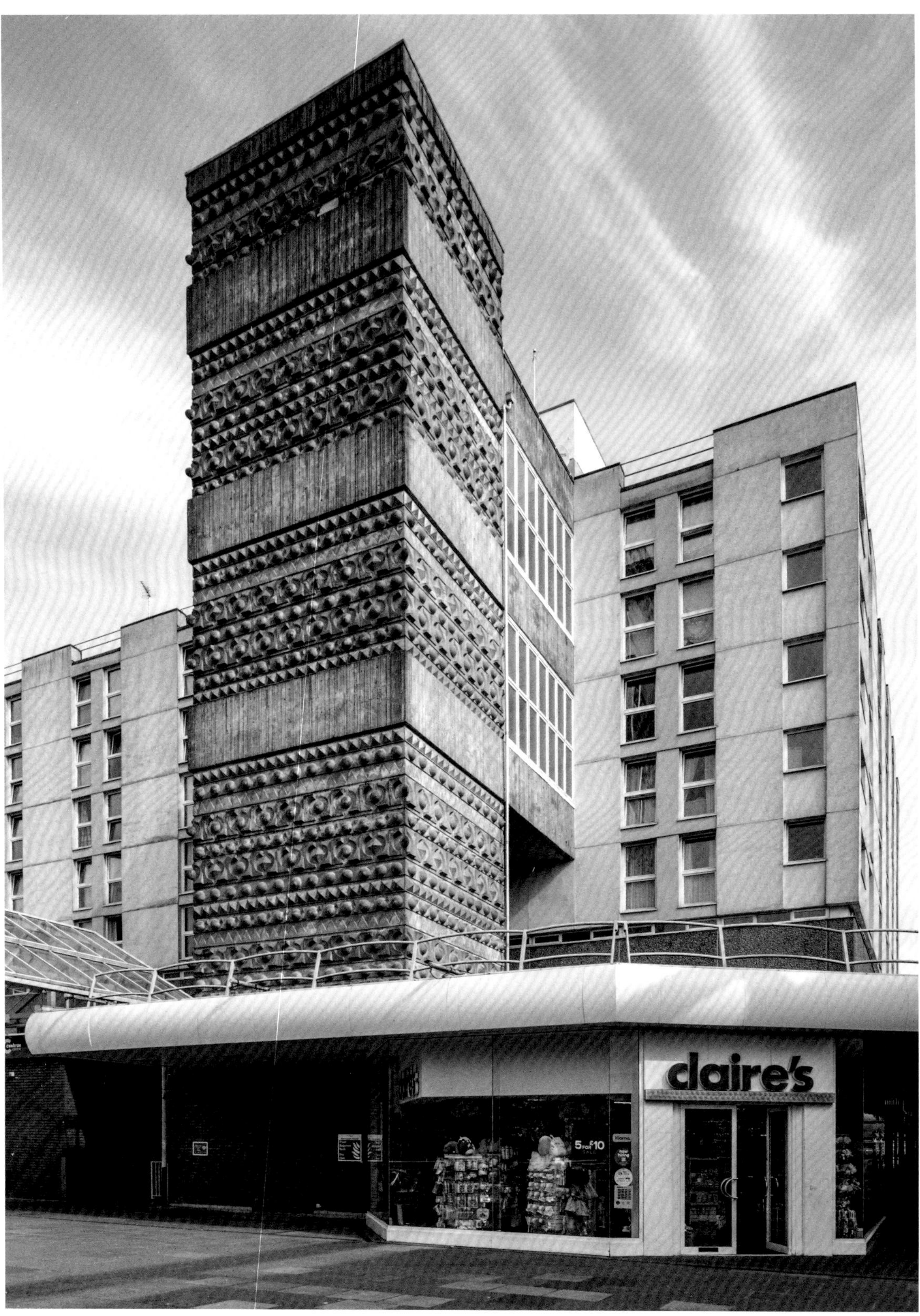

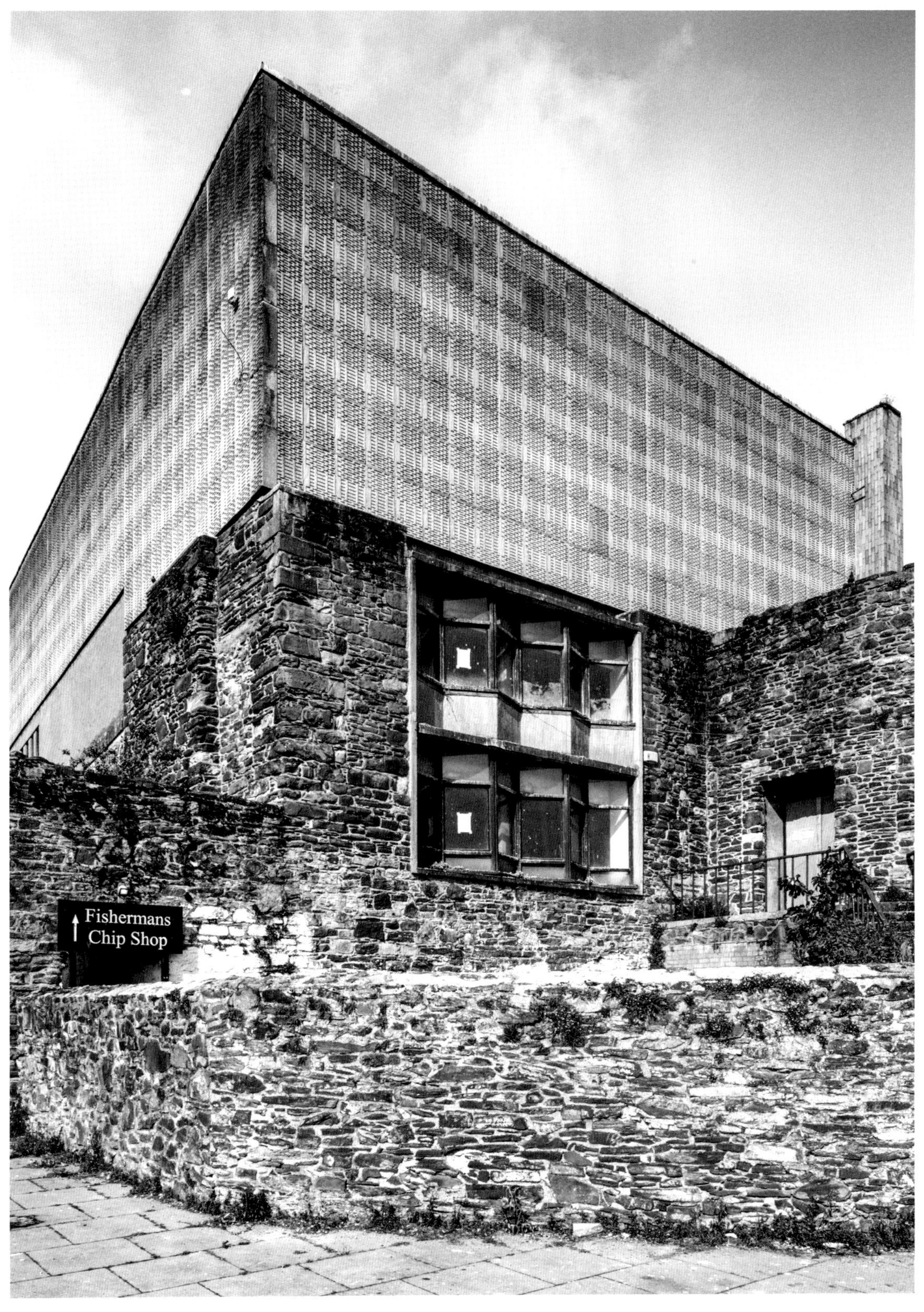
Fishermans
Chip Shop

'MODERNISM IS NOT AN
AESTHETICS OF DISGUISE
AND ARTIFICE. THE AESTHETIC
OF BRUTALISM INVOLVED
A TRUTH TO MATERIALS.'
MARK DURDEN

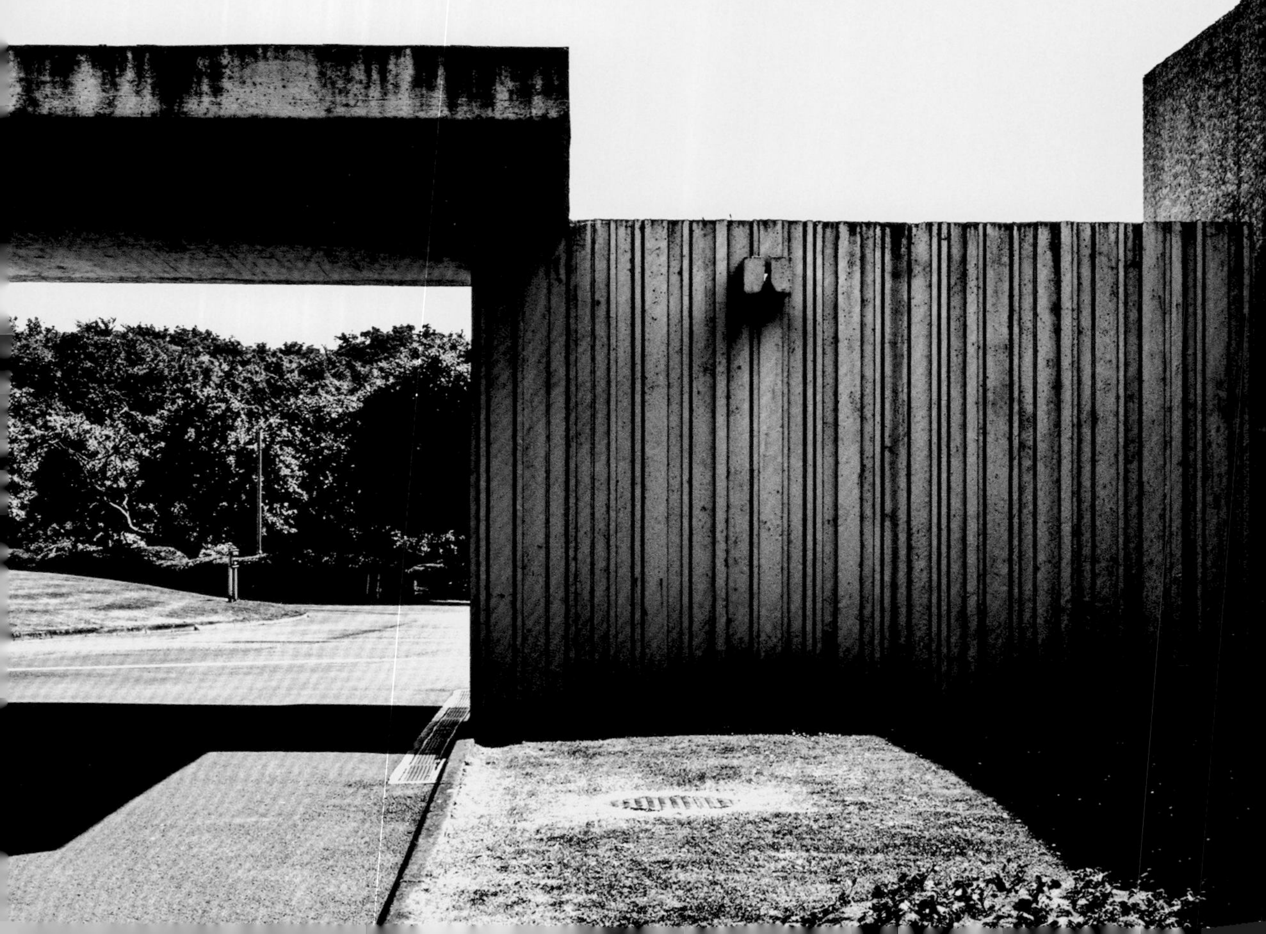

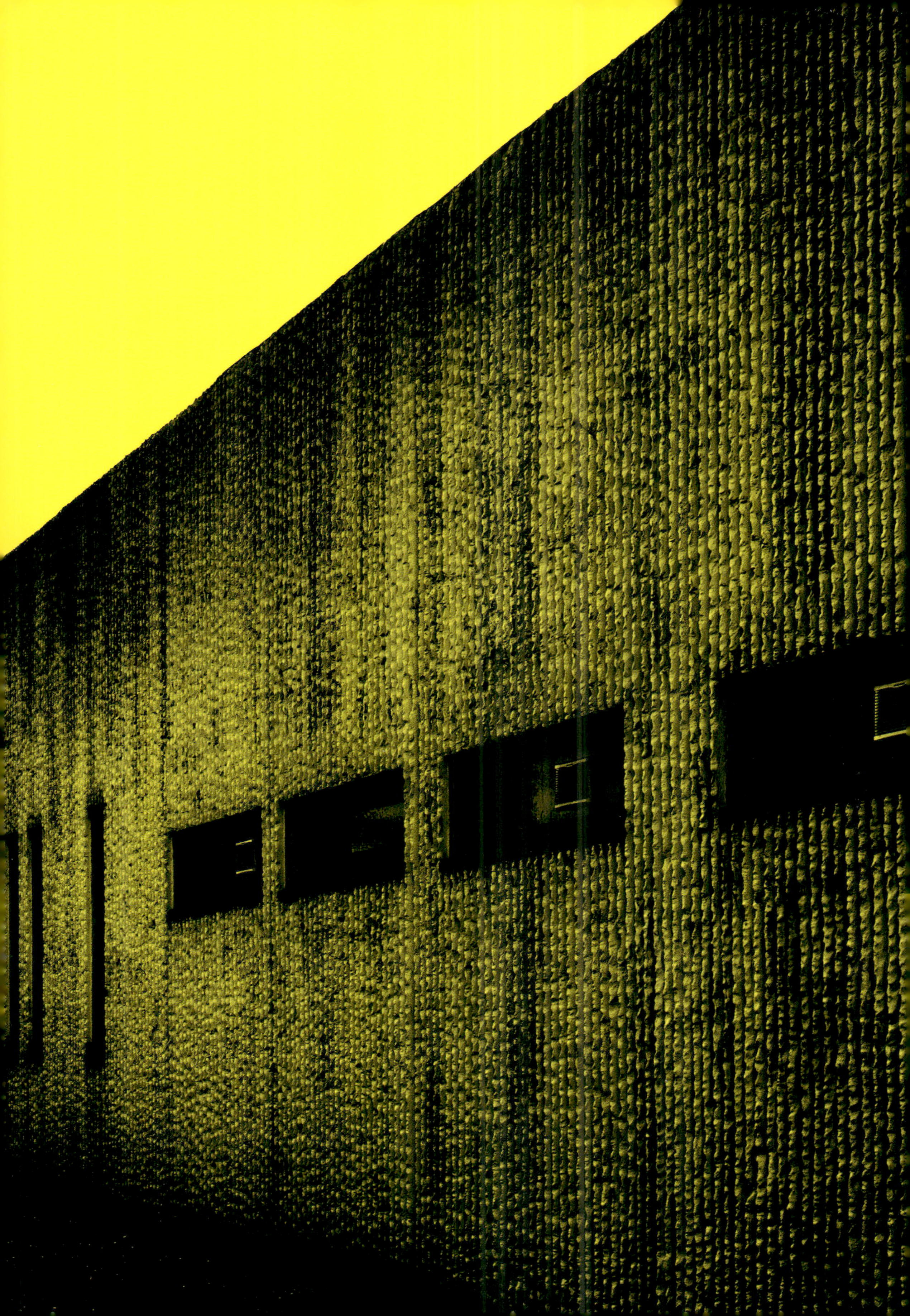

Caernarfonshire Technical College
(now Coleg Menai), Bangor

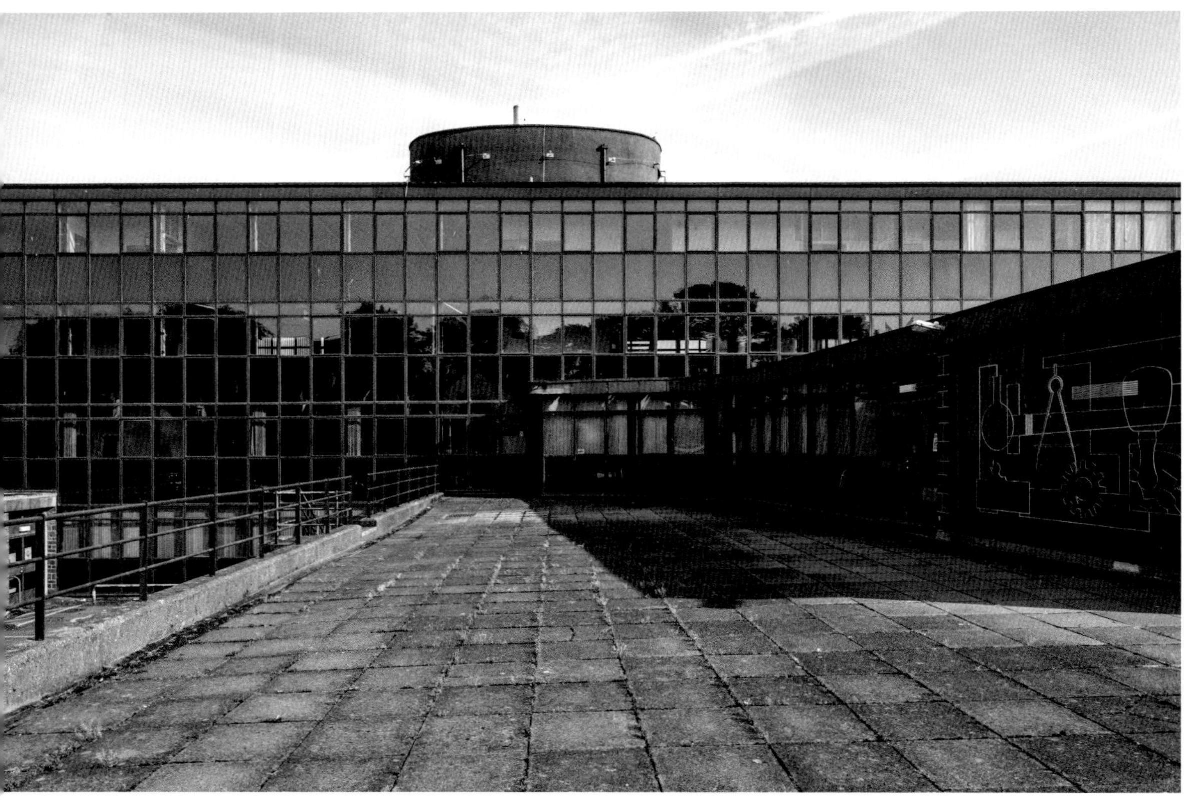

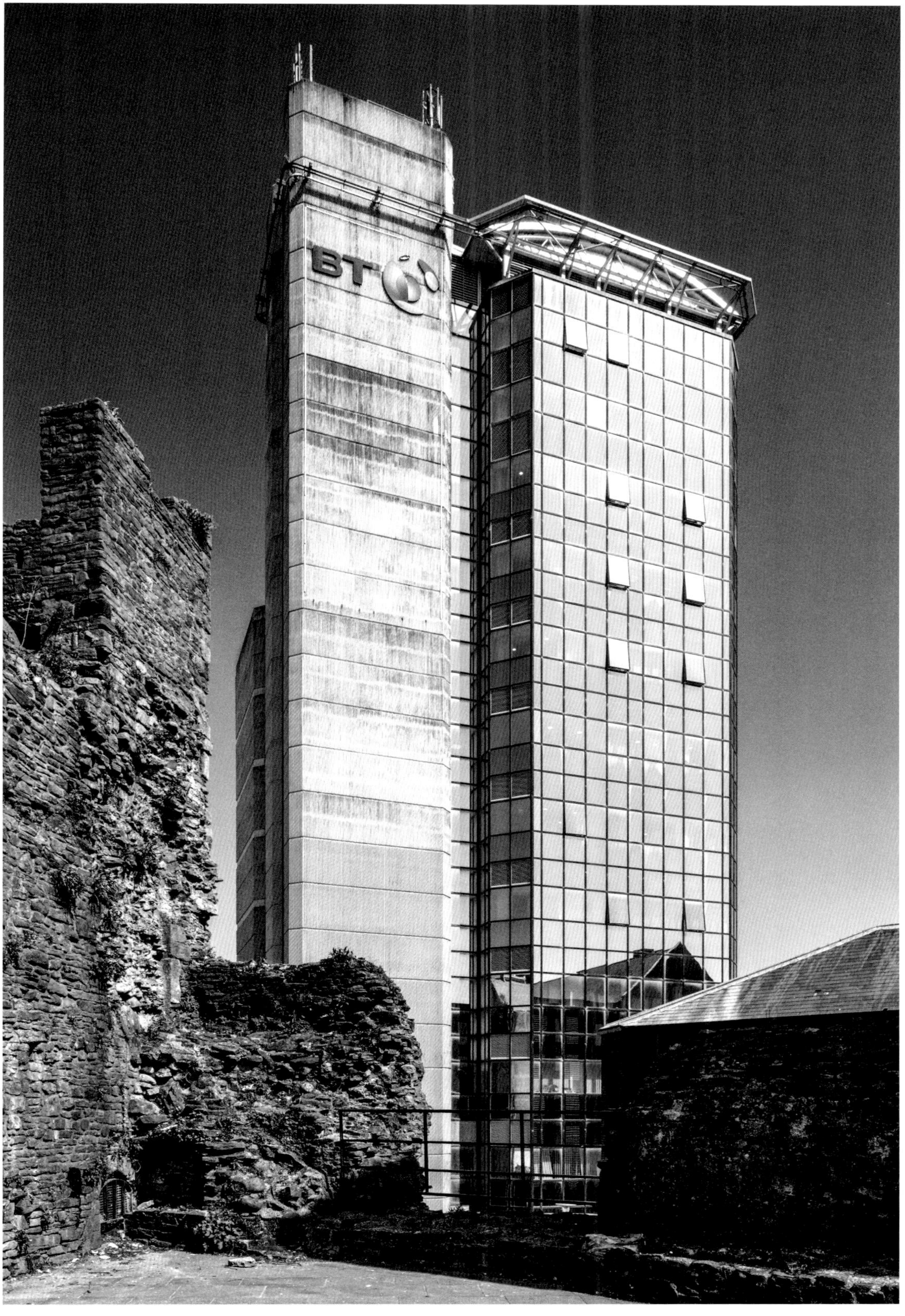

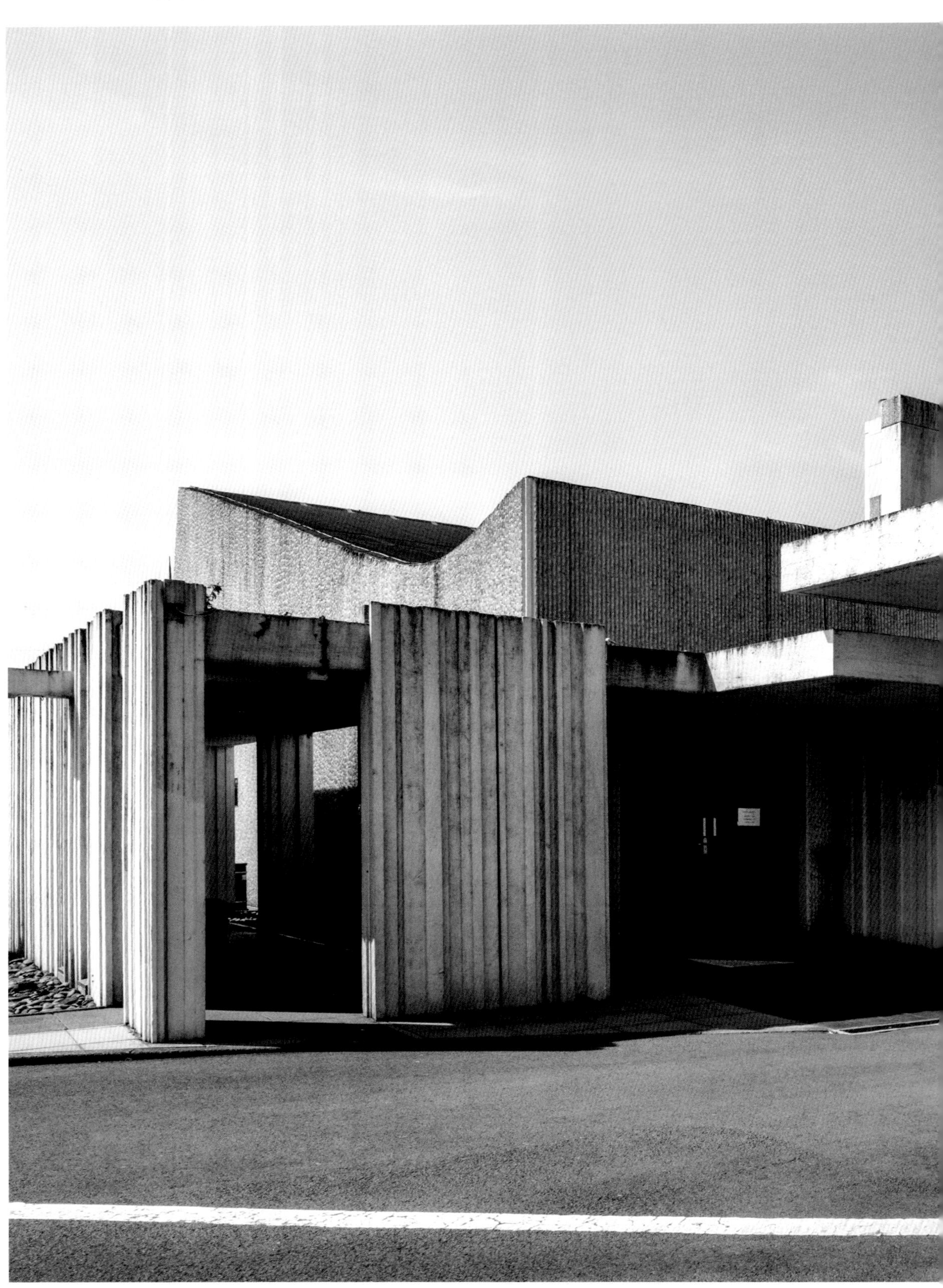

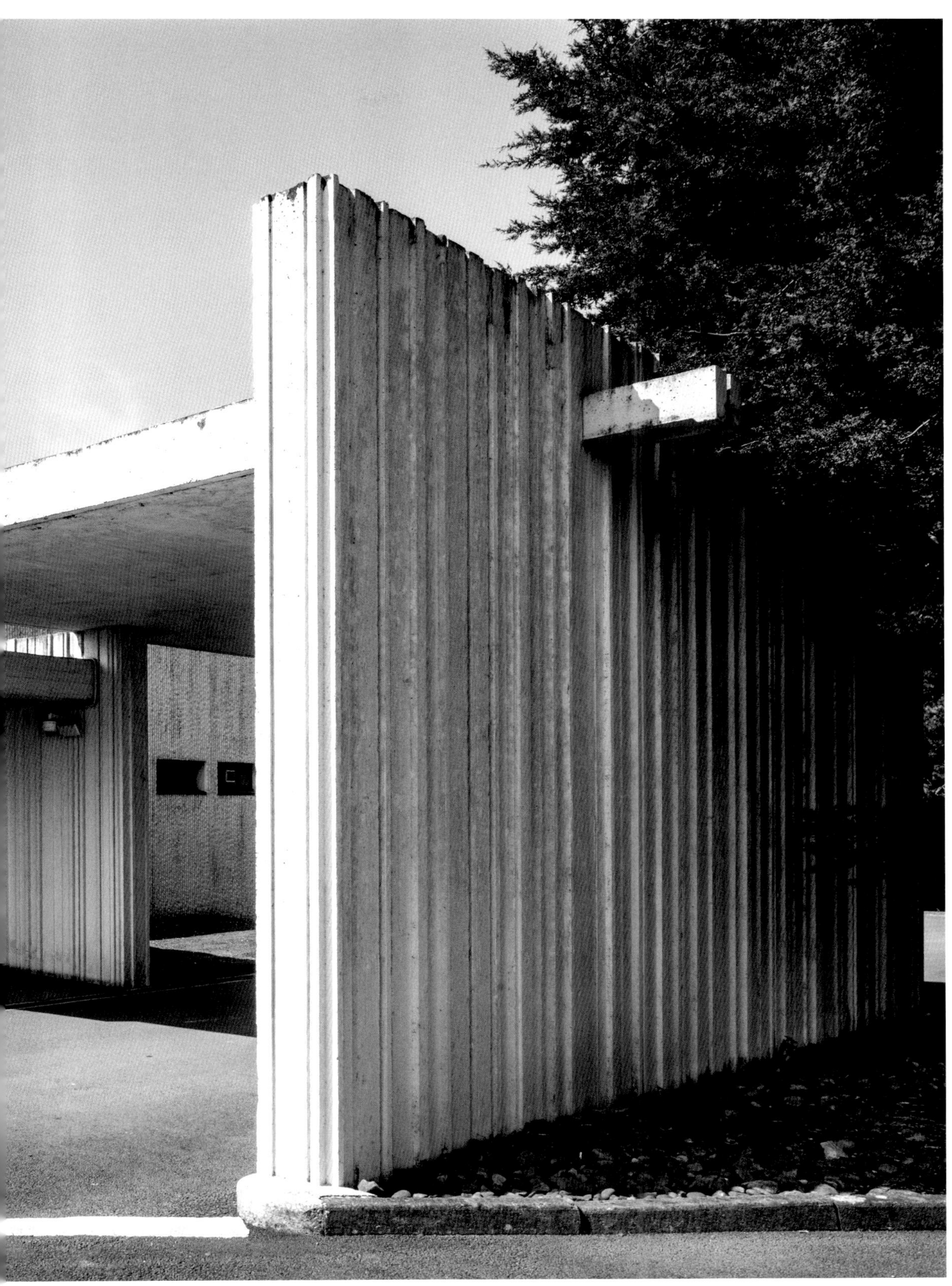

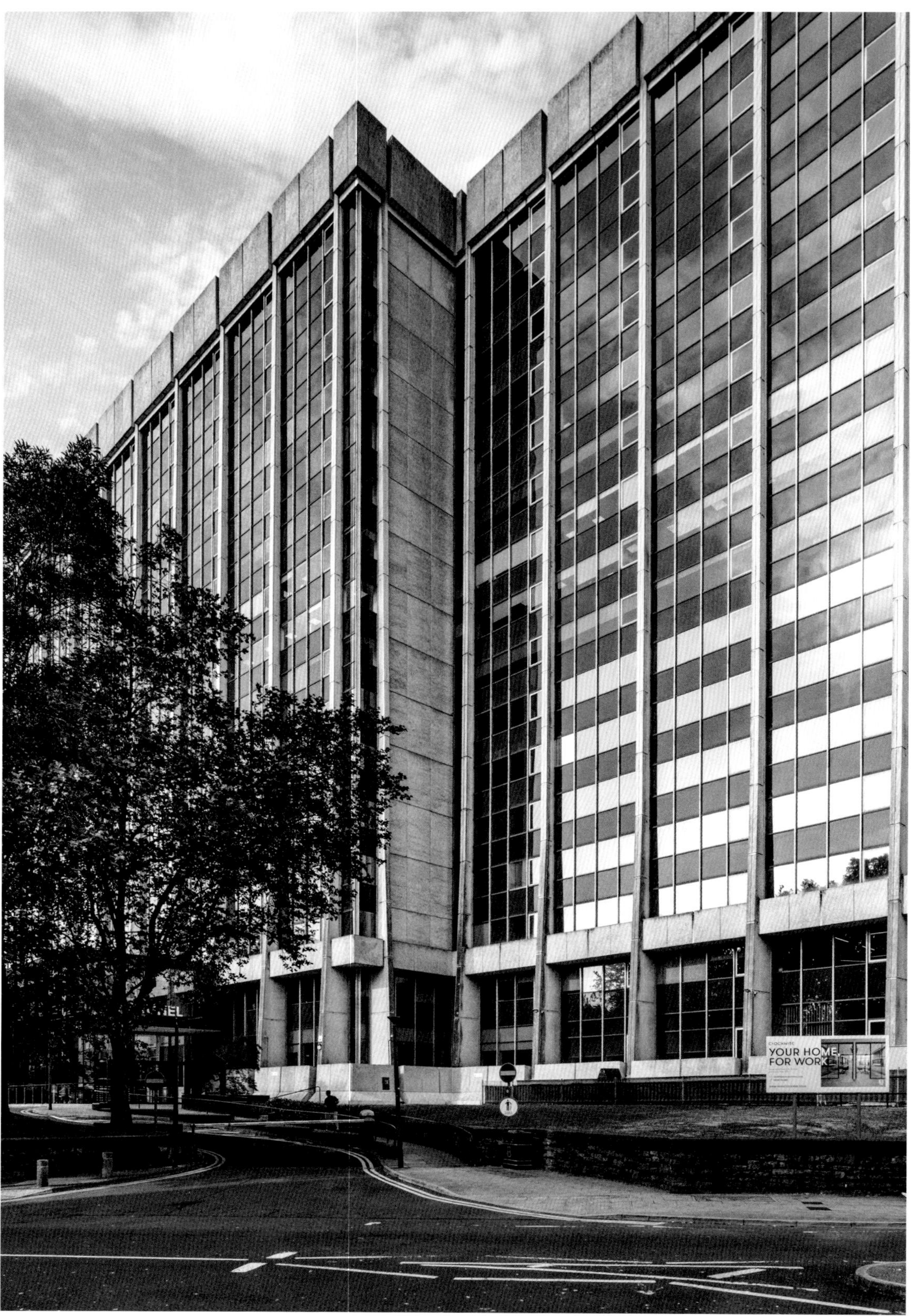

YOUR HOME
FOR WORK

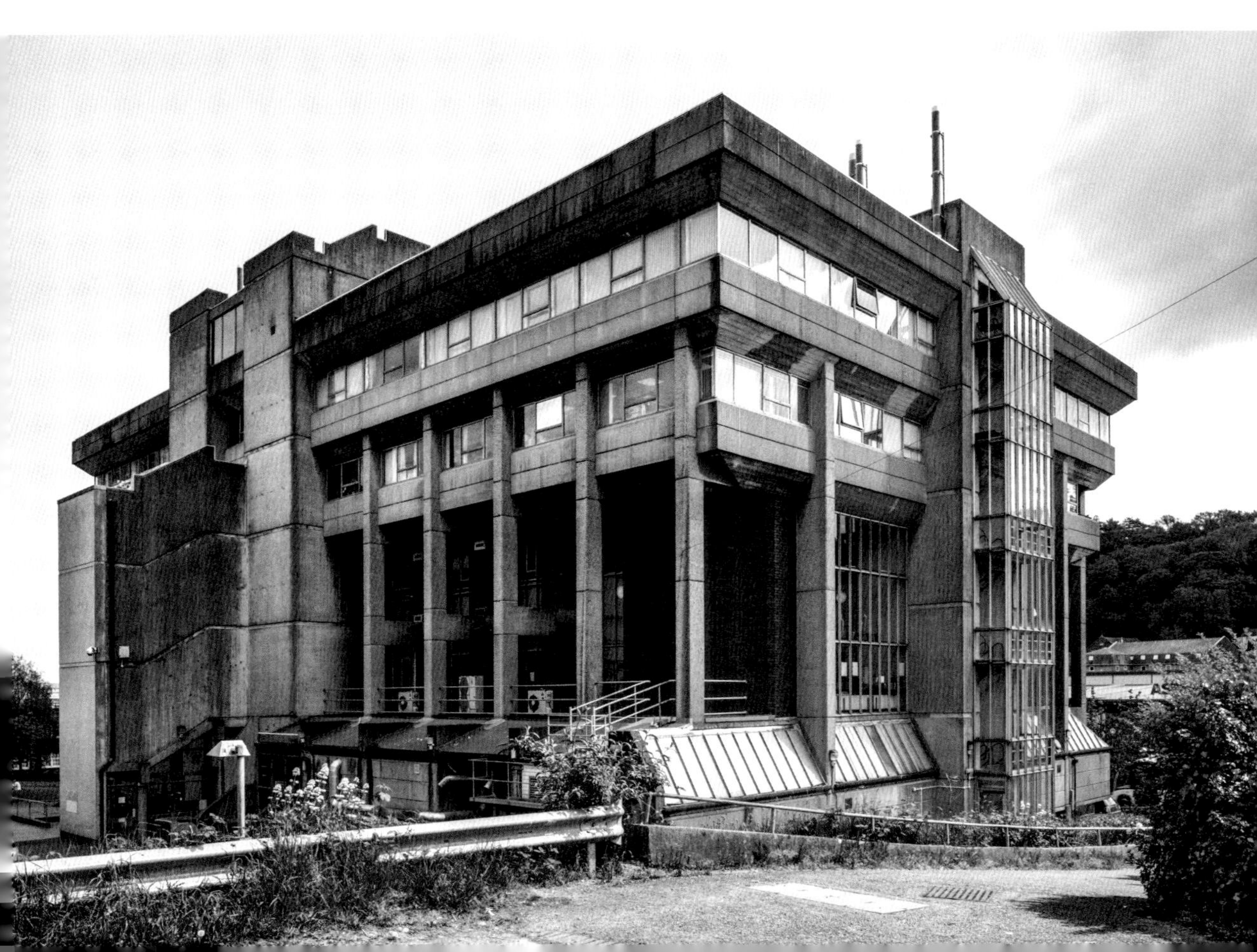

Semtex Boiler House,
Brynmawr

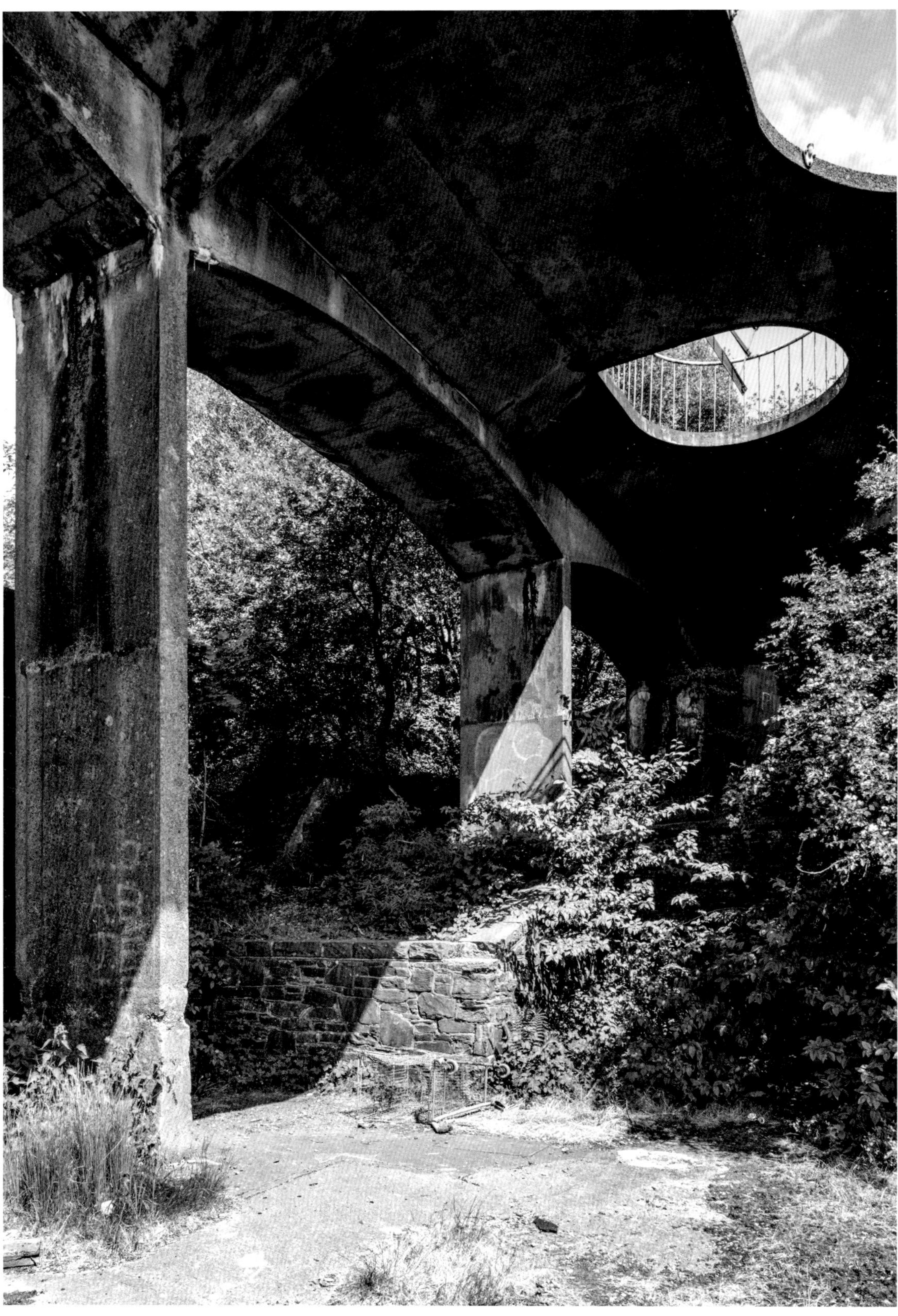

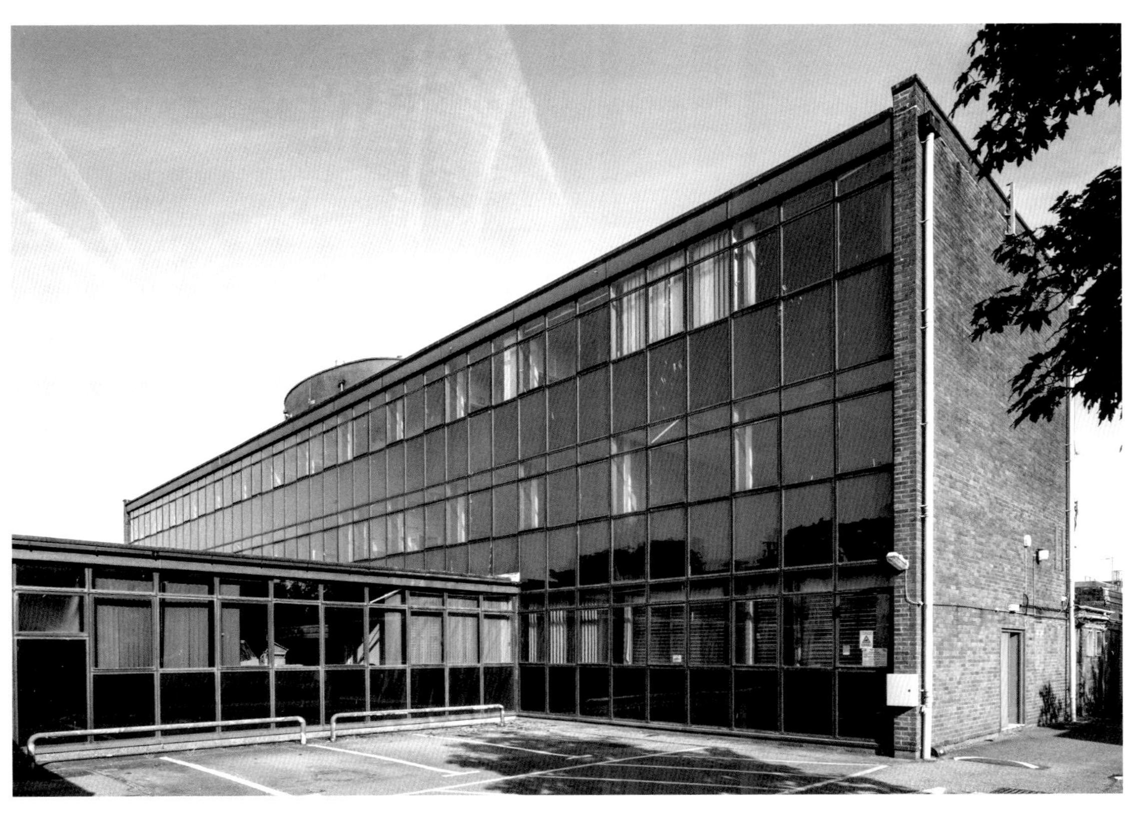

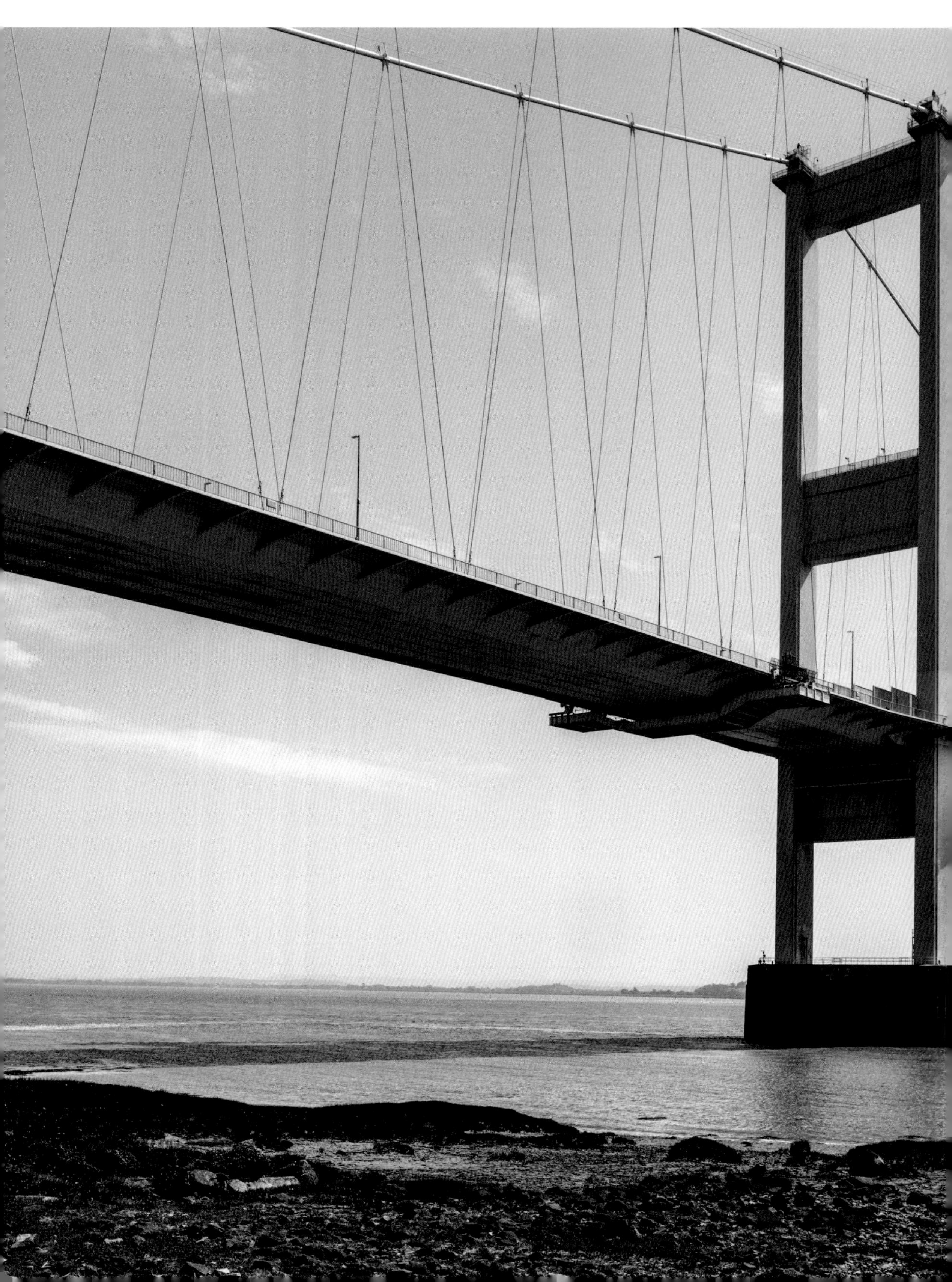

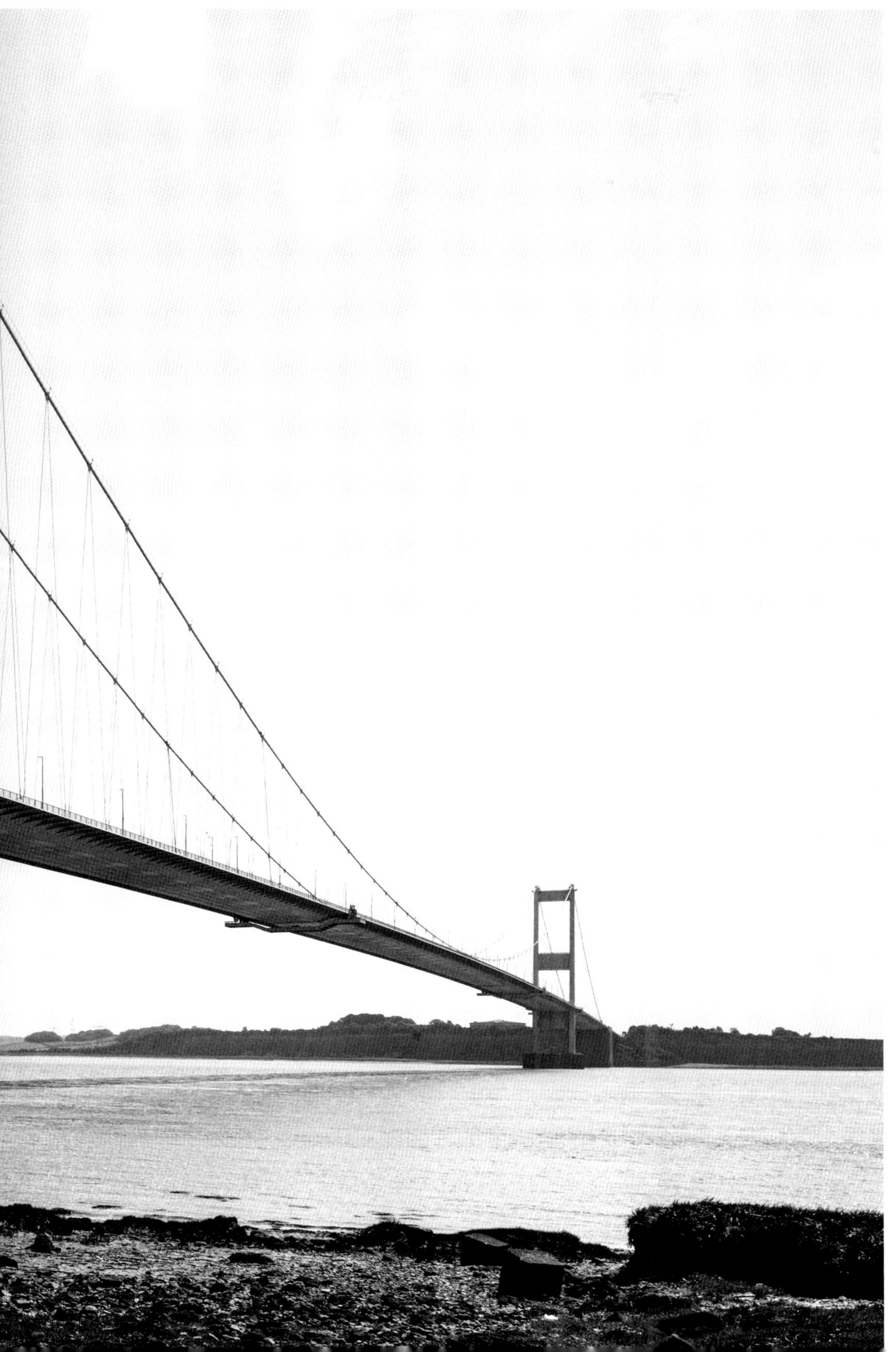

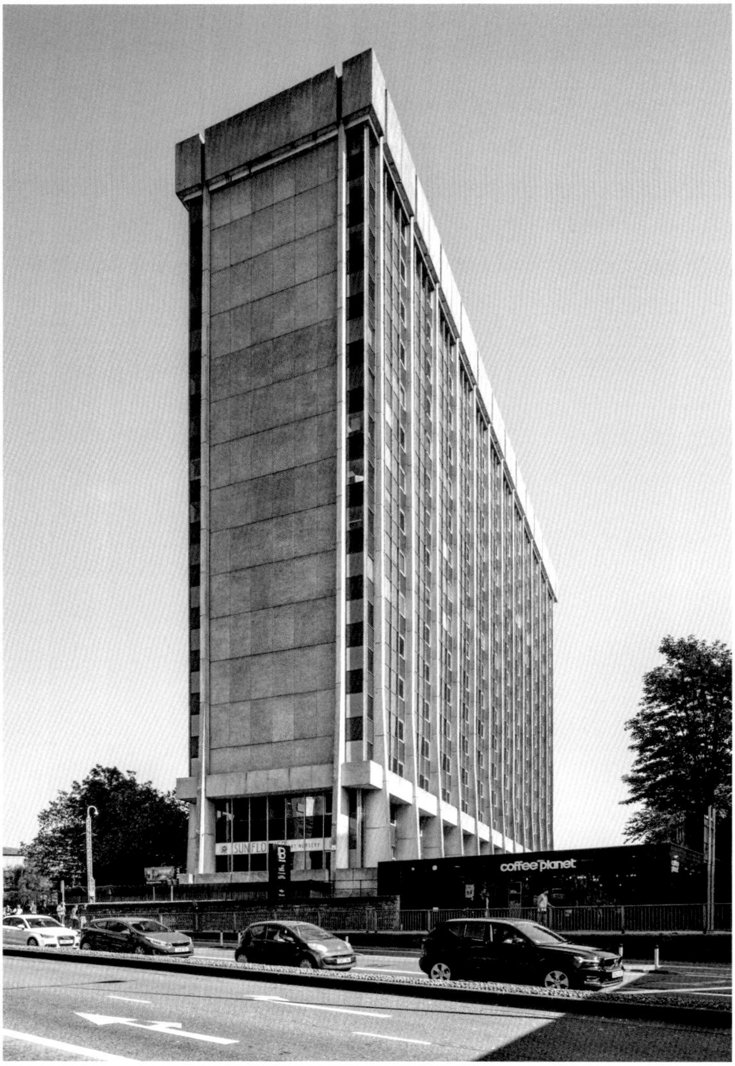

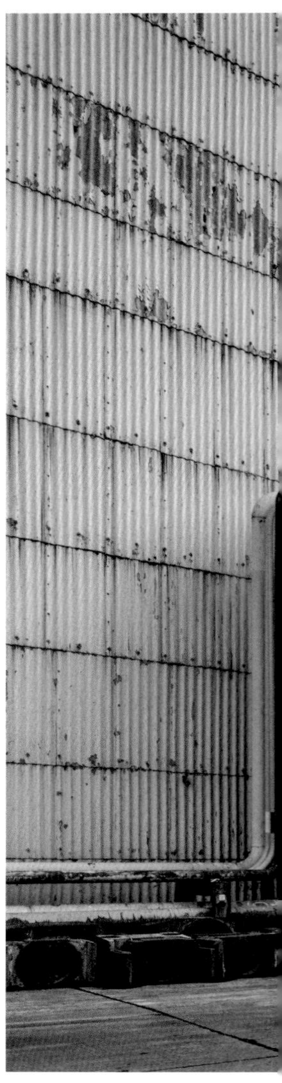

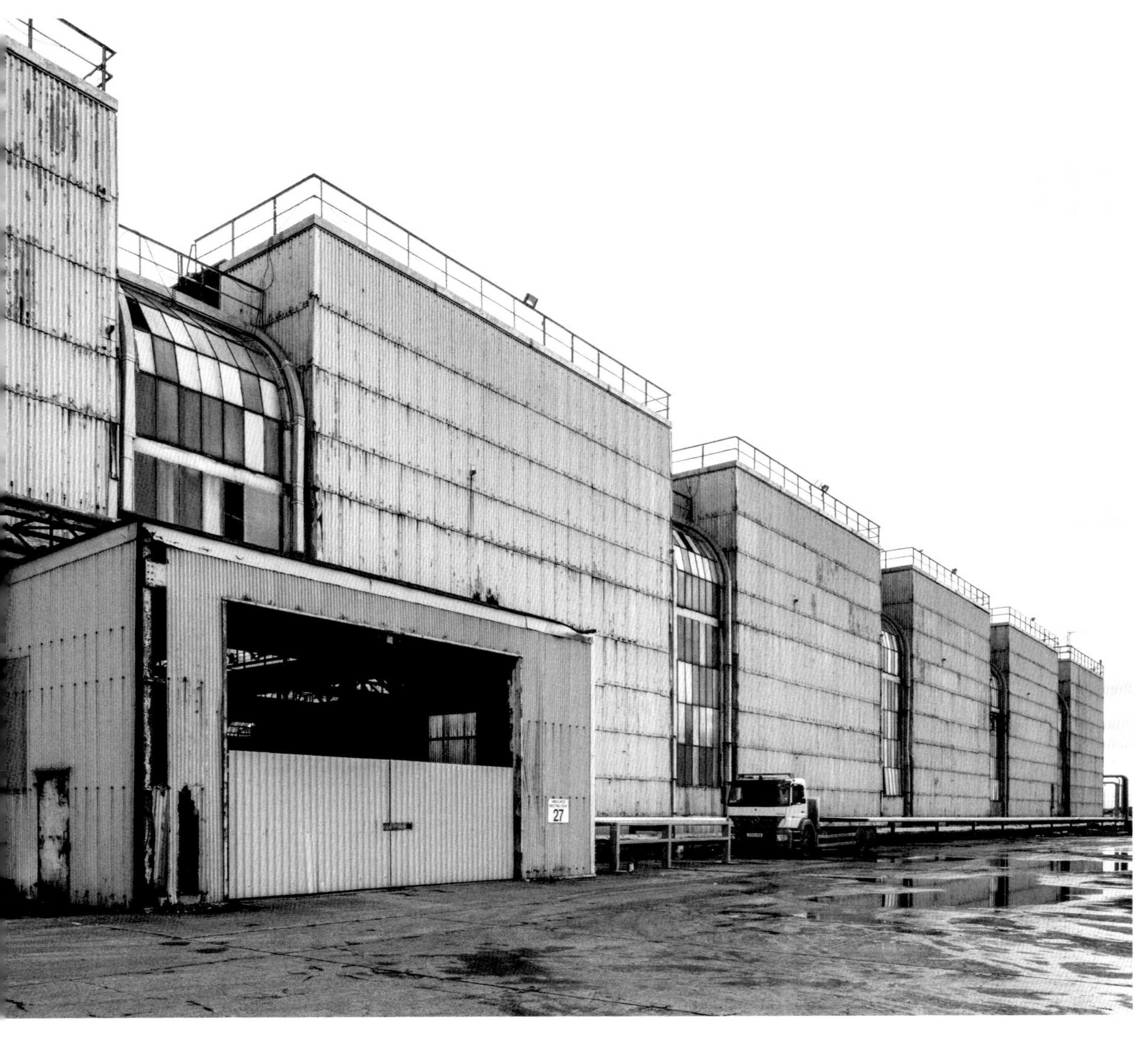

Semtex Boiler House,
Brynmawr

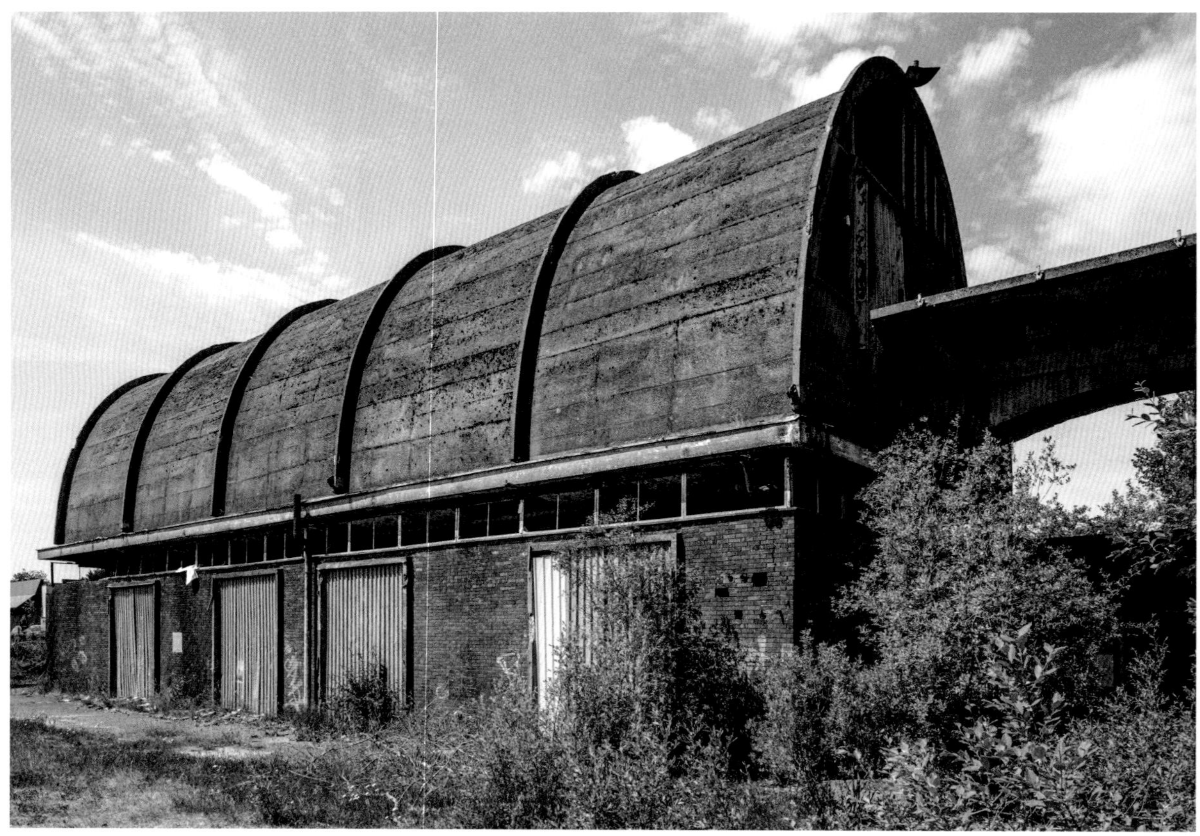

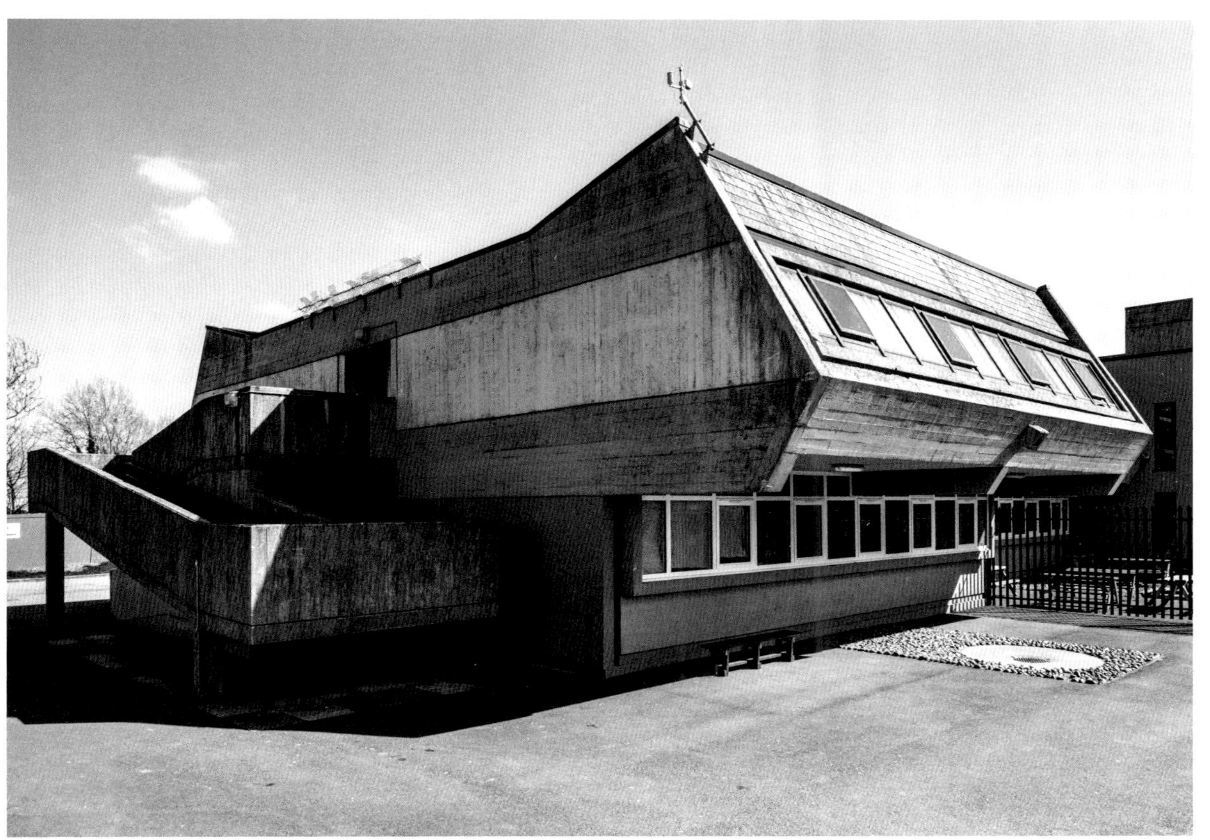

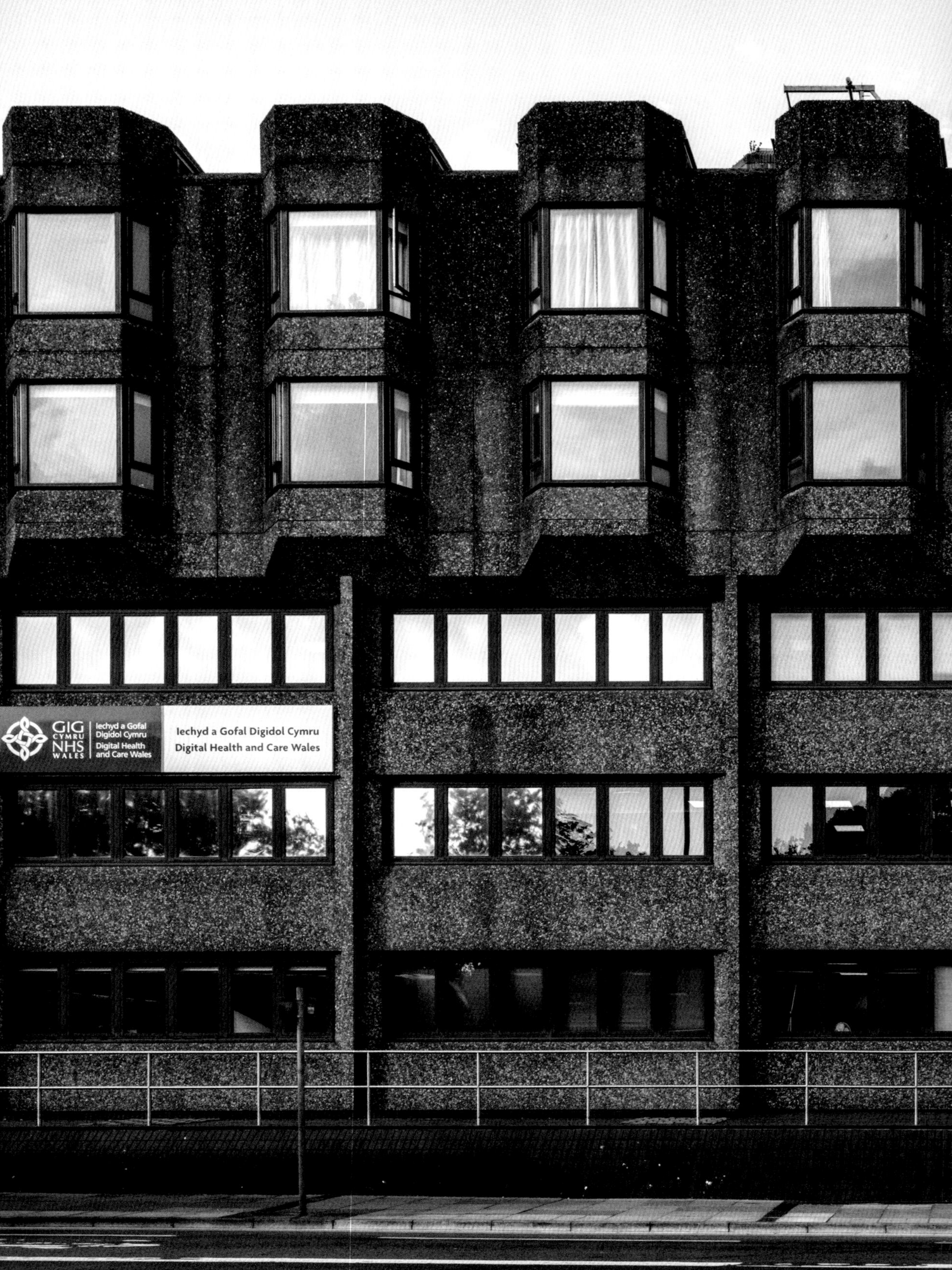
GIG
CYMRU
NHS
WALES
Iechyd a Gofal
Digidol Cymru
Digital Health
and Care Wales
Iechyd a Gofal Digidol Cymru
Digital Health and Care Wales

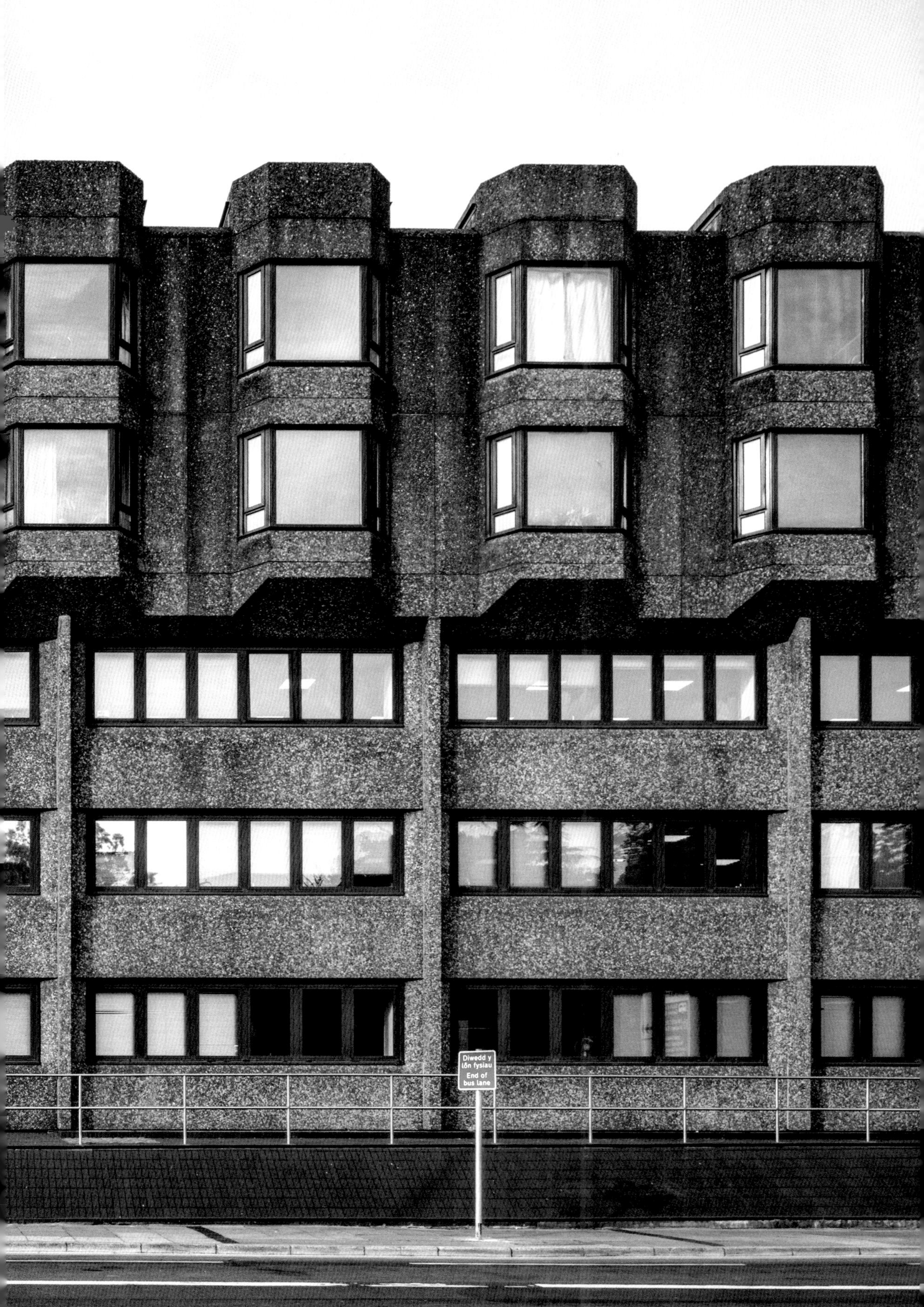
Diwedd y
lôn fysiau
End of
bus lane

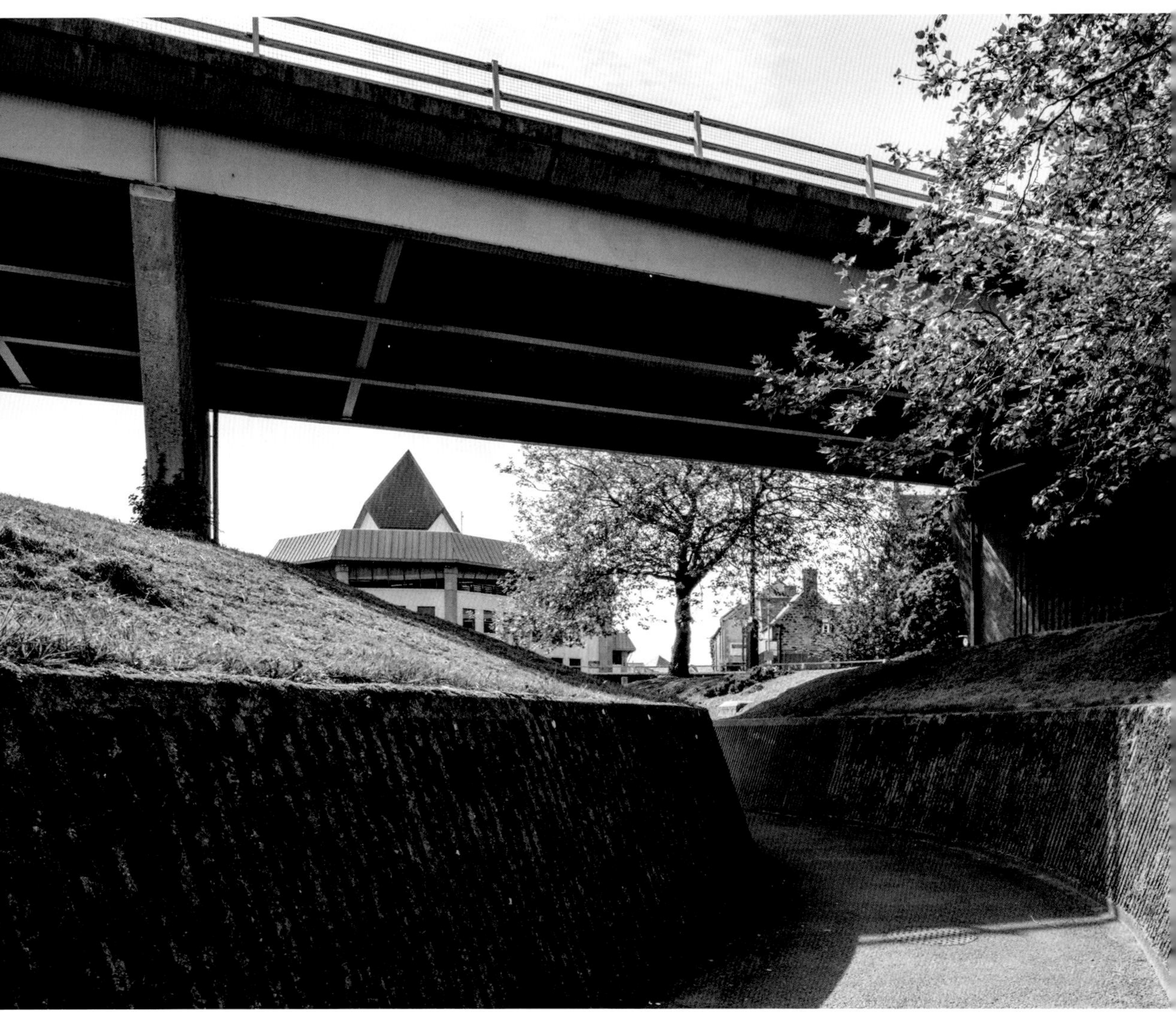

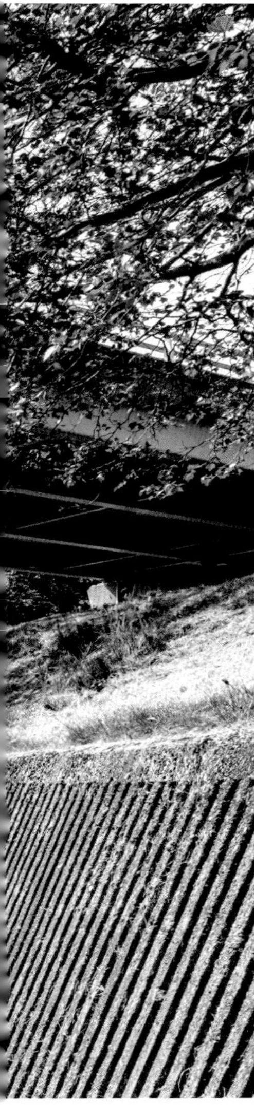

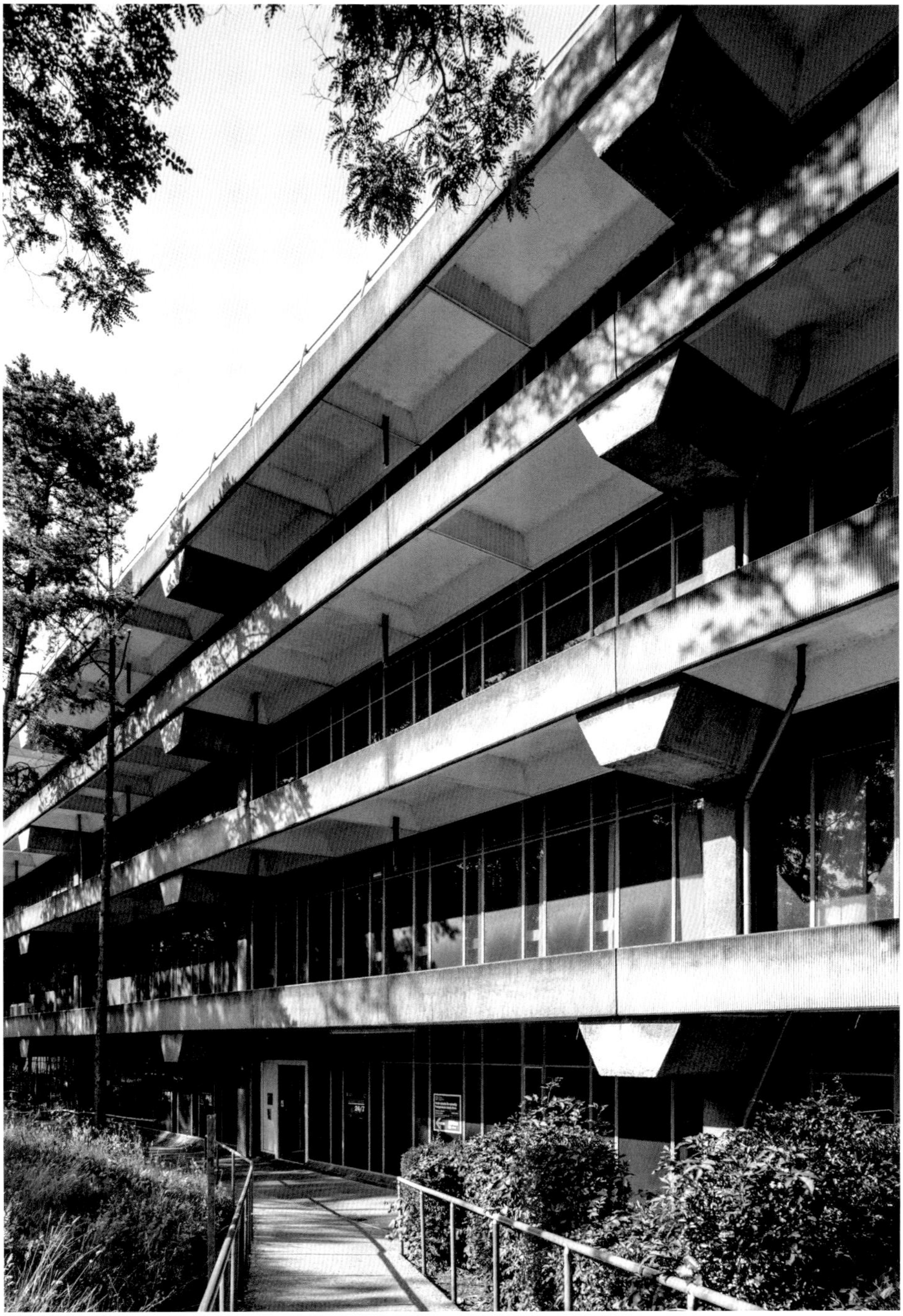

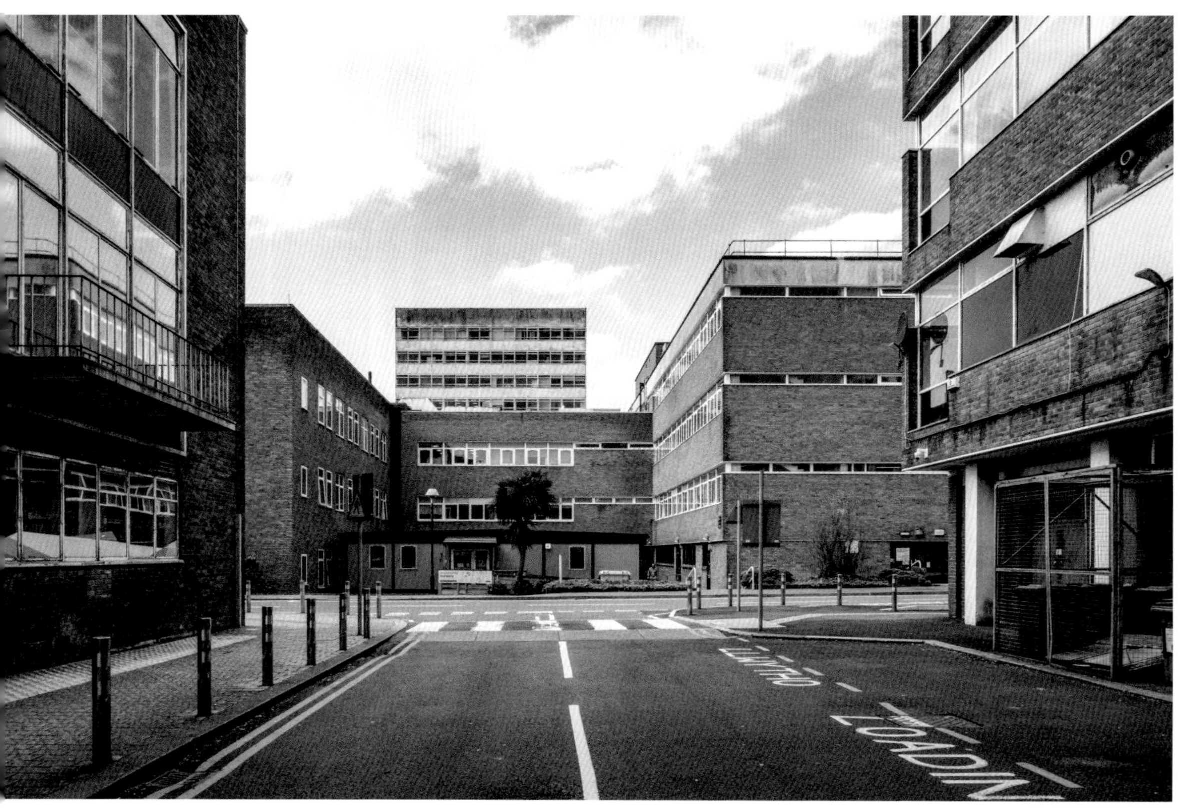

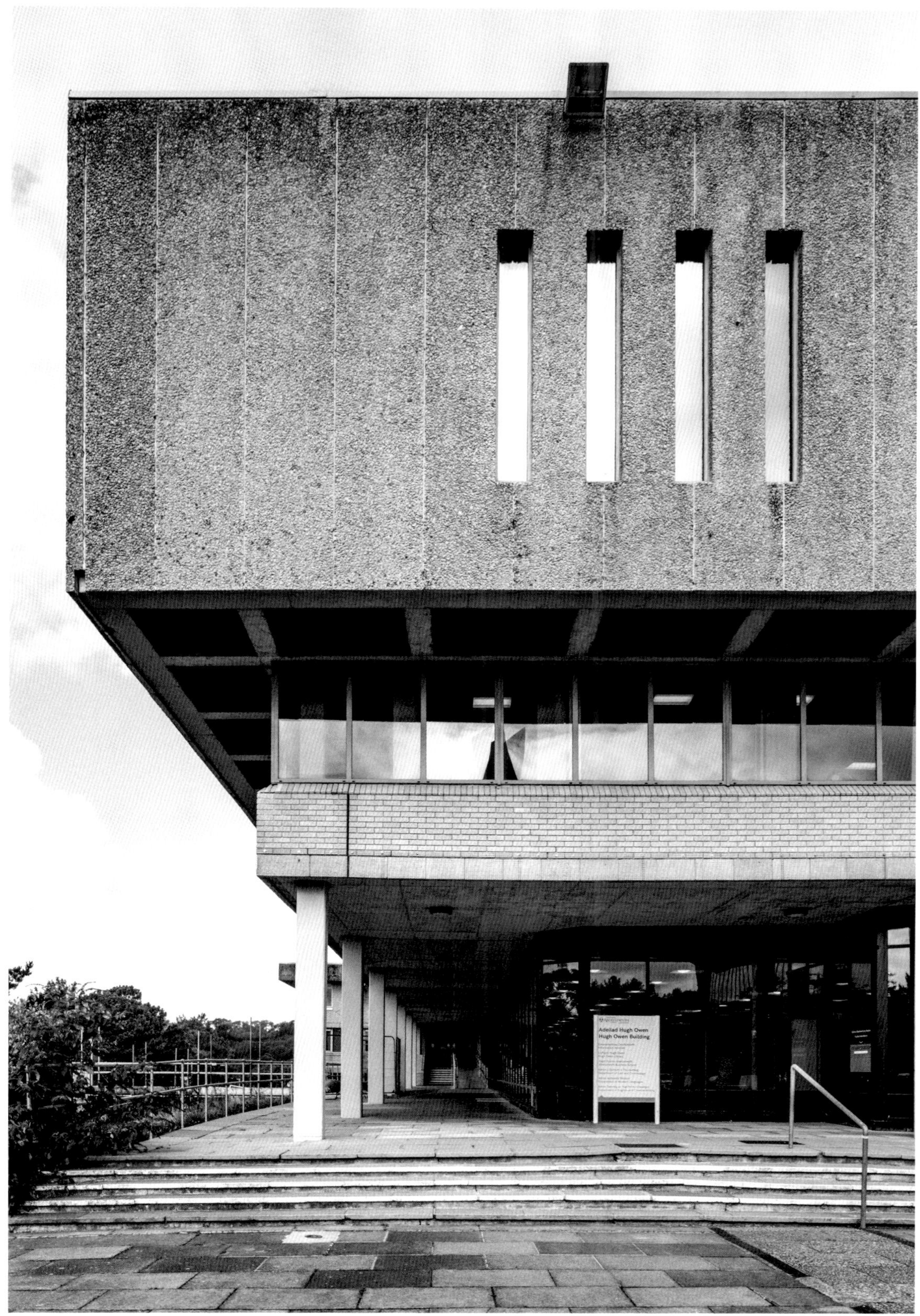

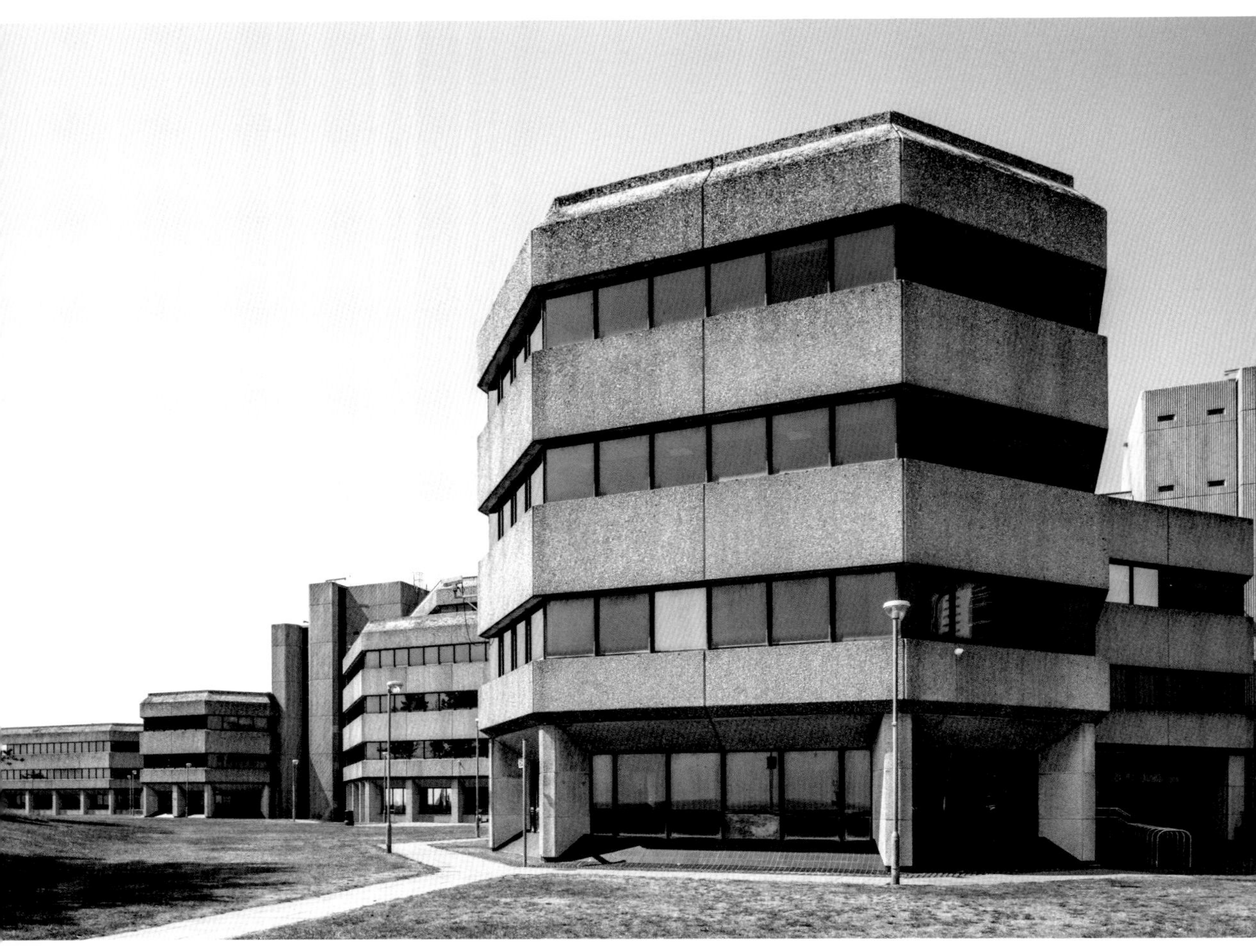

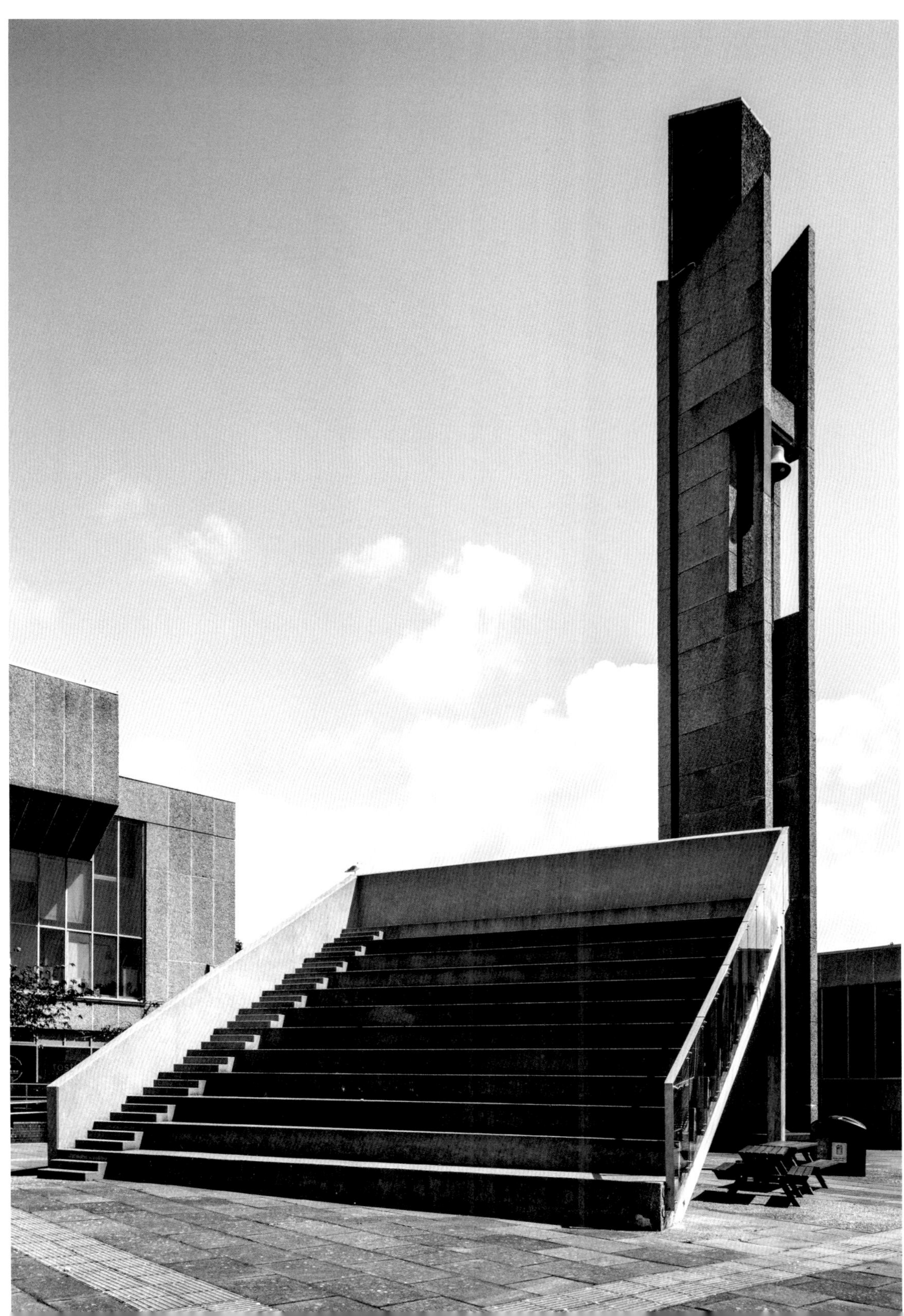

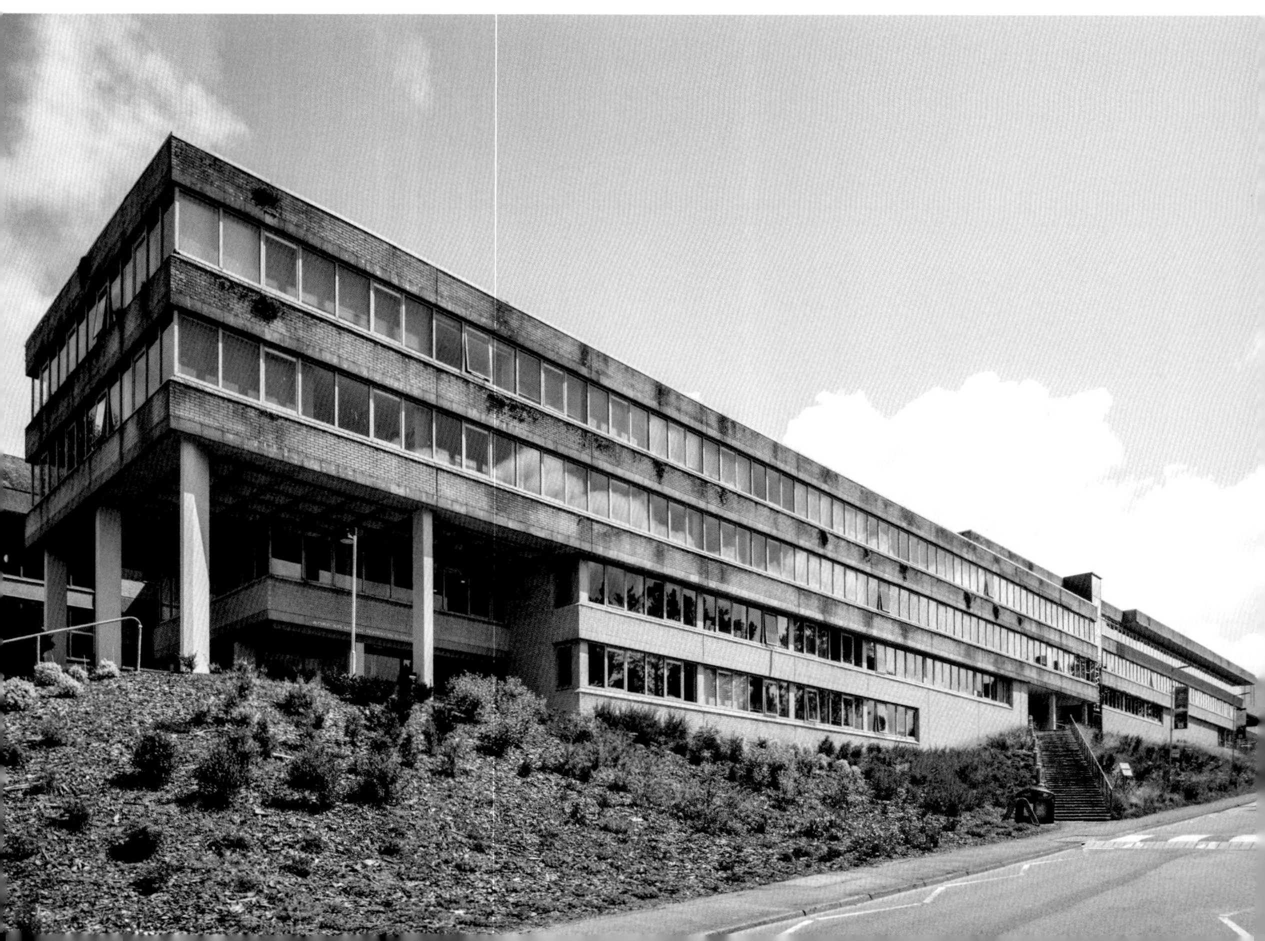

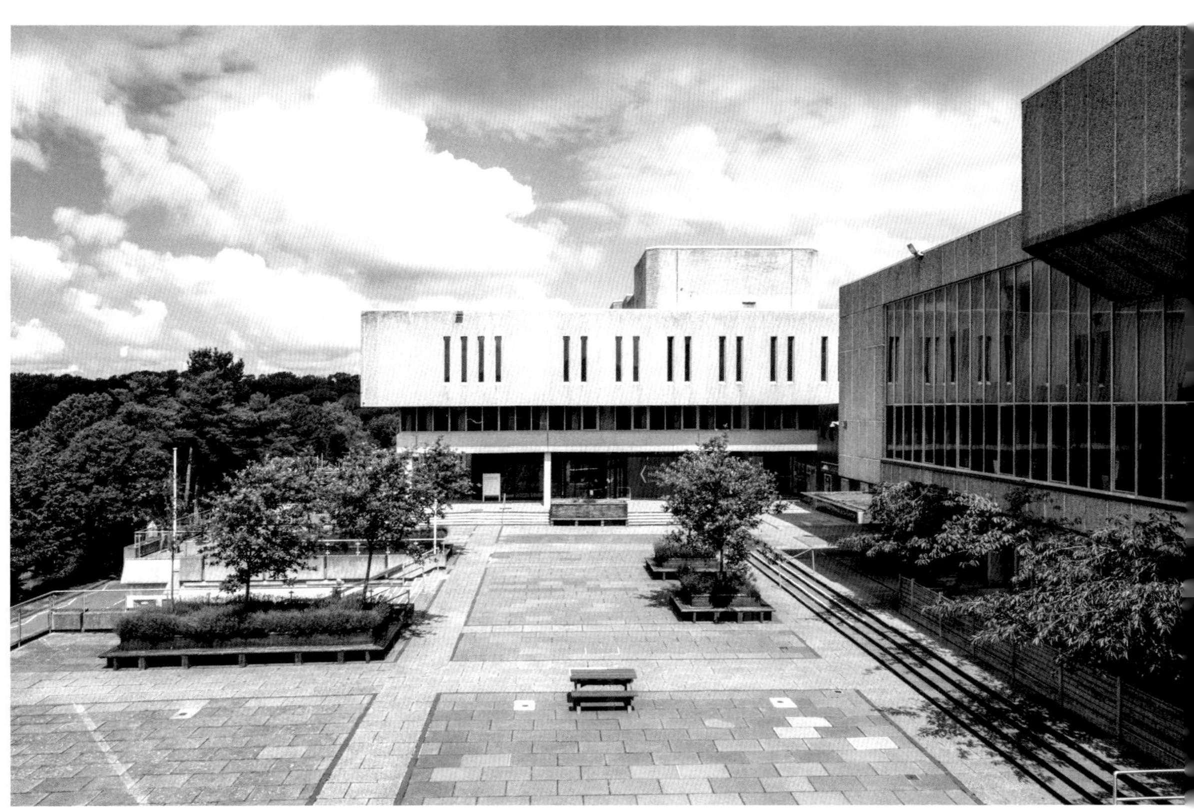

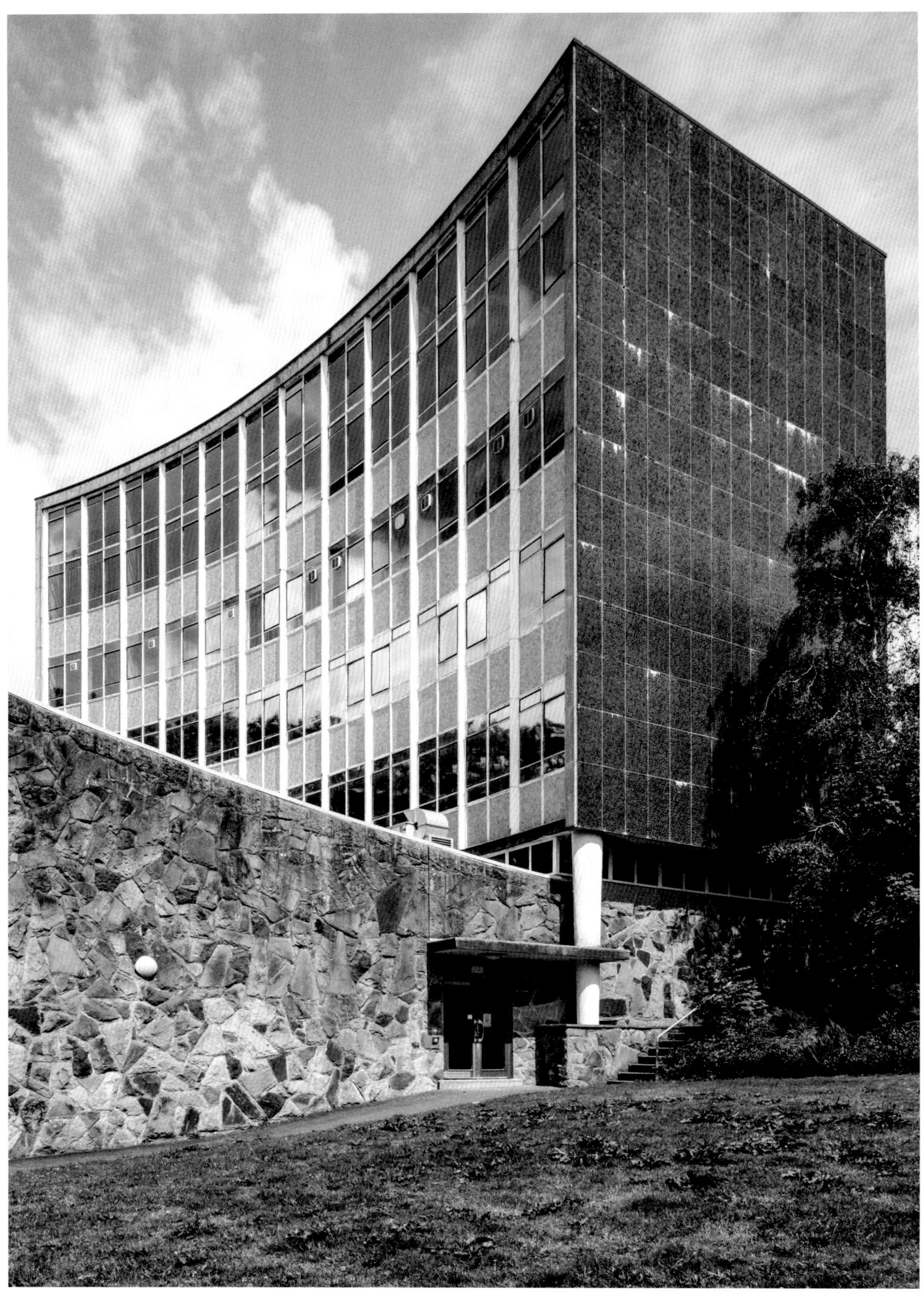

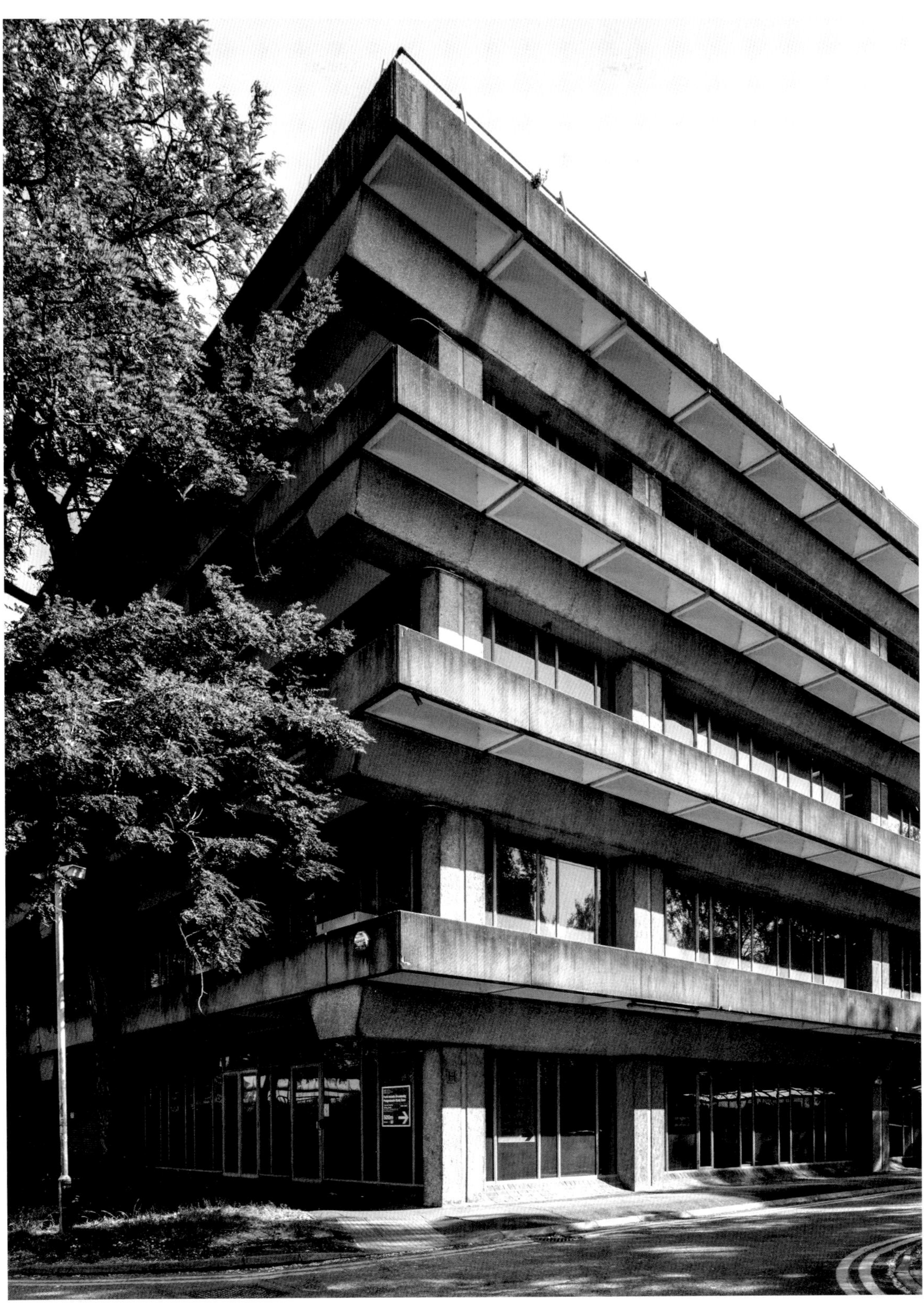

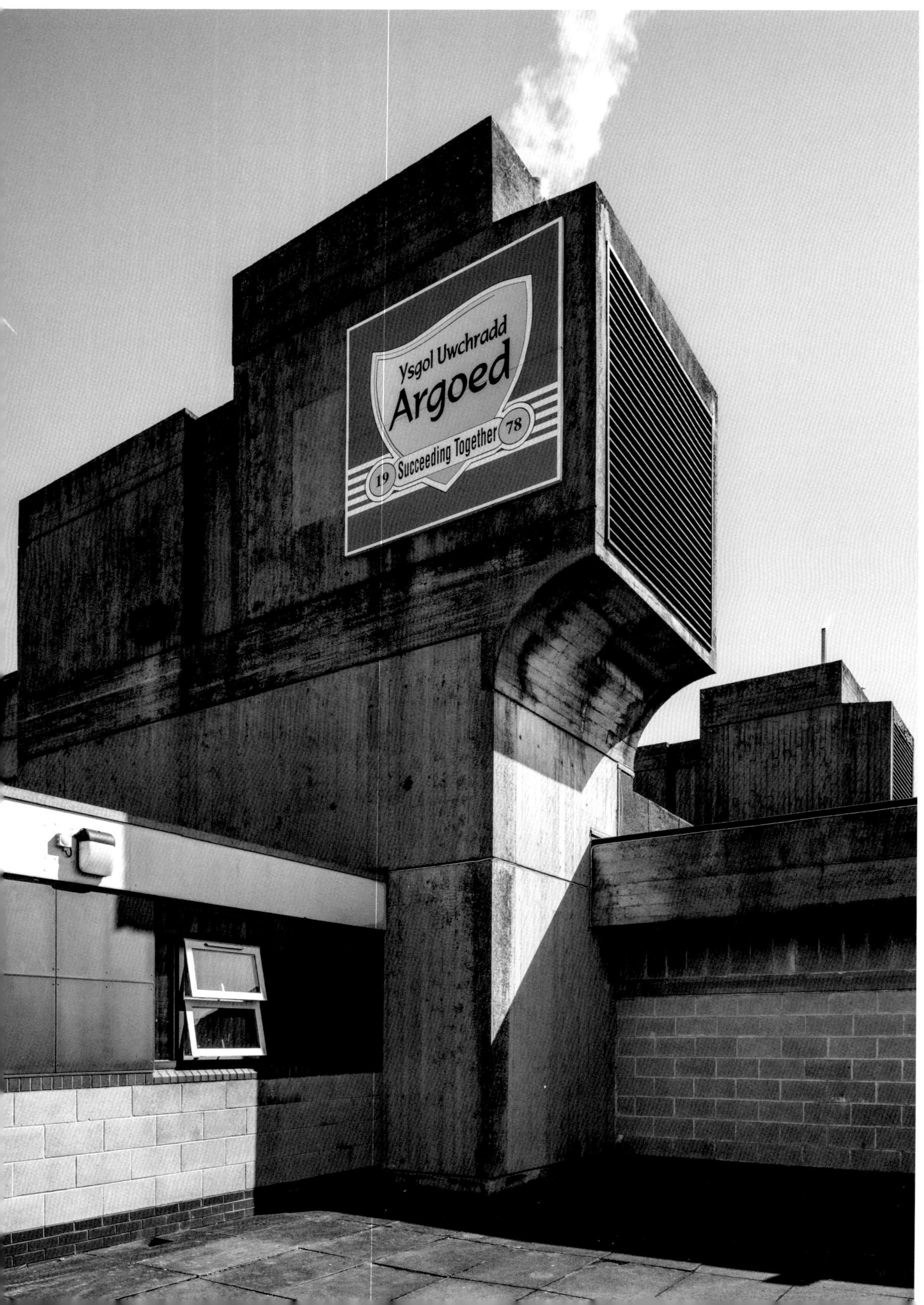
Ysgol Uwchradd
Argoed
19 Succeeding Together 78

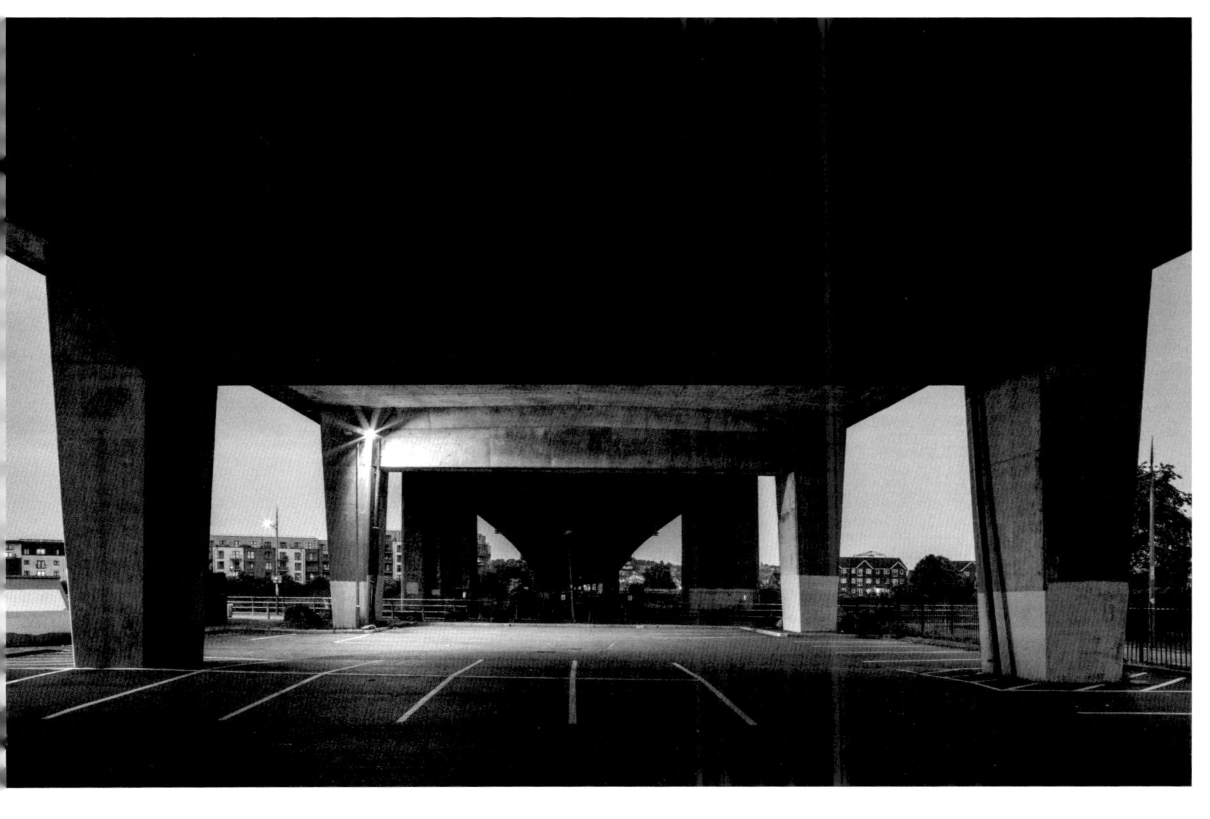

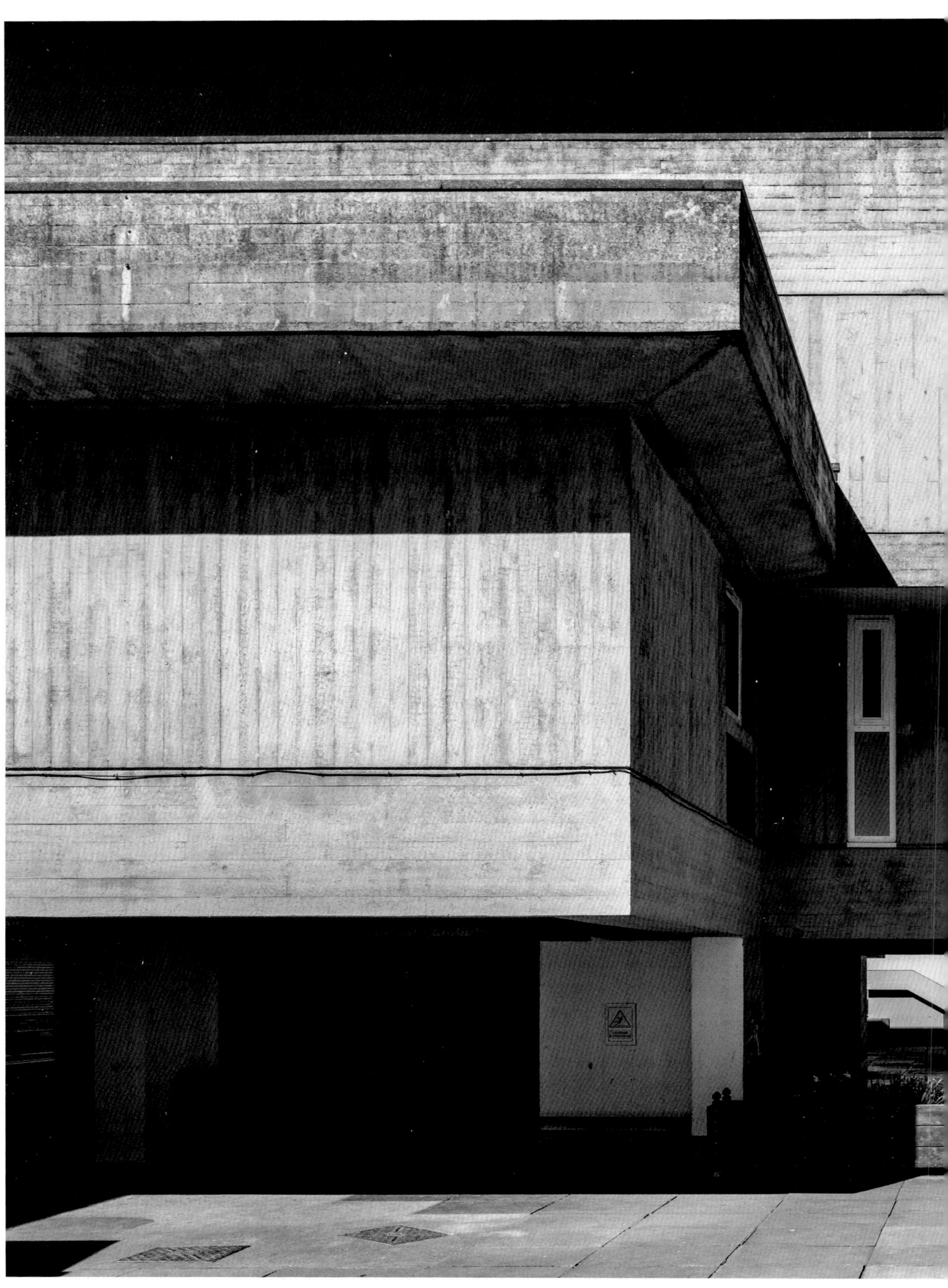

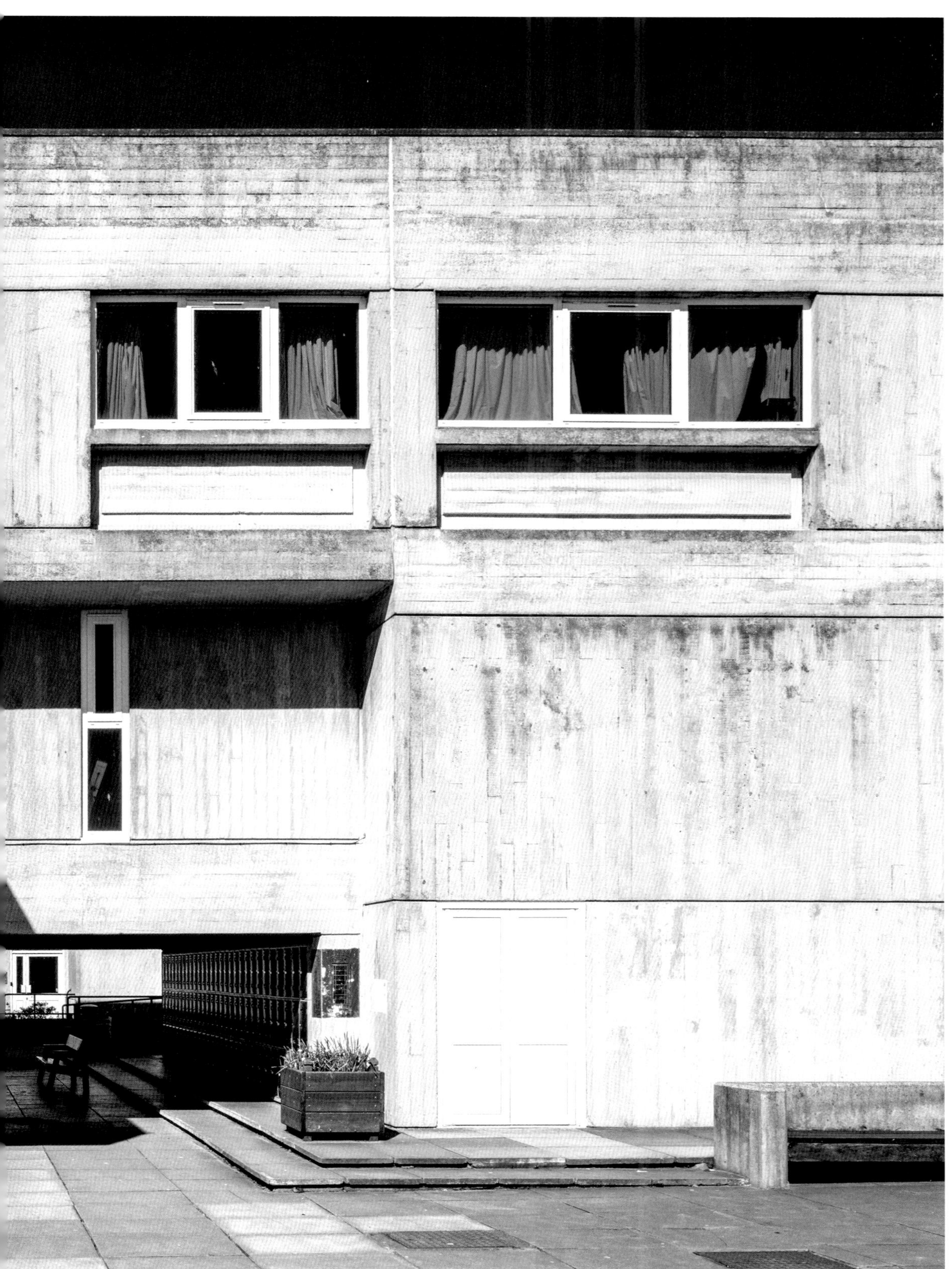

AFTER MODERNISM
MARK DURDEN

That Simon Phipps trained as a sculptor is telling. His expansive
photography of British modernist and Brutalist architecture accents
its formal and sculptural beauty. In this collection he shows the
pervasiveness of Brutalism in Wales in architecture dating from the late
1940s through to the mid-1980s. His photography encompasses industry
– three operational steelworks and the remaining structure of the boiler
house of a rubber factory – a nuclear power station, schools, universities,
colleges, leisure centres, civic centres, churches, chapels, a police
station, law courts, a crematorium, social housing, shopping arcades,
roads and bridges. Phipps is careful to identify the mostly lesser-known
architects and architectural firms behind these buildings and structures.
Among the most well-known names is Sir Basil Spence, the architect
of Coventry Cathedral, but included here for his design of Trawsfynydd
nuclear power station.

Phipps' photography provides a much-needed extensive
document of the abundance and richness of an often unfeted and unseen
architecture, integral to the hope and social vision that characterised the
golden age of Britain's post-war modernism. In terms of its attention and
concentration on the wealth and varieties of Brutalism's tectonic forms
as well as the richness of its surfaces, his black and white photography
might best be described as modernist. Black and white photography
abstracts, it helps eliminate distractions and helps us better see an
architecture too easily lost amidst the garish commercial colour signage

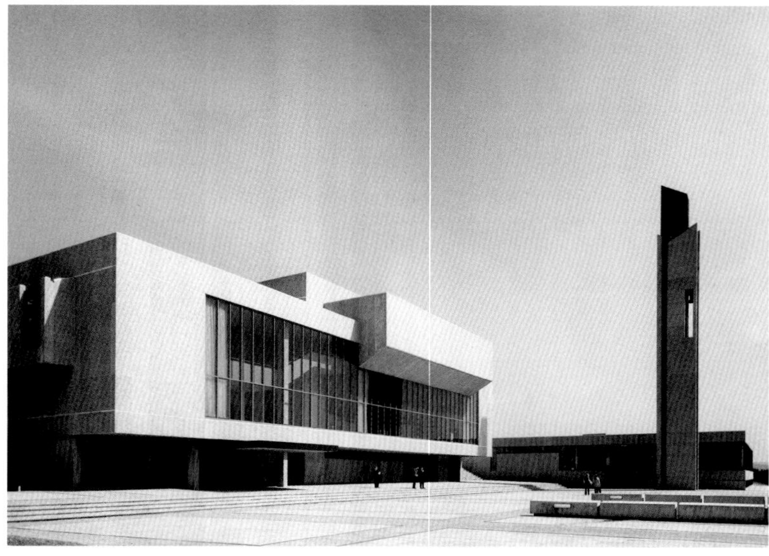

The Great Hall, University
College of Wales, Aberystwyth
by Stewart Bale Ltd, 1970.

of cities and towns. It also has the effect of taking the structures out of time and the present, recalling the moments these buildings were documented when new.

While made with a digital camera the pictures are not over stylised or synthetic, but use conventions and compositions drawn from the lesser-known working photographers that first documented Britain's post-war architecture, including Reginald Hugo de Burgh Galwey, Sam Lambert, Henk Snoek, Eric de Maré, Martin Charles and John Donat. Phipps' pictures offer a clear, careful and considered vision, neither standardised nor deadpan. His photography is both a homage to the work, labour and artistry of the architects central to shaping such a large part of Britain's post-war modernist landscape, and also a tribute to the skills and craft of the photographers who first documented such works. It is a photography both after modernism and after the photographers who first pictured that modernism. With many of his pictures taken in bright sunlight, buildings and structures are given a sense of newness. The overriding sense of his picturing is to do with how they must have once been seen, as if we are rewinding and replaying the moment of their public inauguration – a vision played out against the reality of such architectures' ongoing neglect and destruction.

Modernism is not an aesthetics of disguise and artifice. The aesthetic of Brutalism involved a truth to materials. Concrete surfaces in Brutalist structures often revealed the marks left by the wooden formwork used in their production. Despite its associations with industrial modes of production there is a craft to Brutalist architecture and Phipps' pictures show this. From such seemingly deadening architectural structures as the Port Talbot Bypass flyover that cuts between houses [1], he draws attention to the small lyrical flourishes given to its concrete piloti.

St Edward's, Brotherton, North Yorkshire, with Ferrybridge B Power Station behind by Eric de Maré, 1960.

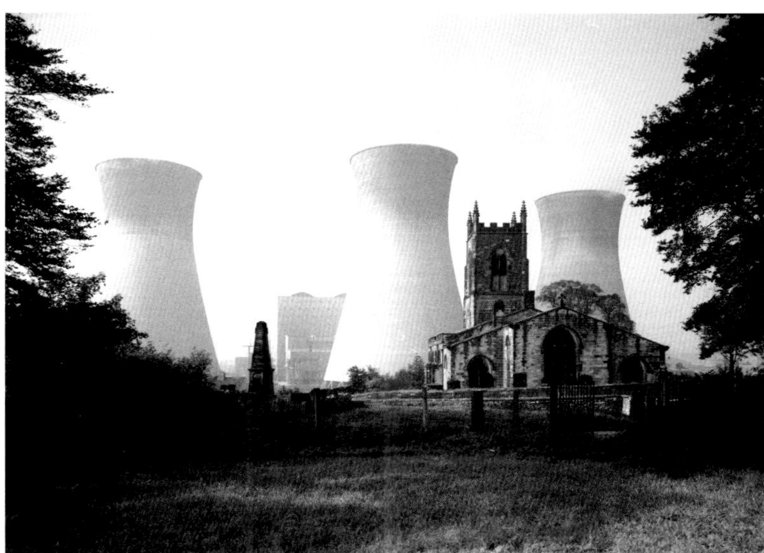

His photograph of the modern structure of the BT Tower in Swansea from the 1970s [2] is set in contrast with the late thirteenth and early fourteenth-century remains of the city's castle. Such juxtapositions recall Eric de Maré's splendid portrayal of the cooling towers of Yorkshire's Ferrybridge Power Plant B behind the picturesque scene of a church and graveyard. In his photograph the pictorialism of the past is set against the powerful presence of what was then (at the time of the picture's making, 1960) not just the modern present but the future. A future that was to come to an end with the plant's closure in 1992 and its subsequent demolition.

Phipps' dramatic view of the Severn Bridge from below, accents the perspectival rush to the horizon and reveals the scale and ambition of this concrete structure [3]. In pictures of buildings photographed face on, the shallow picture plane often allows him to accent a play of abstract geometric forms. His striking picture of an electricity substation in Swansea [4], for example, buzzes with energy as raking sunlight illuminates its patterning of extruded brick. The white crisscrossing of lines on the road in front complements the modernist brick feature on the building's exterior.

Among this collection, the crematorium at Margam provides an unexpected rich interplay of modernist forms – a dynamic detail on this book's cover succinctly shows the beauty of both its playful geometries and contrasting corrugated concrete surfaces [5]. The building's exuberant construction offsets its deathly functionality. Photography becomes a means of valorising the artistry of relatively unknown architects, who seem to have used the opportunity to construct such lowly structures as electricity substations and crematoria to show off their creativity. In this respect there are affinities with Ursula Schulz-Dornburg's photography of socialist architecture:

1

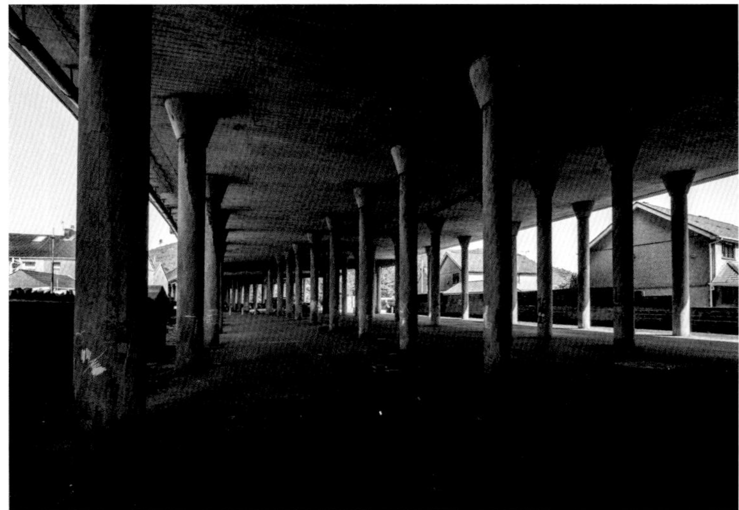

2

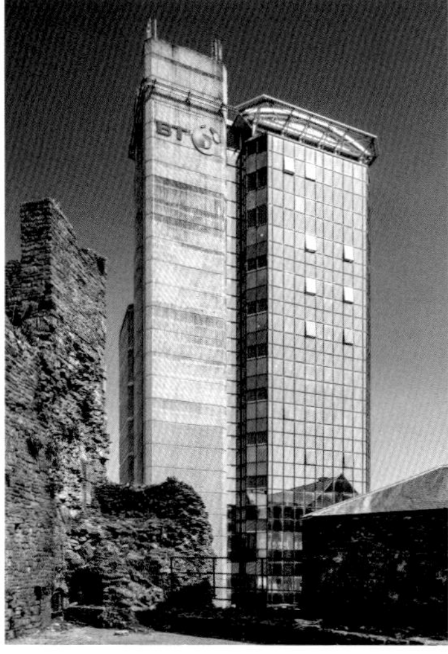

her Armenian bus stops (1997–2004), basic commissions that had nevertheless still provided opportunities for artistic bravura in their often fanciful forms and structures – testimony to how the socialist model did not have to be soulless.

In one of his pictures of the School of Music at Cardiff University, Phipps focuses on Barbara Hepworth's 1969 public sculpture *Three Obliques (Walk In)* – framed so its bronze forms are set in relationship to the brickwork of its base and the brickwork of the building it casts its shadows upon [6]. The architecture of the School of Music becomes the subject in another photograph [7], as a modernist continuity of the sculptor's language. Hepworth's abstract sculpture becomes a touchstone for the formal play that is extended and abundant throughout Phipps' pictures of architecture. The photograph of her sculpture was also included in an earlier book, *Concrete Poetry*, which presented the varied permutations of the modernist forms of British public art – drawing no hierarchy between the well-known, lesser known and unknown artists behind such works.

In a country renowned for its disdain and resistance to modernism, Phipps' architectural photography shows us how much of the country is still pervaded by the modernist aesthetic. But modernism continues to be eliminated and destroyed. In 2017, Alison and Peter Smithson's Brutalist social housing, Robin Hood Gardens, was demolished. In designing and planning the estate they were, as they said, 'building for the socialist dream'. It was erased to make way for a private rebuild serving the global market for real estate. More recently, in 2020, Wales lost a part of its modernist heritage when the 1970s Brutalist former police headquarters in Wrexham, with its distinctive cantilevered ten-storey concrete tower, was blown up to make way for a supermarket. And, as I write, the oil giant Shell plans to demolish

3

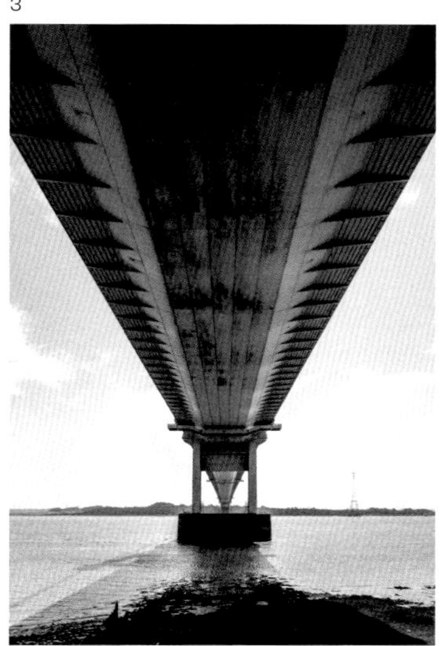

4

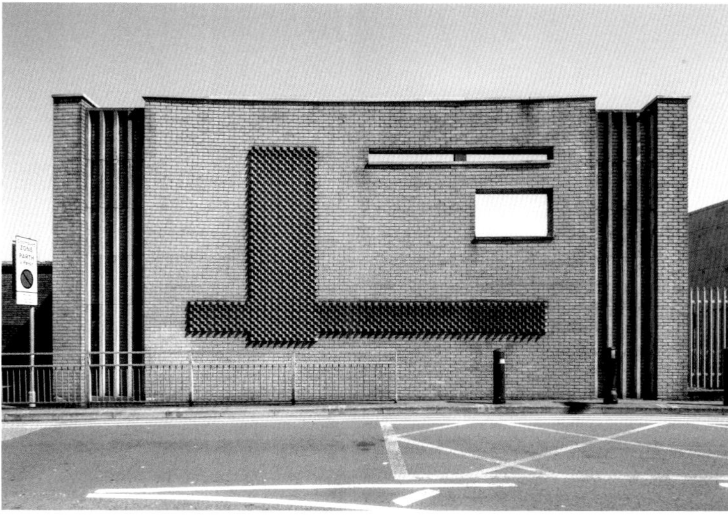

its five-storey headquarters in Aberdeen. An important part in the controversy over this Brutalist building is now the enormous carbon cost of its demolition – to offset the carbon emissions it is estimated we would need to plant 3 million trees. An ecological agenda may now help halt the destruction of Britain's modernist past. And Phipps' project of course plays an important part amidst all this – in giving visibility to the extraordinary variety and richness of Britain's post-war modernist architecture, in showing us the importance of the craft and artistry integral to even its most lowly functional buildings and structures, he offers us a valuable, comprehensive and beautiful manual and guide for this architecture's preservation.

5

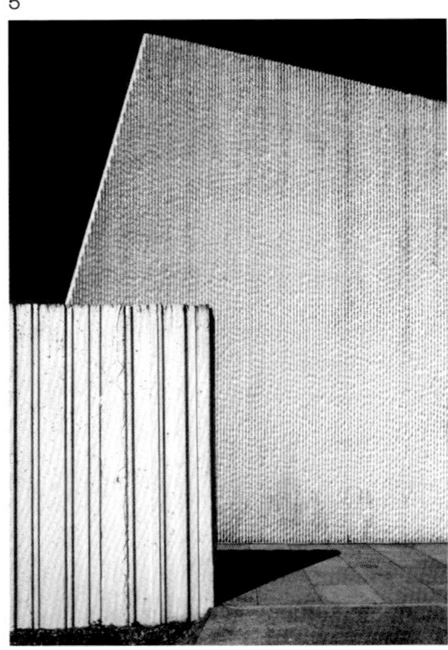

6

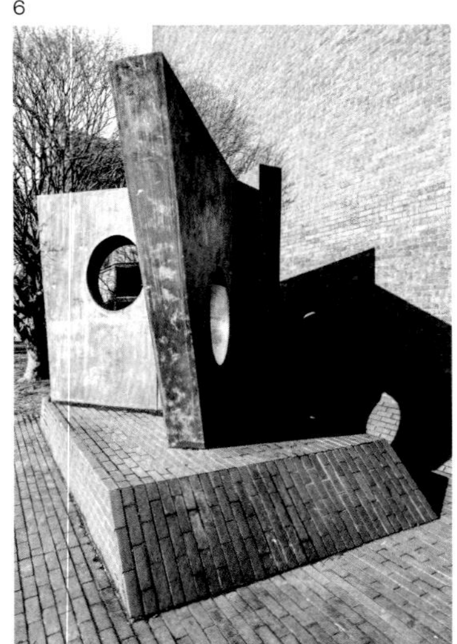

7

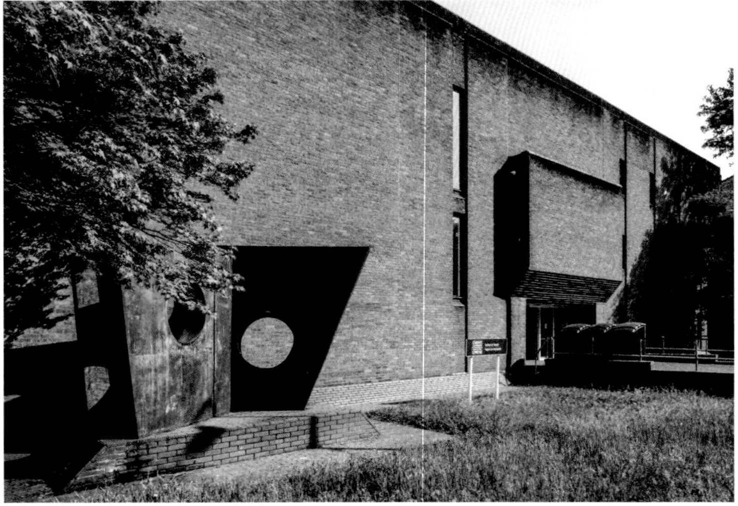

AR ÔL MODERNIAETH
MARK DURDEN

Mae'r ffaith bod Simon Phipps wedi ei hyfforddi fel cerflunydd yn adrodd cyfrolau. Mae ei ffotograffiaeth eang o bensaernïaeth fodernaidd a Briwtalaidd Prydeinig yn pwysleisio ei harddwch ffurfiol a cherfluniol. Yn y casgliad hwn mae'n dangos natur dreiddiol Briwtaliaeth yng Nghymru, mewn pensaernïaeth sy'n dyddio o ddiwedd yr 1940au hyd at ganol yr 1980au. Mae ei ffotograffiaeth yn cwmpasu diwydiant – tri gwaith dur gweithredol a beth sy'n weddill o strwythur tŷ boeler ffatri rwber – gorsaf ynni niwclear, ysgolion, prifysgolion, colegau, canolfannau hamdden, canolfannau dinesig, eglwysi, capeli, gorsaf heddlu, llysoedd barn, amlosgfa, tai cymdeithasol, arcedau siopa, ffyrdd a phontydd. Mae Phipps yn gofalu ei fod yn nodi'r penseiri a'r cwmnïau pensaernïol llai adnabyddus ar y cyfan sydd y tu ôl i'r adeiladau a'r strwythurau hyn. Ymhlith yr enwau mwyaf adnabyddus y mae Syr Basil Spence, pensaer Eglwys Gadeiriol Coventry, ond sydd wedi'i gynnwys yma am ei ddyluniad o Orsaf Ynni Niwclear Trawsfynydd.

Mae ffotograffiaeth Phipps yn darparu dogfen helaeth y mae ei gwir angen o helaethrwydd a chyfoeth pensaernïaeth nad yw'n aml yn cael ei hanrhydeddu na'i gweld, oedd yn rhan hanfodol o'r gobaith a'r weledigaeth gymdeithasol a oedd yn nodweddiadol o oes aur moderniaeth wedi'r rhyfel ym Mhrydain. Yn nhermau ei sylw a'i ffocws ar gyfoeth ac amrywiaeth ffurfiau tectonig Briwtaliaeth, yn ogystal â chyfoeth ei arwynebau, efallai mai modernaidd yw'r ffordd orau o ddisgrifio ei ffotograffiaeth du a gwyn. Mae ffotograffiaeth du a gwyn yn haniaethol, mae'n helpu i gael gwared ar ymyriadau ac yn ein helpu i weld pensaernïaeth all fynd ar goll yn hawdd yng nghanol arwyddion masnachol gorliwgar ein trefi a'n dinasoedd. Mae hefyd yn rhoi'r argraff nad yw'r strwythurau'n perthyn i unrhyw oes benodol, ac yn dwyn i gof yr adeg y cofnodwyd yr adeiladau hyn pan oeddent yn newydd.

Er bod y lluniau wedi'u creu â chamera digidol, nid ydynt wedi'u haddasu'n ormodol nac yn synthetig, ond maent yn defnyddio confensiynau a chyfansoddiadau a ddefnyddiwyd gan y ffotograffwyr llai adnabyddus a gofnododd bensaernïaeth Prydain wedi'r rhyfel am y tro cyntaf, gan gynnwys Reginald Hugo de Burgh Galwey, Sam Lambert, Henk Snoek, Eric de Maré, Martin Charles a John Donat. Mae lluniau Phipps yn cynnig gweledigaeth glir, gofalus ac ystyriol, heb fod yn unffurf nac yn ddigyffro. Mae ei ffotograffiaeth yn deyrnged i waith, llafur a chelfyddyd y penseiri oedd yn rhan ganolog o'r gwaith o lunio rhan mor fawr o dirwedd fodernaidd Prydain wedi'r rhyfel, ac mae hefyd yn deyrnged i sgiliau a chrefft y ffotograffwyr a gofnododd gweithiau o'r fath am y tro cyntaf. Mae'n ffotograffiaeth sy'n dilyn moderniaeth ac yn dilyn y ffotograffwyr a dynnodd y lluniau cyntaf o'r foderniaeth honno. Gyda llawer o'i luniau wedi'u tynnu mewn golau haul llachar, rhoddir ymdeimlad o newydd-deb i adeiladau a strwythurau. Y prif ymdeimlad yn ei luniau yw'r argraff y byddai'r strwythurau hyn wedi'i chreu ar un adeg, fel pe baem yn ailchwarae'r foment y cawsant eu datgelu i'r cyhoedd am y tro cyntaf – gweledigaeth sy'n mynd yn groes i realiti esgeulustod a dinistr parhaus pensaernïaeth o'r fath.

Nid yw moderniaeth yn estheteg o guddio a thwyllo. Roedd estheteg Briwtaliaeth yn golygu dangos y deunyddiau fel yr oeddent. Roedd arwynebau concrit strwythurau Briwtalaidd yn aml yn datgelu'r marciau a adawyd gan y ffurfwaith pren a ddefnyddiwyd wrth eu cynhyrchu. Serch ei chysylltiadau â dulliau cynhyrchu diwydiannol mae yna grefft i bensaernïaeth Friwtalaidd ac mae lluniau Phipps yn dangos hyn. Gyda strwythurau mor bensaernïol farwaidd â throsffordd Ffordd Osgoi Port Talbot, sy'n torri rhwng tai [1], mae'n tynnu sylw at yr addurniadau bach telynegol sydd i'w gweld ar ei bileri concrit.

Mae ei ffotograff o adeilad modern Tŵr BT yn Abertawe o'r 1970au [2] wedi'i osod i wrthgyferbynnu ag olion castell y ddinas o ddiwedd y drydedd ganrif ar ddeg a dechrau'r bedwaredd ganrif ar ddeg. Mae cyfosodiadau o'r fath yn dwyn i gof bortread gwych Eric de Maré o dyrau oeri Gwaith Pŵer B Ferrybridge yn Swydd Efrog y tu ôl i olygfa hardd o eglwys a mynwent. Yn ei ffotograff mae arddull ddarluniadol y gorffennol yn cael ei osod yn erbyn presenoldeb grymus yr hyn a oedd bryd hynny (ar adeg creu'r llun, 1960) yn bresennol modern yn ogystal â'r dyfodol. Dyfodol a ddaeth i ben pan gaewyd y ffatri yn 1992 a'i dymchwel wedi hynny.

Mae golygfa ddramatig Phipps o Bont Hafren o islaw'r bont yn pwysleisio'r persbectif tua'r gorwel ac yn datgelu maint ac uchelgais y strwythur concrit hwn [3]. Mewn lluniau o adeiladau a dynnir ganddo o'r tu blaen i'r adeilad, mae plân isel y llun yn aml yn caniatáu iddo bwysleisio'r ffurfiau geometrig haniaethol sydd ar waith. Mae ei ddarlun trawiadol o is-orsaf drydan yn Abertawe [4], er enghraifft, yn fwrlwm o egni wrth i olau'r haul ysgubo ar draws y patrwm o frics allwthiol. Mae'r cris-croes o linellau gwyn ar y ffordd o flaen yr adeilad yn ategu'r nodwedd frics fodernaidd ar waliau allanol yr adeilad.

Ymhlith y casgliad hwn, mae'r amlosgfa ym Margam yn gydadwaith cyfoethog annisgwyl o ffurfiau modernaidd – mae manylyn deinamig ar glawr y llyfr hwn yn dangos yn gryno harddwch ei geometregau chwareus a'i harwynebau concrit rhychiog cyferbyniol [5]. Mae adeiladwaith afieithus yr adeilad yn gwrthgyferbynu â'i ymarferoldeb llethol. Daw ffotograffiaeth yn fodd o roi gwerth i gelfyddyd penseiri cymharol anhysbys, sydd, yn ôl pob tebyg, wedi defnyddio'r cyfle i adeiladu strwythurau mor ddinod ag is-orsafoedd trydan ac amlosgfeydd i ddangos eu creadigrwydd. Yn hyn o beth mae yna gysylltiadau â ffotograffiaeth Ursula Schulz-Dornburg o bensaernïaeth sosialaidd: ei harosfannau bysiau yn Armenia (1997–2004), sef comisiynau elfennol a ddarparodd, serch hynny, gyfleoedd ar gyfer brafwra artistig yn eu ffurfiau a'u strwythurau addurnedig gan fwyaf – sy'n tystio i'r ffaith nad oedd yn rhaid i'r model sosialaidd fod yn ddienaid.

Yn un o'i luniau o Ysgol Cerddoriaeth Prifysgol Caerdydd, mae Phipps yn canolbwyntio ar gerflun cyhoeddus Barbara Hepworth o 1969, *Three Obliques (Walk In)* – wedi'i fframio fel bod ei ffurfiau efydd wedi'u gosod i gydfynd â gwaith brics rhan waelod y cerflun a gwaith brics yr adeilad y mae'n taflu ei gysgodion drosto [6]. Mae pensaernïaeth yr Ysgol Cerddoriaeth yn destun ffotograff arall [7], sy'n ddilyniant modernaidd yn naratif y cerflunydd. Mae cerflun haniaethol Hepworth yn garreg gyffwrdd ar gyfer y chwarae ffurfiol sy'n elfen barhaus a thoreithiog o holl luniau Phipps o bensaernïaeth. Cafodd y llun o'i cherflunwaith ei gynnwys hefyd mewn llyfr cynharach, sef *Concrete Poetry*, a gyflwynodd ffurfiau modernaidd celfyddyd gyhoeddus Prydain yn eu holl amrywiaeth – heb nodi unrhyw hierarchaeth rhwng yr artistiaid adnabyddus, llai adnabyddus ac anhysbys oedd yn gyfrifol am weithiau o'r fath.

Mewn gwlad sy'n enwog am ei dirmyg a'i gwrthwynebiad i foderniaeth, mae ffotograffiaeth bensaernïol Phipps yn dangos inni faint o'r wlad sy'n parhau i fod dan ddylanwad yr esthetig modernaidd. Ond mae moderniaeth yn dal i gael ei dileu a'i dinistrio. Yn 2017, cafodd tai cymdeithasol briwtalaidd Alison a Peter Smithson, Robin Hood Gardens, eu dymchwel. Wrth ddylunio a chynllunio'r ystad roeddent, fel y dywedwyd ar y pryd, 'yn adeiladu ar gyfer y freuddwyd sosialaidd'. Cafodd y tai eu dymchwel i wneud lle i godi adeiladau preifat i wasanaethu'r farchnad eiddo tirol fyd-eang. Yn fwy diweddar, yn 2020, collodd Cymru ran o'i threftadaeth fodernaidd pan gafodd cyn-bencadlys yr heddlu yn Wrecsam, adeilad Briwtalaidd a godwyd yn yr 1970au, gyda'i dŵr concrid deg llawr cantilifrog nodedig, ei chwythu i fyny i wneud lle ar gyfer archfarchnad. Ac, wrth i mi ysgrifennu, mae'r cwmni olew enfawr, Shell, yn bwriadu dymchwel ei bencadlys pum llawr yn Aberdeen. Rhan bwysig o'r ddadl ynghylch yr adeilad Briwtalaidd hwn bellach yw'r costau carbon enfawr sy'n gysylltiedig â'i ddymchwel – i wrthbwyso'r allyriadau carbon, amcangyfrifir y byddai angen plannu 3 miliwn o goed. Bellach, mi all yr agenda ecolegol helpu i atal dinistr gorffennol modernaidd Prydain. Ac wrth gwrs mae prosiect Phipps yn chwarae rhan bwysig yn hyn oll. Trwy roi sylw i amrywiaeth a chyfoeth rhyfeddol pensaernïaeth fodernaidd Prydain wedi'r rhyfel, trwy ddangos i ni bwysigrwydd y grefft a'r gelfyddyd sy'n rhan annatod o hyd yn oed ein hadeiladau a'n strwythurau ymarferol mwyaf dinod, mae'n cynnig llawlyfr a chanllaw gwerthfawr, cynhwysfawr a hardd inni, i sicrhau cadwraeth y bensaernïaeth hon.

BUILDING LOCATIONS/LLEOLIADAU ADEILADAU

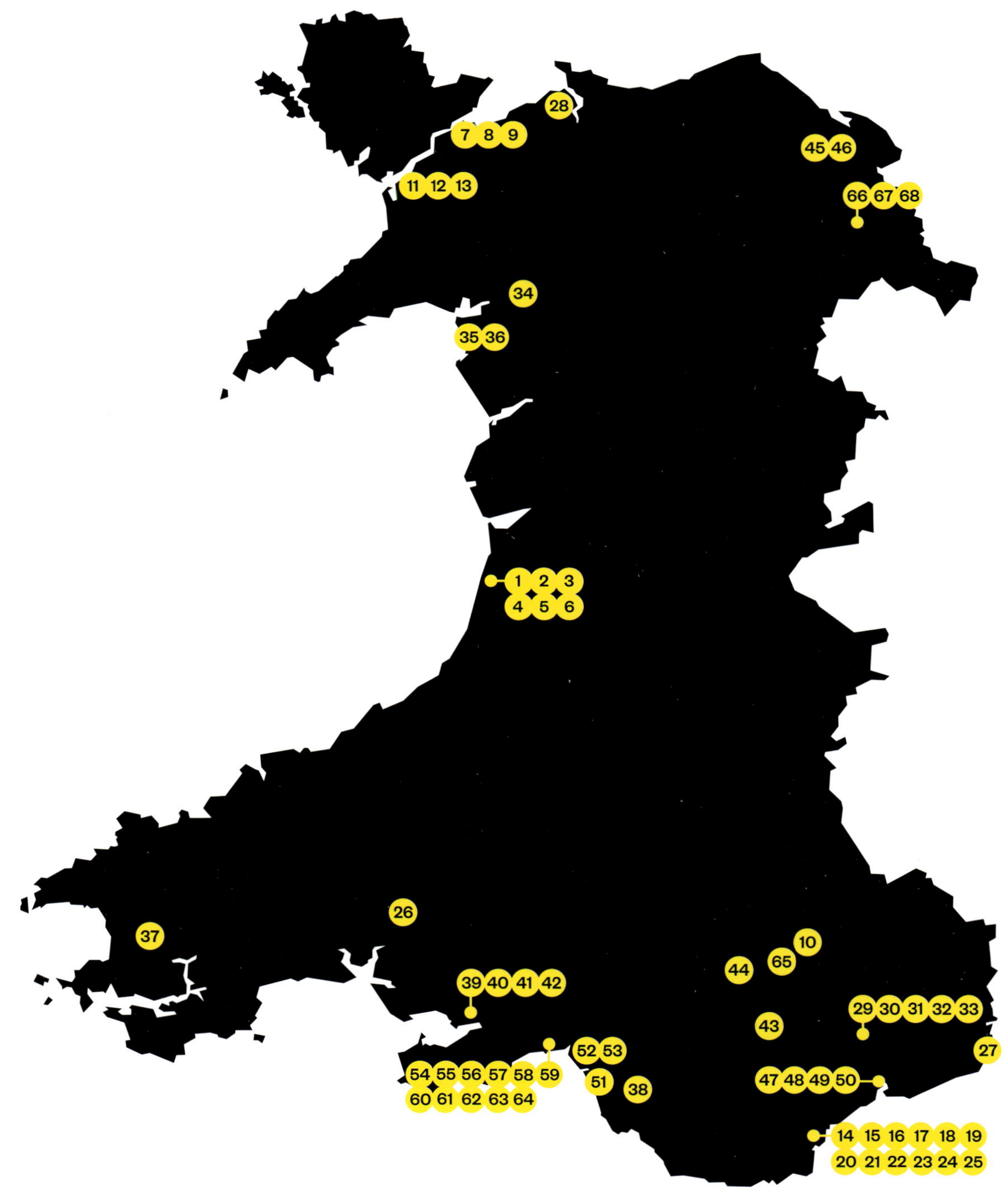

BUILDINGS LIST / RHESTR ADEILADAU

Buildings are listed alphabetically by geographic location. Map locations are followed by page numbers.
Rhestrir adeiladau yn nhrefn yr wyddor yn ôl lleoliad daearyddol. Nodir rhifau tudalennau ar ôl pob lleoliad ar y map.

Aberystwyth, Ceredigion

Bell Tower (La Campanile),
Aberystwyth University SY23 3DX
Y Clochdy (La Campanile),
Prifysgol Aberystwyth SY23 3DX
Dale Owen, Percy Thomas Partnership
1970
 **1**   *167*

Great Hall, Aberystwyth Arts Centre,
Aberystwyth University SY23 3DE
Neuadd Fawr, Canolfan y Celfyddydau,
Prifysgol Aberystwyth SY23 3DE
Dale Owen, Percy Thomas Partnership
1970
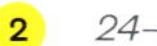 **2**   *24–5*

Hugh Owen Library,
Aberystwyth University SY23 3DZ
Llyfrgell Hugh Owen,
Prifysgol Aberystwyth SY23 3DZ
Dale Owen, Percy Thomas Partnership
1972–76
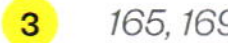 **3**   *165, 169*

Hugh Owen Building,
Aberystwyth University SY23 3DZ
Adeilad Hugh Owen,
Prifysgol Aberystwyth SY23 3DZ
Dale Owen, Percy Thomas Partnership
1972–76
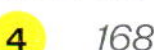 **4**   *168*

Llandinam Building,
Aberystwyth University SY23 3DB
Adeilad Llandinam,
Prifysgol Aberystwyth SY23 3DB
Dale Owen, Percy Thomas Partnership
1965
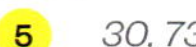 **5**   *30, 73*

Physical Sciences Building,
Aberystwyth University SY23 3BZ
Adeilad y Gwyddorau Ffisegol,
Prifysgol Aberystwyth SY23 3BZ
Percy Thomas Partnership
1963
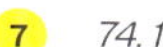 **6**   *170*

Bangor, Gwynedd

Brambell Building,
Bangor University LL57 2UR
Adeilad Brambell,
Prifysgol Bangor LL57 2UR
Percy Thomas Partnership
1969–71
 **7**   *74, 151*

Caernarfonshire Technical College
(now Coleg Menai), Bangor LL57 2TP
Coleg Technegol Sir Gaernarfon
(nawr Coleg Menai), Bangor LL57 2TP
County architect/*pensaer sirol* Westbury Lloyd Jones
1957
 **8**   *146, 153*

Main Building extension,
Bangor University, LL57 2DG
Estyniad i'r Prif Adeilad,
Prifysgol Bangor LL57 2DG
Percy Thomas Partnership
1966–70
9   *79, 87*

Brynmawr, Blaenau Gwent

Semtex Boiler House,
Brynmawr NP23 4PS (listed Grade II*)
Tŷ Boeler Semtex,
Brynmawr NP23 4PS (rhestredig Gradd II)*
Architects' Co-operative Partnership
1946–48
10   *67, 152, 158*

Caernarfon, Gwynedd

A487 Caernarfon flyover
A487 Trosffordd Caernarfon
No architects commissioned/*Ni chomisiynwyd penseiri.*
Engineer/designer Gwynedd County Council,
contractor Robert McGregor & Son late 1970s
Peiriannydd/dylunydd Cyngor Gwynedd, contractwr
Robert McGregor & Son diwedd yr 1970au
 **11**   *162*

Government Crown Buildings,
Penrallt, Caernarfon LL55 1EP
Adeiladau'r Goron y Llywodraeth,
Penrallt, Caernarfon LL55 1EP
Property Services Agency (PSA)
& Brian Lingard & Partners
1974
 *131, 140*

Seilo Chapel,
Caernarfon LL55 1AR
Capel Seilo,
Caernarfon LL55 1AR
Architect unknown /*pensaer yn anhysbys*
1976
 *61*

Cardiff, City and County
Dinas a Syr Caerdydd

Arts and Social Studies Library,
Cardiff University CF10 3LB
Llyfrgell y Celfyddydau ac Astudiaethau Cymdeithasol,
Prifysgol Caerdydd CF10 3LB
Williamson, Faulkner-Brown & Partners
1972–76
 *163, 171*

Brunel House,
Cardiff CF24 0EB
Tŷ Brunel,
Caerdydd CF24 0EB
Seymour Harris Partnership
1974
 *150, 156*

Capital Tower,
Cardiff CF10 3AE
Tŵr y Brifddinas,
Caerdydd CF10 3AE
Sir John Burnet and Partners
1967–70
 *141*

Cardiff Central Police Station, CF10 3NN
Gorsaf Heddlu Canol Caerdydd, CF10 3NN
City architect/*pensaer y ddinas* John Dryburgh
1966–68
16, 134, 138

The Crown Buildings (Cathays Park Buildings),
Cardiff CF10 3NQ (listed Grade II)
Adeiladau'r Goron (Adeiladau Parc Cathays),
Caerdydd CF10 3NN (rhestredig Gradd II)
Alex Gordon and Partners
1972–79
 *127, 128, 132*

Portcullis House,
Cardiff CF11 9SS
Tŷ Portcullis,
Caerdydd CF11 9SS
Dale Owen, Percy Thomas and Partners
1970–73
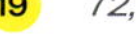 *72, 160–1*

St David's Hall,
Cardiff CF10 1AH (listed Grade II)
Neuadd Dewi Sant,
Caerdydd CF10 1AH (rhestredig Gradd II)
Seymour Harris Partnership
1982
 *40*

St David's Lutheran Church,
Fairwater CF5 3EU (listed Grade II)
Eglwys Lutheraidd Dewi Sant,
Y Tyllgoed CF5 3EU (rhestredig Gradd II)
Vernon Kinch of Alex Gordon and Partners
1961
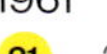 *28*

St Fagan's: National Museum of History,
Cardiff CF5 6XB (listed Grade II)
Sain Ffagan: Amgueddfa Werin Cymru,
Caerdydd CF5 6XB (rhestredig Gradd II)
Percy Thomas and Partners
1971–76
 *39, 43*

School of Music,
Cardiff University CF10 3EB
Ysgol Cerddoriaeth,
Prifysgol Caerdydd CF10 3EB
Alex Gordon and Partners
1970
 *60, 82, 180*

Tower Building,
Cardiff University CF10 3AT
Adeilad y Tŵr,
Prifysgol Caerdydd CF10 3AT
Dale Owen, Percy Thomas Partnership
1967
 *32*

West Lee,
Cardiff CF11 9DR
West Lee,
Caerdydd CF11 9DR
Alex Gordon and Partners
c. 1979–82
 *19, 57, 121*

Carmarthen, Carmarthenshire
Caerfyrddin, Sir Gaerfyrddin

Men's Hostel, University of Wales Trinity Saint David
(previously Trinity College), Carmarthen
Hostel Dynion, Prifysgol Cymru Y Drindod Dewi Sant
(yn flaenorol Coleg Y Drindod), Caerfyrddin
Architects' Co-Partnership
1965
 *96*

Chepstow, Monmouthshire
Cas-gwent, Sir Fynwy

Severn Bridge (listed Grade I)
Pont Hafren (rhestredig Gradd I)
Freeman Fox and Partners with Mott,
Hay and Anderson; consulting architect
Sir Percy Thomas
1961–66
 *54, 154–5, 179*

Conwy

Conwy Civic Hall, LL32 8AY (listed Grade II)
Neuadd Ddinesig Conwy, LL32 8AY (rhestredig Gradd II)
Peter G Birkhead
1966
 *130, 143*

Cwmbran, Torfaen
Cwmbrân, Torfaen

Cwmbran Centre NP44 1PB
Canolfan Cwmbrân NP44 1PB
Gordon Redfern, Cwmbran Development Corporation
(CDC)/*Corfforaeth Datblygu Cwmbrân (CDC)*
1963–67
 *108, 133*

Fairwater Shopping Precinct,
Cwmbran NP44
Canolfan Siopa Fairwater,
Cwmbrân NP44
Gordon Redfern, CDC
1967
 *18, 31, 46–7, 93*

Gwent House,
Cwmbran NP44 1PL
Gwent House,
Cwmbrân NP44 1PL
Sheppard Robson and Partners
1970–73
 *122*

Monmouth House,
Cwmbran NP44 1QU / NP44 1QT
Sculptural relief panels William Mitchell
Monmouth House,
Cwmbrân NP44 1QU / NP44 1QT
Paneli cerfwedd cerfluniol William Mitchell
Gordon Redfern, CDC
1967
 *142*

The Tower,
Cwmbran NP44 3QS
Y Tŵr,
Cwmbrân NP44 3QS
Gordon Redfern, CDC
1967
 *119*

Eryri National Park, Gwynedd
Parc Cenedlaethol Eryri, Gwynedd

Trawsfynydd Nuclear Power Station,
Eryri National Park
Gorsaf Bŵer Niwclear yr Wylfa,
Parc Cenedlaethol Eryri
Sir Basil Spence
1959–68
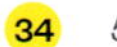 **34**   *50, 58–9, 70*

Harlech, Gwynedd

Student Residential Tower,
Coleg Harlech LL46 2PU
Tŵr Preswyl Myfyrwyr,
Coleg Harlech LL46 2PU
Colwyn Foulkes and Partners
1968
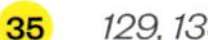 **35**   *129, 135*

Theatr Ardudwy, Coleg Harlech,
Harlech LL46 2PU (listed Grade II*)
Theatr Ardudwy, Coleg Harlech,
Harlech LL46 2PU (rhestredig Gradd II)*
Colwyn Foulkes and Partners 1970–73
 **36**   *35, 45, 49, 80–1*

Haverfordwest, Pembrokeshire
Hwlffordd, Sir Benfro

Haverfordwest County Library SA61 1ST
Llyfrgell y Sir, Hwlffordd SA61 1ST
County architect/*pensaer sirol* Gilbert Ray
1968–69
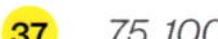 **37**   *75, 100*

Kenfig Hill, Bridgend County Borough
Mynydd Cynffig, Bwrdeistref Sirol Peny-y-bont
ar Ogwr

Cynffig Comprehensive School,
Kenfig Hill CF33 6NP
Ysgol Gyfun Cynffig,
Mynydd Cynffig CF33 6NP
Denis Clarke Hall
c. 1957–61
 **38**   *17, 115*

Llanelli, Carmarthenshire
Llanelli, Sir Gaerfyrddin

Crown Buildings,
Llanelli SA15 3TH
Adeiladau'r Goron,
Llanelli SA15 3TH
Architect unknown/*pensaer yn anhysbys*
1970–75
 **39**   *64, 103, 123*

Llanelli Magistrates' Court SA15 3AW
Llys Ynadon Llanelli SA15 3AW
J M Harries
1971
40   *69, 116–7*

Trostre Steelworks,
Llanelli SA14
Gwaith Dur Trostre,
Llanelli SA14
Sir Percy Thomas and Son
1952–56
41   *27, 56, 98–9, 106*

Ty Elwyn, Llanelli SA15 3AP
Llanelli District Council architects' department/
adran penseiri Cyngor Dosbarth Llanelli
1981
42   *15, 23*

Merthyr Tydfil, Merthyr Tydfil County Borough
Merthyr Tudful, Bwrdeistref Sirol Merthyr Tudful

Dŵr Cymru Welsh Water,
Nelson CF46 6LY
H O Williams & Associates
1971
43   *102, 107, 109, 126*

Maes-Y-Garreg Flats,
Merthyr Tydfil CF48
Fflatiau Maes-Y-Garreg,
Merthyr Tudful CF48
J R Gammon, H O Williams & Associates
Dates unknown/*dyddiadau anhysbys*
 **44**   *14, 88*

Mold, Flintshire
Yr Wyddgrug, Sir y Fflint

County Hall,
Mold CH7 6NB
Neuadd y Sir,
Yr Wyddgrug CH7 6NB
County architect/*pensaer sirol* Robert Harvey
1967
 *52–3, 139*

Mynydd Isa, Flintshire
Mynydd Isa, Sir y Fflint

Argoed High School,
Mynydd Isa CH7 6RY
Ysgol Uwchradd Argoed,
Mynydd Isa CH7 6RY
Clwyd County Council architects/
penseiri Cyngor Sir Clwyd
K J Denley & J Brian Davies
1977–81
 *159, 172, 174–5*

Newport, City and County of Newport
Casnewydd, Dinas a Sir Casnewydd

The Dolman Theatre/Kingsway Centre,
Newport NP20 1HY
Theatr y Dolman/Canolfan Ffordd y Brenin,
Casnewydd NP20 1HY
Shoolheifer & Burley
1967
 *63, 92, 101*

George Street Bridge,
Newport (listed grade II*)
Pont Stryd Siôr,
Casnewydd (rhestredig Gradd II)*
Mott, Hay & Anderson
1962–64
 *112–13, 124–5, 173*

Inmos Factory
(now Newport Wafer Fab and Nexperia Newport),
Duffryn NP10 8YJ
Ffatri Inmos
(nawr Newport Wafer Fab a Nexperia Newport),
Dyffryn NP10 8YJ
Richard Rogers Partnership
1980
 *94, 110*

Llanwern Steelworks,
Newport NP19 4QZ
Gwaith Dur Llanwern,
Casnewydd NP19 4QZ
Gollins Melvin Ward & Sir Percy Thomas and Son
1962
 *21, 136–7*

Port Talbot, Neath Port Talbot
Port Talbot, Castell-nedd Port Talbot

Margam Crematorium,
Port Talbot SA13 2NR (listed grade II*)
Amlosgfa Margam,
Port Talbot SA13 2NR (rhestredig Gradd II)*
F D Williamson & Associates
1969
 *55, 83, 89, 144–5, 180*

Margam Steel Works (previously also Abbey Works,
now Tata Steel), Port Talbot SA13 2NG
Gwaith Dur Margam (yn flaenorol Gwaith yr Abaty,
bellach Tata Steel), Port Talbot SA13 2NG
Sir Percy Thomas and Son
1948–52
 *66, 71, 148–9, 157*

Port Talbot Bypass (J39 to J41)
Ffordd Osgoi Port Talbot (C39 i C41)
Ministry of Transport/*Y Weinyddiaeth Drafnidiaeth*
1963–66
53 *84–5, 86, 95, 178*

Swansea, City and County of Swansea
Abertawe, Dinas a Sir Abertawe

BT Tower,
Swansea SA1 2AG
Tŵr BT,
Abertawe SA1 2AG
General Post Office/*Y Swyddfa Bost Gyffredinol*
1970
 *36–7, 147, 178*

Cefn Bryn Hall of Residence
(previously Neuadd Mary Williams),
Swansea University SA2 8PP
Neuadd Breswyl Cefn Bryn
(yn flaenorol Neuadd Mary Williams),
Prifysgol Abertawe SA2 8PP
Percy Thomas Partnership
1966
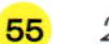 *20*

Electricity substation,
Strand, Swansea
Is-orsaf drydan,
Y Strand, Abertawe
Architect unknown, dates unknown /
pensaer yn anhysbys, dyddiadau anhysbys
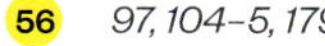 *97, 104–5, 179*

Kilvey Hall of Residence (previously Neuadd Sibley),
Swansea University SA2 8PP
Neuadd Breswyl Cilfái (yn flaenorol Neuadd Sibley),
Prifysgol Abertawe SA2 8PP
Percy Thomas Partnership
1961
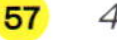 *48*

Library extension,
Swansea University SA2 8PP
Estyniad llyfrgell,
Prifysgol Abertawe SA2 8PP
Percy Thomas Partnership
1964
 *114*

Princess House,
Swansea SA1 3LW
Princess House,
Abertawe SA1 3LW
Architect unknown /*pensaer yn anhysbys*
1960-69
 *13*

St Benedict's Church,
Sketty SA22 0JJ (listed Grade II)
Eglwys Sant Benedict,
Sgeti SA22 0JJ (rhestredig Gradd II)
Thomas Price, F R Bates, Son & Price
1961
 *38, 42*

Singleton Campus, Swansea University SA2 8PP
Campws Singleton, Prifysgol Abertawe SA2 8PP
Percy Thomas Partnership
1950s–60s
 *164*

Swansea Leisure Centre (now The LC2) SA1 3ST
Canolfan Hamdden Abertawe (nawr Yr LC2) SA1 3ST
Module 2 Ltd & Swansea City Council, Environment
Department, C Jenkins, & Planning Department,
D L Davies, S D Hancock/*Module 2 Ltd a Chyngor Dinas*
Abertawe, Adran yr Amgylchedd, C Jenkins, a'r Adran
Gynllunio, D L Davies, S D Hancock
1977
 *34, 68*

Vivian Tower,
Swansea University SA2 8PP
Tŵr Vivian,
Prifysgol Abertawe SA2 8PP
Percy Thomas Partnership
1966
 *33*

West Glamorgan County Hall
(now Swansea Civic Centre) SA1 3SN
Neuadd Sir Gorllewin Morgannwg
(nawr Canolfan Ddinesig Abertawe) SA1 3SN
C W Quick, West Glamorgan County
Architects Department/*Adran Penseiri*
Sir Gorllewin Morgannwg
1979–84
 *22, 41, 44, 51, 120, 166*

Tredegar, Blaenau Gwent

Tredegar Public Library NP22 3RJ
Llyfrgell Gyhoeddus Tredegar NP22 3RJ
Powell Alport and Partners
1974–75
 65   *26, 29, 62*

Wrexham, Wrexham County Borough
Wrecsam, Bwrdeistref Sirol Wrecsam

E Block/John Troth Lecture Theatre,
Wrexham Glyndŵr University LL11 2AW
Bloc E/Darlithfa John Troth,
Prifysgol Glyndŵr Wrecsam LL11 2AW
Architect unknown, dates unknown/
pensaer yn anhysbys, dyddiadau anhysbys
 66   *76–7, 118*

Edward Llwyd Centre,
Wrexham Glyndŵr University LL11 2AW
Canolfan Edward Llwyd,
Prifysgol Glyndŵr Wrecsam LL11 2AW
Architect unknown/*pensaer yn anhysbys*
1983
 67   *90–1, 111*

Wrexham County Court LL12 7BP
Llys Sirol Wrecsam LL12 7BP
Colwyn Foulkes
1975–77
 68   *78*

BIOGRAPHIES

Simon Phipps was born in Leeds and lives and works in London. He studied fine art in Newport and Caerleon and is a graduate in sculpture from the Royal College of Art. An acclaimed photographer of post-war modernist architecture, art and design, he is the author of a number of books including *Brutal London*, *Finding Brutalism*, *Concrete Poetry*, *Brutal North* and *Brutal Outer London*. *Finding Brutalism* was a winner of the 2018 DAM Architectural Book Award and won a bronze medal at the German Photobook Award 2018; *Brutal Outer London* was shortlisted for the Architecture Book of the Year Award 2023.

John Grindrod is the author of *Concretopia: A Journey Around the Rebuilding of Postwar Britain* (2013), *Outskirts: Living Life on the Edge of the Green Belt* (2017) and *Iconicon: A Journey Around the Landmark Buildings of Contemporary Britain* (2022). The books are a mixture of social and architectural history, and John gives talks and guided walks around the country.

Mark Durden is a writer, artist and academic. He has published extensively on recent and contemporary photography, including *Photography Today* for Phaidon. Together with David Campbell and Ian Brown he works collaboratively as part of the artist group Common Culture. He is currently Professor of Photography and Director of the European Centre for Documentary Research at University of South Wales, Cardiff.

BYWGRAFFIADAU

Ganwyd **Simon Phipps** yn Leeds ac mae'n byw ac yn gweithio yn Llundain. Astudiodd gelfyddyd gain yng Nghasnewydd a Chaerllion ac mae ganddo radd mewn cerflunwaith o'r Coleg Celf Brenhinol. Yn ffotograffydd blaenllaw o bensaernïaeth, celf a dylunio modernaidd wedi'r rhyfel, mae'n awdur nifer o lyfrau gan gynnwys *Brutal London*, *Finding Brutalism*, *Concrete Poetry*, *Brutal North* a *Brutal Outer London*. Roedd *Finding Brutalism* yn enillydd Gwobr Llyfr Pensaernïol 2018 DAM ac enillodd fedal efydd yng Ngwobr Llyfrau Ffotograffiaeth yr Almaen 2018; Roedd *Brutal Outer London* ar restr fer Gwobr Llyfr Pensaernïaeth y Flwyddyn 2023.

John Grindrod yw awdur *Concretopia: A Journey Around the Rebuilding of Postwar Britain* (2013), *Outskirts: Living Life on the Edge of the Green Belt* (2017) ac *Iconicon: A Journey Around the Landmark Buildings of Contemporary Britain* (2022). Mae'r llyfrau yn gymysgedd o hanes cymdeithasol a phensaernïol, ac mae John yn rhoi sgyrsiau a theithiau tywys o amgylch y wlad.

Mae **Mark Durden** yn awdur, artist ac academydd. Mae wedi cyhoeddi'n helaeth ar ffotograffiaeth ddiweddar a chyfoes, gan gynnwys *Photography Today* ar gyfer Phaidon. Ynghyd â David Campbell ac Ian Brown mae'n gweithio ar y cyd fel rhan o'r grŵp artistiaid Common Culture. Ar hyn o bryd mae'n Athro Ffotograffiaeth a Chyfarwyddwr y Ganolfan Ewropeaidd ar gyfer Ymchwil Ddogfennol ym Mhrifysgol De Cymru, Caerdydd.

September Publishing
septemberpublishing.org